EPHRAIM GEORGE SQUIER

WAIKNA: AVENTURAS EN LA COSTA DE LA MOSQUITIA

ERANDIQUE

COLECCIÓN

**WAIKNA: AVENTURAS EN LA COSTA DE LA MOSQUITIA
EPHRAIM GEORGE SQUIER**

©Colección Erandique
Supervisión Editorial: Óscar Flores López
Diseño de portada: Andrea Rodríguez
Administración: Tesla Rodas
Director Ejecutivo: José Azcona Bocock
Primera Edición
Tegucigalpa, Honduras—Septiembre 2025

UN VIAJE POR LA MOSQUITIA HONDUREÑA Y NICARAGÜENSE

Ephraim G. Squier es un viejo conocido de la historia de Honduras. Periodista, diplomático, empresario, aventurero y explorador, también escribió crónicas que retratan a la Centroamérica de hace 170 años.

Uno de esos libros es Honduras, descripción histórica, geográfica y estadística de esta República de la América Central, que da cuenta de su viaje en 1850.

Como diplomático, Squier representó al gobierno de los Estados Unidos en Nicaragua de 1849 a 1850. Eso le permitió escribir sobre uno de los tesoros vírgenes del mundo: La Mosquitia.

La obra Waikna, o Aventuras en la Costa de La Mosquitia, tiene lugar en las costas del Caribe de Honduras y Nicaragua. Fue publicada en 1855.

Hay quienes aseguran que Squier nunca visitó la Costa de la Mosquitia. Sin embargo, con lo que leyó y escuchó, sumado a su imaginación, pudo construir un relato fidedigno.

Como buen inversionista estadounidense, Squier fustigó abiertamente la injerencia británica en territorio centroamericano. Después de estar en suelo nicaragüense, el antiguo redactor de periódicos de Nueva York y Connecticut viajó a Europa con el objetivo de convencer a inversionistas de que participaran en el proyecto del ferrocarril interoceánico que cruzaría Honduras.

Como en aquella época era más fácil que ahora ocultar la identidad, Squier, ansioso por dar a conocer su obra sobre La Mosquitia, la publicó con el seudónimo de Samuel A. Bard.

Los historiadores han criticado a Squier, pues señalan que detrás de la generosa intención de mostrar a los miskitos y sus tradiciones se ocultaba su propósito de retratarlos como seres primitivos.

A pesar de eso, Waikna, o Aventuras en la Costa de la Mosquitia, es un libro hermoso que hay que leer sin prejuicios, con los ojos bien abiertos y con el corazón.

"El viaje y la aventura de Bard se desarrollan entre lagunas y corrientes próximas al litoral, iniciándose en la bahía de Bluefields y finalizando en la isla Guanaja, frente a la costa norte de Honduras. La mayor parte del trayecto fue recorrido en canoa, por Bard y sus dos acompañantes indígenas. Pasaban de una laguna a la siguiente por los canales naturales y deltas que las comunicaban y que son comunes en la Costa de la Mosquitia. Salieron a mar abierto solamente en aquellas partes donde la comunicación acuática quedaba interrumpida. Pernoctaron en algunas villas miskitas, tales como la hospitalaria Waswatla (hoy inexistente) y en Quamwatla, donde sostuvieron peligrosas escaramuzas con los poco amistosos nativos".

Según el relato de Squier, después de llegar a la desembocadura del río Coco, continuaron hacia el norte; recorrieron algunos ríos y cruzaron a pie ciertas serranías hondureñas, hasta alcanzar el territorio de los pech o payas.

Bard —agrega Incer Barquero— prosiguió su aventura hacia la costa norte, donde describe las costumbres de los caribes (hoy garífunas), para finalizar en la isla Guanaja, en la bahía de Honduras.

Para Incer Barquero, "es posible que Squier se haya documentado exhaustivamente sobre el territorio miskito, sus características geográficas, sus pobladores y sus costumbres, para poder definir y describir el curso de la aventura. Posiblemente tuvo a mano escritos y mapas de cuantos viajeros visitaron o escribieron sobre la Mosquitia, anteriores a su apócrifo viaje".

No obstante su carácter novelado, no testimonial, Waikna sigue siendo una de las mejores obras pioneras sobre la antigua y todavía ignorada Costa de la Mosquitia —concluye Incer Barquero.

En otras palabras: vale la pena leer Waikna, o Aventuras en la Costa de La Mosquitia de nuestro viejo conocido Ephraim G. Squier.

**ÓSCAR FLORES LÓPEZ/EDITOR COLECCIÓN
ERNADIQUE**

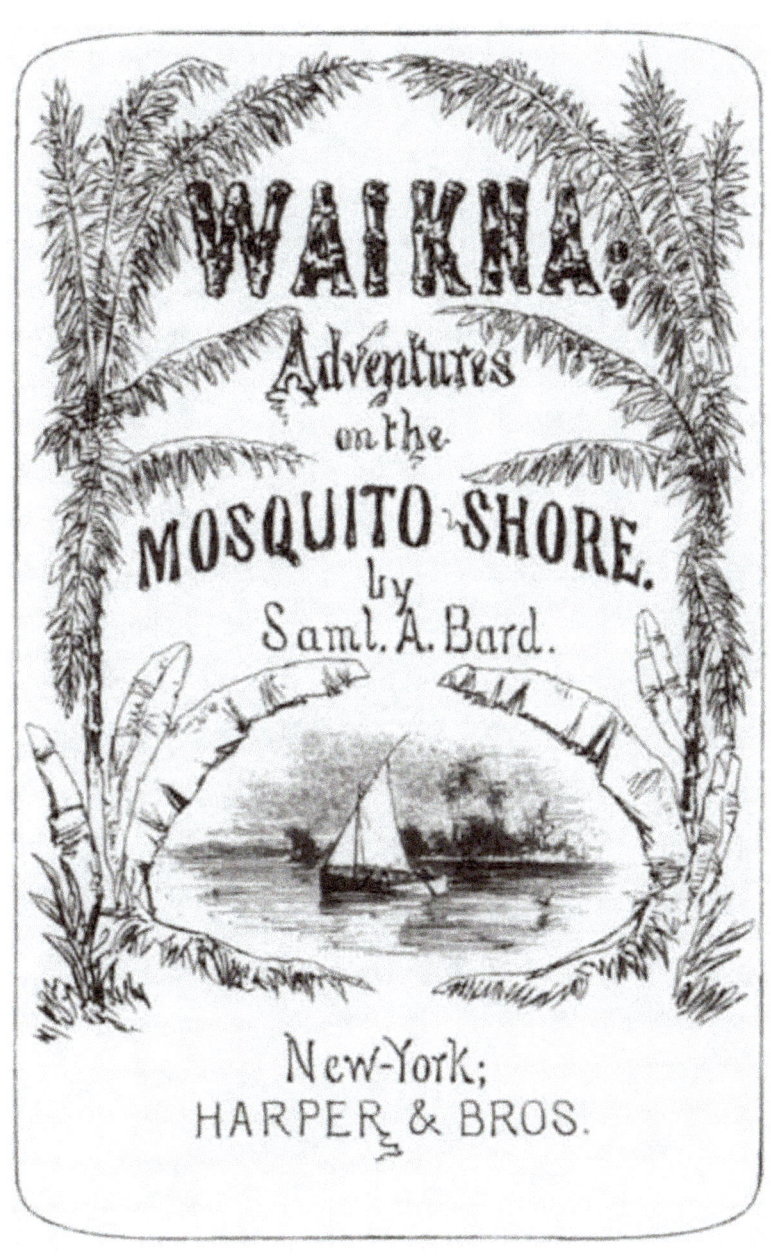

Portadilla de la edición originade 1855.

PREFACIO

Escenario: una playa solitaria.
Aparecen un yanqui (Y) y un miskito (M).

Y: Bien, mi moreno amigo, ¿quién eres tú?

M: "Waikna." ¡Un hombre!

Y: ¿Y cuál es tu nación?

M: "Waikna." ¡Una nación de hombres!

Y: ¡Muy bien, mi moreno amigo! Una vez existió una gran nación —unos cuantos ladrillos viejos son casi todo lo que hoy queda de ella— y su gente se enorgullecía de llamarse… pero, dime, ¿acaso sabes algo de los romanos?

M: ¿Ellos ser buenos para beber? ¿Ellos aguardiente?

Y: ¡No, qué va!

M: ¡Entonces, no bueno tampoco!

Cae el telón.

Tal diálogo ocurrió, o podría haber ocurrido, en la Costa de La Mosquitia. Para propósitos artísticos asumiremos que tuvo lugar, y como este libro está dedicado principalmente al hombre miskito y a su país, se llamará Waikna, palabra que en su lengua significa simplemente "hombre", y que se enuncia con orgullo como designación genérica de la gente de toda la Costa.

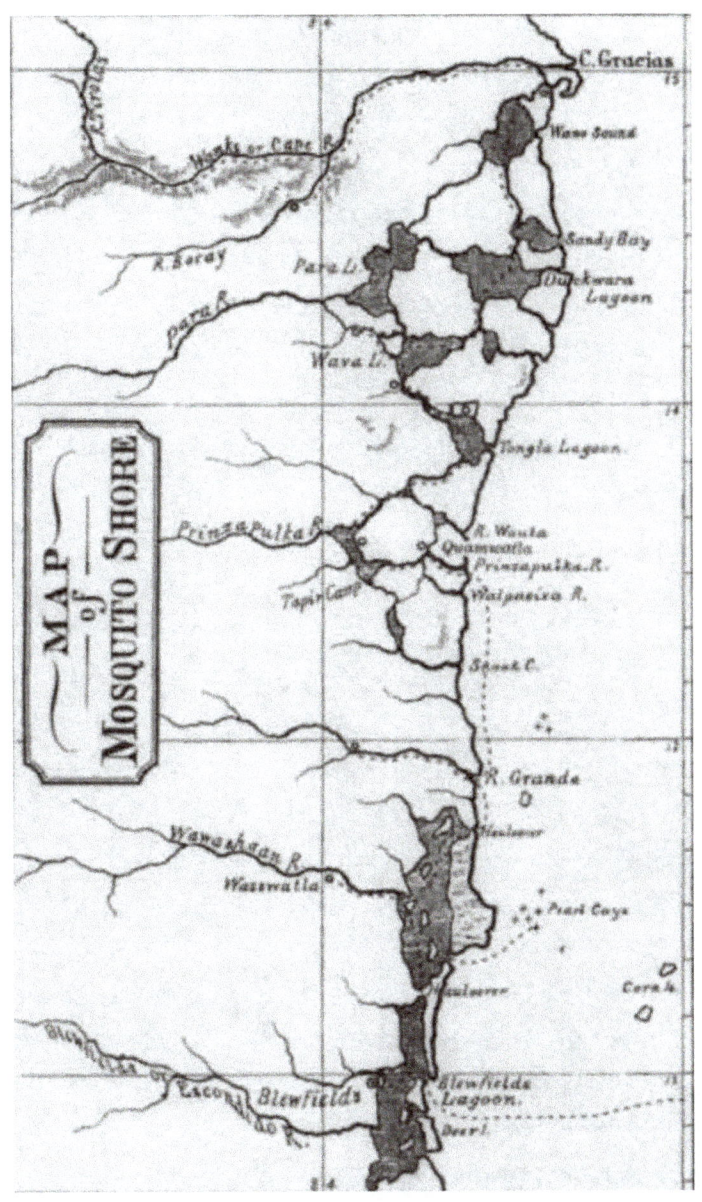

Mapa de la costa de La Mosquitia. Las líneas punteadas señalan la ruta del autor.

I: JAMAICA, Y DE CÓMO EL AUTOR LLEGÓ AHÍ

Un mes en Jamaica es penitencia bastante para cualquier pecador, ya no digamos para un cristiano tolerablemente bueno. En todo caso, una semana me había bastado para hartarme de Kingston, con sus siniestros mercaderes tropicales y sus variopintos habitantes: una mitad negros, un tercio morenos y el resto tan claros como podría esperarse, si consideramos el abominable e incomprensible inglés congo que hablan.

Además, el cólera —que parecía ser endémico en Kingston y haberse convertido en una de sus instituciones locales— había empezado a propagarse desde los tugurios, invadiendo las partes más civilizadas del pueblo. Por consiguiente, todos los habitantes a quienes la emancipación había dejado lo bastante ricos para poder hacerlo se iban huyendo hacia las montañas, acuciados por la pestilencia como si un sabueso les pisara los talones. Era notorio que Kingston no es lugar para un forastero, y ese forastero era un pobre diablo artista.

El cólera me había birlado un cliente. Me sentía malhumorado, así que me eché en una hamaca, encendí un puro y, como suelen hacer los poetas, mantuve conmigo mismo un gran interrogatorio, que con poco ruido y mucho humo iba de esta guisa:

—La vida es agradable a los 26. ¿Te gusta la vida?

—Bastante.

—¿Entonces no te gusta el cólera?

—¡No! (dando un rápido sorbo al puro)

—Pero aquí lo vas a padecer.

—Entonces me iré.

—¿Adónde?

—A cualquier parte.

—Bien, pero las finanzas, mi muchacho. ¿Qué hay de eso? No puedes irte sin dinero.

Hubo una larga pausa, una gran nube de humo, mucho mecimiento en la hamaca y un eco final que decía:

—¡Dinero! ¡Sí, debo tener dinero!

Así que me levanté y abrí con premura mi baúl. Hurgué a fondo entre cuellos, lápices y ropa sucia. Saqué mi cartera, volqué en la mesa su contenido y empecé a contar: cuarenta y tres y medio, cuarenta y cuatro, cuarenta y cinco, y este puñado de calderilla de plata y cobre. Digamos cincuenta en total.

—¡Sólo cincuenta dólares! —exclamó mi inquisidor mental.

—Sólo cincuenta —respondí.

—No es suficiente.

Encendí otro puro. Era obvio que no bastaría. Volví a echarme en la hamaca. Me encomiendo a una hamaca (una de pita, no esas abominaciones de lona) y un puro, como valiosa ayuda para meditar y para todo tipo de comunión conmigo mismo. Hubo un gran silencio, pero el interrogatorio siguió hasta consumirse el puro.

Al cabo exclamé: "¡Voy a hacerlo!", con el tono de un hombre resuelto a emprender alguna gran hazaña, no agradable, pero necesaria. Tiré por la ventana la colilla del puro. Eso a lo que estoy resuelto puede que no parezca gran cosa, después de todo. Se trata tan sólo de pintar el retrato de la dueña de casa.

—Sí, voy a retratar a esa vieja.

Ahora bien, yo soy artista, no autor: he puesto la carreta delante de los bueyes, en el sentido en que mi narración no guarda las "armonías" debidas de toda composición bien ponderada. Se me acaba de ocurrir que debería haber comenzado por decir quién soy y cómo llegué a Jamaica, especialmente a ese mugriento lugar que es Kingston. No es una larga historia, y si no es demasiado tarde, la contaré ahora mismo.

Como todo mundo sabe, hay gente que vende aceite rancio de ballena, que comercia jabón y que muestra gran desprecio por los artistas. Miran con gran desdén a los silenciosos hombres pálidos que pintan en los lienzos sus rubicundas carotas, y parecen pensar que los pocos dólares grasientos que de mala gana pagan por su flamante inmortalidad debieran ser recibidos con humildad y vergonzante gratitud, como una rara demostración de condescendencia y patrocinio. Nunca me gustó ese patrocinio, y por lo tanto, no pintaría carotas rubicundas. Pero hay gran diferencia entre rubicundas caras bulbosas y rostros sonrosados.

Aquella dulce muchacha del internado de la Plaza L- en Baltimore tenía los ojos oscuros, las trenzas del sur, las mejillas blancas y el paso ágil del norte. Por supuesto, pinté su retrato una docena de veces, por lo menos. Podría pintarlo ahora, y me temo que esté más que pintado en mi corazón, o no surgiría sonriendo aquí, para distraer mis pensamientos, hacerme suspirar e interrumpir mi relato.

A un artista que no pintase retratos y cuya alma estuviese por encima de los patrocinios, ¿qué le quedaría por hacer en Nueva York? Un par de obras al año en el Art Union —por diligencia de Mr. Sly, el gerente y amigo mío— no proveerían honorarios adecuados aun para el hombre más modesto.

"Pintaré grandes cuadros históricos", pensé un día, y en el acto fui a comprar un gran lienzo. Había elegido mi tema: Balboa, el descubridor del Pacífico, portando el pendón de España, avanzando con las olas hasta el pecho y reclamando para la corona de Castilla y León sus ilimitadas costas y sus islas incontables. Había empezado a esbozar a los indios emplumados, observando con muda sorpresa esta asombrosa escena, cuando se me ocurrió —pues tengo lapsos de sentido común esparcidos entre los campos floridos de mi fantasía— contar el monto de mi porción patrimonial.

Las grandes pinturas históricas requieren tiempo de estudio y elaboración. Me di cuenta de que tenía apenas unos doscientos dólares para pagar un mes de alojamiento, y también una cuenta que saldar con el sastre. En realidad, el retrato histórico era un lujo fuera de mi alcance, al menos por el momento. Fue entonces que un espíritu maligno (sospecho de quién se trataba...), siguiendo sin duda el hilo de mi proyectada pintura, me sugirió:

—Prueba con el paisaje, muchacho. Tienes buena mano para los paisajes, bellos y radiantes, llenos de amarillo y bermellón, tú sabes.

Aunque no había nadie en el aposento, puedo jurar que sentí una palmada en la espalda, luego del enfático "tú sabes" del tentador. Era en verdad una sugerencia diabólica lo del amarillo y bermellón, pero no tan azufrada como la que siguió:

—Vete a los trópicos, muchacho, los trópicos espléndidos, donde el sol reina supremo y jamás comparte sus dominios con los helados dioses de nariz azul, color plomizo y ojos lagañosos; vete allá y disfruta los incomparables matices de los cielos, el vívido esmeralda de las selvas y el azur resplandeciente de las aguas; ve donde las aves lucen tonos irisados, y donde hasta los peces son de oro; donde...

Pero ya había escuchado bastante; estaba cegado por el deslumbrante panorama que la fantasía desplegara ante mi visión, y clamé con entusiasta energía:

—Bueno, ¡pues me voy a los espléndidos trópicos!

Y me fui —para más lástima— en una sucia goletilla, cargada de harina y carne de cerdo. Y fue así, estimado lector, como vine a dar a Jamaica, si quiere usted saberlo. Estuve ahí un mes o más, deambulando por todo el interior, en verdad magnífico, y llenando mi portafolios con bocetos. Pero eso no me satisfizo.

Existían otras tierras tropicales donde la naturaleza tenía más vastos espacios, con grandes lagos y altos volcanes coronados de nieve que desafiaban los cielos, ondeando sus penachos de humo en el rostro mismo del sol: tierras por cuyas selvas siempre verdes Cortés, Balboa, Alvarado y Córdoba habían conducido a sus acorazados seguidores, y en cuyas profundidades fruncían el ceño los extraños dioses de la superstición aborigen, al lado de altares abandonados y tumbas anónimas de una raza extinta y misteriosa.

Jamaica era ciertamente bella, pero yo anhelaba lo que los trascendentalistas llaman lo sublimemente bello, o en palabras llanas, la combinación de lo sublime y lo bello: dicho de otro modo, una Suiza ecuatorial. Y aunque Jamaica poseía un bonito escenario, sus plantaciones eran una ruina, y sus negros haraganes y mugrientos. Más de la mitad de los pobladores había recaído en su congénita barbarie nativa; eran repugnantes a mis gustos y nociones americanas. Aquellos negros sonreían burlones a mi alrededor cuando yo comía, y se rascaban la cabeza sobre mis papeles cuando miraban mis dibujos. Me seguían por todas partes como chacales negros, y su jerga incomprensible resonaba en mis oídos, hasta ensordecerme. Y luego, aquel su olor en el calor tropical. ¡Uff! Era una cosa pestilente, y hedía a mil demonios.

Por tanto, yo había dejado el interior de la isla para poner mi caballete en Kingston, pintar allí algunas escenas y luego zarpar hacia tierra firme. Por supuesto, no se trataba de escaparme de pintar carotas rojas en los Estados Unidos para venir a pintar caras de ébano en Jamaica. Mis escrúpulos, sin embargo, no se aplicaban a los clientes.

Había un brown man —eufemismo jamaiquino que significa "mulato"— que era congresista o algo por el estilo, y quería que le hiciera una pintura del edificio en Spanish Town, donde él legislaba para "la isla emancipada". Había aceptado pintarlo por la generosa suma de veinte libras, pero una mañana turbia y calurosa mi moreno legislador contrajo el cólera, y antes del mediodía no sólo estaba muerto, sino enterrado, y el cuadro quedó a medio hacer. Memorandum: ¡Ya que la gente tiene la costumbre de morirse, procura siempre que te paguen de antemano!

Creo que fue Voltaire quien dijo que si se le preguntase a un sapo cuál es su ideal de belleza, probablemente se describiría a sí mismo; se explayaría complacido en el tema de su panza amarilla, pegajosa y fría, su lomo pardo, verrugoso y morroñoso; y se extasiaría en el tema de los ojos saltones. Y tengo por cierto que, de haberle hecho la misma pregunta a la dueña de la casa donde yo vivía, ella se habría acariciado coqueta los rizos lanosos que pendían sobre sus mejillas oleaginosas, y por toda respuesta se habría mirado en el espejo.

Negra, de una negrura reluciente, y gorda, maravillosamente gorda, poseía, sin embargo, así como era, su buena porción de vanidad femenina. No había equivocación: desde el primer día de mi llegada le andaba bullendo en la cabeza la idea de que le hiciera un retrato. Le encantaba el dinero, era tacaña y meticulosa, tanto que no se aventuraba a hacerme una propuesta hasta no tener algún indicio sobre el costo probable de su inmortalización. No obstante, yo había evadido con mucha diplomacia todas sus insinuaciones, hasta el infortunado día en que mi legislador murió.

Ella misma me dio la noticia, y notó que me causaba más molestia que sorpresa, y que me detuve de pintar con el aire de un hombre que abandona un mal trabajo. Ella, evidentemente, pensó que era el momento propicio para un coup de main; había un brillo de astucia en sus ojillos redondos y un poco hundidos; y hasta el ébano de sus mejillas se hizo palmariamente más claro cuando me dijo:

—¿De modo que su cuadro ya no servirá para nada?

—¡No!

—¿No tiene usted...? —e hizo significativamente el gesto de rotarse el dedo índice de una mano sobre la palma de la otra.

—¡No!

Hubo una pausa y entonces prosiguió:

—Yo quiero una pintura.

—¿Cómo?

—Una pintura, usted sabe.

Ella se complació entonces en acariciarse el amplio rostro y, a modo de sonrisa sugerente, mostró una amplia oquedad bermellón donde lucía una formidable falange de marfiles.

—No, yo nunca pinto retratos.

—¿Ni por diez libras?

—No; ni por cien. ¡Váyase!

Y mi casera se dio la vuelta para salir del aposento con un movimiento tal que, de haber pesado menos de doscientas libras, podría haberse tomado por una pirueta.

Fue al anochecer de ese día, y luego de esa conversación, cuando mantuve el antedicho soliloquio mientras yacía en mi hamaca, con la Asamblea de Spanish Town a medio pintar, mirando rabiosa desde el lienzo apoyado en un rincón. Fue entonces que resolví hacerle su retrato a la señora.

Y habiendo ya restaurado las armonías de mi relato por medio de este gran paréntesis, y luego de situar correctamente los bueyes delante de la carreta, me apresto a continuar.

No solamente resolví pintar a mi casera, sino que lo hice precisamente encima de la imagen del edificio de la Asamblea a medio terminar. Fue el primero, y por gracia de Dios será mi último retrato, mientras haya buenas papas que desenterrar al precio de seis centavos la fanega. Aún ahora no puedo evitar reírme de ese rostro gordo y reluciente —que mira el mundo por todos lados como si estuviese recién barnizado—, rematado por un pañuelo de un rojo chillón ceñido a la cabeza a manera de turbante terminado en punta; y los gordos brazos curvados hacia abajo como colmillos de elefante, sobre el fondo blanco de su vestido, que ocultaba un busto que rebasa toda descripción.

Ese retrato "ondeará por largo tiempo", según dijera un individuo en la cena de Kossuth al brindar por "el día que celebramos".

Mi casera

II. EL "PRINCE ALBERT"

Mi casera quedó satisfecha y fue generosa, pues no solamente me pagó las diez libras y me concedió dos semanas de alojamiento y comida como parte del trato, sino que me presentó a un caballero de color, amigo suyo, quien dos veces al año tripulaba una goletilla hacia la Costa de la Mosquitia, en la América Central, donde intercambiaba ron de desecho y telas de algodón de colores chillones por zarzaparrilla y caparazones de tortuga. Una vez al mes salía de Kingston un vapor rumbo a Cartagena, Chagres, San Juan, Belice y "a lo largo de la costa"; pero, por razones obvias, no podía yo abordar un vapor. Hice, pues, un trato con el oloroso capitán, en cuyos términos él se comprometía, por la suma de tres libras contantes y sonantes, a hacerme desembarcar con todo mi equipaje en Bluefields, sede de la realeza miskita.

No puedo imaginar por qué razón el capitán Ponto —pues así nombraré al amigo de mi casera, el capitán de color— puso a su goletilla el nombre de Prince Albert, a menos que él pensara que de ese modo rendía honores al consorte de la reina; pues la mencionada goleta obviamente era vieja y había sido condenada mucho tiempo antes de que el afortunado holandés despertara los ecos de Gotha con sus llantos infantiles.

El Prince Albert tenía una carga aproximada de setenta toneladas y estaba construido siguiendo más o menos el modelo de la Jung-frau, el primer navío holandés que fondeara la bahía de Nueva York —como una torpe marsopa— tras un raudo viaje desde La Haya que le tomó unos seis meses. Los sabios de la Sociedad Histórica han demostrado a satisfacción, luego de prolongadas y diligentes investigaciones, que la Jung-frau medía sesenta pies de quilla, sesenta pies de ancho y sesenta pies de bodega, y que había sido modelada según una de las Venus de Rubens. Las dimensiones del Prince Albert eran en todo punto las mismas, pero con veinte pies de menos. Tenía las velas parchadas y las jarcias remendadas; y no hacía tanta agua que no pudiera achicarse bombeando de continuo menos de seis horas de las veinticuatro que tiene el día.

La tripulación estaba compuesta por el capitán Ponto, Thomas su piloto, un marinero y un muchacho indio de Yucatán, cuya faena consistía en cocinar y bombear. Como puede suponerse, el muchacho indio no corría riesgo de oxidarse por falta de ocupación.

Fue una clara mañana hacia fines de diciembre cuando la esposa del capitán Ponto, una mujer blanca con una promisoria familia de seis chiquillos —tres de los mayores en camisa, y los tres menores descamisados— llegaron a la goleta para vernos partir. Yo observé la despedida desde el barco, y también las lágrimas que rodaban por las mejillas de la señora Ponto cuando despedía a su negro marido. Me pregunté entonces si ella podría tener un afecto verdadero a su esposo, o si la costumbre y la relación borrarían la repugnancia natural e instintiva que existe entre las razas superiores e inferiores de la humanidad.

Pensaba en la condición de la misma Jamaica, y en mi mente conjeturaba si no se debía a una enorme y equivocada interpretación de las leyes de la Naturaleza, y al inevitable resultado de haberlas subvertido. No se puede negar que, cuando las razas superiores e inferiores entran en contacto y se amalgaman, de ahí surge uniformemente una raza híbrida, con la mayoría de los vicios, si no todos, y pocas, si alguna quedara, de las virtudes originales. Y será difícil que aquellos a quienes su experiencia ha familiarizado con el tema pongan en duda que la falta manifiesta de moralidad pública y de virtud privada en los estados de la América española ha surgido de la fatal facilidad con que los colonizadores españoles se han entremezclado con los negros y los indios.

La exclusión rígida e inexorable —con respecto a las razas inferiores— de la sangre dominante en Norteamérica, que fluyó por diferentes canales, incluso de la misma gran fuente teutónica, es el gran secreto de su vitalidad y la mejor salvaguarda de su permanente supremacía.

La señora Ponto lloraba; y mientras nos alejábamos lentamente de Port Royal, podía yo verla ondeando su delantal en señal de cariñoso adiós, por ignorar ella formas más clásicas de despedida. Al fin salimos del sotavento de la isla, y los vientos alisios tomaron de lleno nuestro velamen, soplando de continuo en la dirección deseada.

Me senté largo rato en la cubierta, mirando la isla que se alejaba y despacio se hundía en la mar radiante, hasta que el capitán Ponto me indicó —en el patois de Jamaica que la ilusa gente del lugar supone inglés— que la cena estaba lista, y me condujo al lugar que él llamaba cabina.

Esta cabina era un pequeño antro, de siete por nueve pies cuando mucho, bajo, oscuro y sucio, sin más luz ni aire que el que entraba por la estrecha escotilla, y, por consiguiente, caliente como un horno. Dos cajones, uno a cada lado, hacían las veces de asientos durante el día, y por la noche se cubrían con unos colchones algo sospechosos para usarlos como lecho. La cabina estaba destinada para el capitán Ponto y para mí, pues el piloto había sido desplazado para dar lugar al caballero que pagó tres libras por su pasaje.

Me pregunto si alguna vez el Prince Albert habría sido honrado con un pasajero; doy por supuesto que no, desde que cayó en manos del capitán Ponto, quien, por lo tanto, dispuso de su mejor servicio muy a sabiendas de la importancia del hecho.

Ponto había sido antes un esclavo y, por consiguiente, ahora se portaba imperioso y tiránico con todos sus subordinados. Sin embargo, puesto que era obvio que su amo había sido un hombre importante, no había perdido del todo su antigua deferencia hacia el hombre blanco, y a veces se olvidaba del Ponto capitán y se convertía en el Ponto esclavo. Solamente en este último carácter era perfectamente natural, y aunque no me divertían sus pretensiones de actuar del modo más altanero, no molestaré al lector con los episodios del capitán Ponto. Era un negro muy valioso, con una fuerte aversión al agua, tanto por fuera como por dentro. El piloto y el hombre que formaban la tripulación eran negros ordinarios sin importancia alguna.

Pero Antonio, el muchacho indio que cocinaba y bombeaba, y luego volvía a bombear y cocinar —creo que nunca dormía, pues cuando no había un chisporroteo en la negra cabinita, de seguro había un rechinido en la desvencijada bomba— Antonio atrajo mi interés desde el principio, y el interés aumentó cuando me di cuenta de que hablaba un poco de inglés; su español era perfecto, y podía leer en los dos idiomas. Había algo misterioso en él, estando entre esos negros rudos, pues su piel era relativamente clara, su mirada inteligente y llevaba el negro cabello largo y bien arreglado. Era como una ágil pantera entre torpes osos; y cumplía su faena de modo muy acorde con su carácter indio, sin murmurar y con una especie de silencio obcecado, que implicaba poco respeto por sus actuales amos. Rara vez respondía a las órdenes con palabras, apenas con monosílabos.

Le pregunté al capitán Ponto acerca de él, pero no sabía nada, excepto que era de Yucatán; se había presentado a bordo el día anterior y se ofreció a trabajar por su pasaje a tierra firme. El capitán Ponto me confió que había tomado al muchacho únicamente por mí, lo cual, por supuesto, me condujo a inferir que de ordinario el capitán se encargaba de cocinar su propia comida. También aventuró algunos comentarios condescendientes acerca de los indios en general, en el sentido de que pueden ser buenos sirvientes "si se les mantiene a mecate corto", lo que, viniendo de un ex esclavo, pensé que estaba bastante bien.

Todo esto sólo sirvió para que yo me interesase más en Antonio; y aunque logré entablar con él una conversación ordinaria, no pude sacarle nada, como dicen, respecto de su historia pasada o sus planes futuros. Cada vez que yo abordaba esos temas, él se mostraba silencioso e impasible, y sus ojos asumían una fría expresión inquisitiva, que no carecía de una sospecha latente, lo que me inclinaba a pensar que era un fugitivo de la justicia. Sin embargo, no parecía un criminal ni un truhán; y cuando no le hacía preguntas personales, su rostro retomaba su acostumbrada expresión, agradable aunque triste, y yo me avergonzaba de haber sospechado de él.

Ciertamente había algo singular en Antonio, pero como no podía imaginar un misterio muy profundo en un cocinero a bordo del Prince Albert, pasado el primer día abandoné todo intento de penetrar en sus secretos; más bien procuré atraerlo como un eventual y provechoso compañero en el país a donde me dirigía. De manera que a veces lo relevaba en la bomba, aunque protestara; y finalmente, para horror del capitán y evidente desdén del piloto, me volví tan íntimo de Antonio que le mostré mi portafolios de dibujos.

Me percaté con sorpresa de que su admiración era siempre juiciosa, y su apreciación del trazo y el colorido mostraba que tenía el espíritu de un artista. Varias veces, al observar mis dibujos, se detenía, los escudriñaba con una mirada llena de inteligencia, como si quisiera hablar, y yo hacía una pausa para escucharle. Pero cada vez se desvanecía su sonrisa, sus flexibles músculos cesaban su movimiento y se ponían rígidos; una fría y sutil niebla se apoderaba de sus ojos limpios que miraban a los míos.

Antonio, el muchacho indio.

III. SE CIERNE UNA TORMENTA

Cualquiera que haya sido el secreto de Antonio, grande o pequeño, era evidente que a medias deseaba y a medias temía revelarlo. Me desconcertaba la idea de que pudiera haber alguna relación entre su secreto y mis pinturas; pero Antonio era sólo un cocinero, así que descarté toda reflexión al respecto.

Al tercer día de haber zarpado empezó a cambiar el clima, que hasta entonces había sido claro y bello, y la noche nos envolvió negra y amenazante. El viento había aumentado, pero estaba cargado de vapores sofocantes —el soplo caliente de una tormenta que estaba gestándose en nuestra ruta. El capitán Ponto no conocía la ciencia de la navegación; apenas contaba con lo que se llama "entendimiento a ojo de buen cubero". Había recorrido esa ruta muchas veces y confiaba en su trayecto. Este punto, sin embargo, no me causaba desazón; no tanto porque confiara en el capitán Ponto, sino porque no había en el mundo nada que se pudiera hacer más que acatar sus opiniones.

No obstante, el capitán era serio y consultaba un mapa antediluviano que mantenía en su cabina. Era un cuadro rembrandtesco: el negro recorriendo lentamente el mapa con su dedo índice, a la luz de una candela que apenas alumbraba a medias la cabina y que revelaba, en contraste con la oscuridad, su oscura cabeza y su rostro ansioso. Lo que el capitán Ponto logró entender de todo ese estudio es más de lo que yo pueda contar; pero cuando salió a cubierta, dio orden de que se arrizaran las velas y que se hiciera un cambio de varios puntos en el trayecto, pues el viento no sólo soplaba más fuerte, sino que viraba hacia el noreste.

Las ráfagas calientes o soplos de aire se hacían más y más frecuentes, y ocasionales relámpagos dispersos fulguraban en el horizonte. El mar también estaba saturado de una luz fosforescente; feroces monstruos parecían saltar en derredor, enroscándose y retorciendo su furibunda mole tras nuestra estela. Podía oír el siseo de sus lenguas bífidas cuando las olas se cerraban bajo la proa.

Era un cuadro rembrandesco: el negro recorriendo el mapa
con su dedo índice.

Permanecí de pie, apoyado contra la borda, observando las olas relucientes y pensando en mi hogar; pues el viajero en alta mar piensa siempre en su hogar cuando la oscuridad lo envuelve y la tormenta amenaza.

En este momento se acercó Antonio silencioso, tan callado que no lo oí, y se puso a mi lado.

Yo estaba algo sorprendido; así que, al cambiar mi posición un poco, miré, con el leve reflejo de la luz del mar, sus graves ojos fijos en los míos.

—Ah, Antonio —dije—, ¿eres tú?

Y coloqué mi mano familiarmente sobre su hombro. Se encogió bajo ella como tocado por el fuego.

—Che… ¿te lastimé? ¿Qué pasa? —exclamé en tono de reproche.

—¡Disculpe! —más que decir, exclamó, con voz profunda y trémula—. Ahora sé que no es usted quien morirá esta noche.

—¿Qué quieres decir? ¿No tienes miedo, Antonio? ¿Quién piensa en morir? —contesté yo, en tono ligero.

—¡No! No soy yo. Temía que fuese usted, señor —y me puso encima una mano fría y pegajosa como la de un cadáver—. La muerte ronda a bordo de este barco.

Dijo esto con una voz tan grave y turbada que me causó una profunda impresión, y, aunque no era mi intención, por algunos momentos no contesté.

—Tú hablas por hablar, Antonio —dije finalmente—. Vamos viajando sin ningún problema y todos nosotros estaremos en Bluefields en uno o dos días.

—¿Todos nosotros? ¡Nunca! —replicó él—. Así me lo ha dicho el Señor que nunca miente.

Y, acercándose a mí, sacó de su pecho algo que parecía una pequeña rodela de cristal, sólo que levemente luminosa, con manchas o jaspes verdes.

—¡Mire, mire! —exclamó presuroso.

Y sostuvo el objeto cerca de mis ojos. Por instinto obedecí y lo miré fijamente. Mientras observaba, lo verde parecía concentrarse y asumir una forma regular, como el vaho que forma el aliento sobre un espejo, hasta que claramente vi en el centro una cabeza humana en miniatura, de aspecto sereno y digno, pero tenía los ojos cerrados y todas las facciones mostraban la rigidez de la muerte.

—¿Lo ve usted?

—Sí lo veo.

—Es Kucimen, el Señor que nunca miente.

Antonio guardó de nuevo el talismán en su pecho, y se alejó despacio. No había duda de lo que había visto, y si bien no soy supersticioso, la sensación de una catástrofe inminente embargó mi corazón. En vano traté de sonreír ante el truco del indio; su voz grave sonaba todavía en mis oídos: "Todos nosotros, nunca." ¿Qué razones tendría para ensayar su diablerie india con cualquiera, y mucho menos conmigo? Rechacé el pensamiento y procuré desechar de mi mente el asunto.

Mientras tanto, el viento había cobrado fuerza. El capitán Ponto había arriado las velas, así que el vaivén se redujo apenas lo necesario para mantener el barco estable ante el viento. Las olas empezaban a crecer, la oscuridad aumentaba, las ráfagas de viento caliente eran cada vez más frecuentes, y los relámpagos surgían del horizonte hasta el cenit. Los truenos también retumbaban, cada tumbo era discernible, y ocasionales goterones de lluvia caían en la cubierta con inquietante sonido. Era evidente que la tormenta estaba cerca.

Abandoné la borda para dirigirme a la pequeña cabina en busca de mi poncho, pues prefería estar a descubierto en la tormenta antes que en la sofocación de abajo. La escotilla estaba casi cerrada, pero dentro había una luz. Me detuve para abrir la corredera, y entonces vi todo el interior.

El espectáculo que se ofrecía era tan extraordinario que me detuve en seco y miré, mudo de sorpresa. La candela estaba puesta sobre el cajón, y arrodillado ante ella estaba el capitán, con el torso desnudo. Tenía en la mano algo que parecía el cuerno de algún animal, en el que recogía la sangre que manaba de una herida en la parte carnosa de su brazo izquierdo, un poco arriba del codo, mientras musitaba presuroso unas palabras rudas y de extraño sonido, como nunca antes había oído.

Mi primera impresión fue que Antonio había tratado de cumplir su propia predicción; pero pronto vi que se trataba de algún rito religioso, algún sacrificio propiciatorio, como el que los Obi inculcan todavía en Jamaica y en Santo Domingo, ritos que son furtivamente observados incluso por los negros que profesan el cristianismo y que tienen una conexión nominal con la iglesia. Reconocí en el cuerno el misterioso gre-gre de la Costa de Oro, donde prevalecen las formas más bajas de adoración fetiche y la sangre humana se considera el más aceptable de los sacrificios.

Porque respeto demasiado toda ceremonia o rito que pueda contribuir a la paz espiritual de los demás, no pensé en perturbarlo. En silencio me retiré de la escotilla y dejé que el capitán concluyese sus degradantes devociones.

Al poco rato apareció en cubierta y dio algunas órdenes con una voz calma, como alguien tranquilo y confiado. Yo estuve ocupado abajo apenas unos minutos; sin embargo, cuando subí de nuevo a la cubierta, teníamos encima la tormenta.

Las olas no eran altas, pero el agua parecía llevada por el viento, arrastrada como la nieve en ráfagas cegadoras y envolventes. Su fuerza casi me arrastra fuera de borda, si no hubiese quedado enredado entre las jarcias. El aullido del viento y el silbido de las aguas habrían sofocado el grito más fuerte, y tanto me cegaban las salpicaduras del agua que no lograba ver. Pero pude sentir que íbamos navegando con temible rapidez hacia un huracán.

La cubierta parecía pandearse como si estuviera a punto de resquebrajarse bajo nuestros pies. Al fin me recompuse lo bastante para mirar en torno durante las pausas del viento y cuando alumbraban los relámpagos. El velamen estaba hecho jirones, las vergas habían desaparecido. De hecho, todo fue barrido de la cubierta, excepto tres figuras oscuras, que, como yo, se aferraban tenazmente a las jarcias. Continuamos sepultados a medias en el mar, empujados a la deriva con inconcebible rapidez.

Poco pensamos que nos precipitábamos hacia un peligro más terrible que el océano. La tormenta nos había zarandeado por más de una hora, y parecía haber agotado su ira y empezado a amainar, cuando estalló en nuestros oídos un ruido ronco y sostenido, más fuerte que el rugir del viento. Era evidente que avanzábamos a él, pues a cada instante se oía más claro y ominoso.

Yo escudriñaba de frente en total oscuridad, cuando de súbito un enorme relámpago reveló, justo ante nosotros, a una distancia no mayor de un cable, lo que en el pálido resplandor parecía una pared de espuma blanca, alzándose literalmente unos cien pies en el aire, un infierno de aguas del que no había escapatoria.

—¡El Roncador! —gritó el capitán en total desesperación, con una voz que aun entonces penetró como un cuchillo en mi corazón.

El temible momento de la muerte había llegado, y apenas tuve tiempo de tomar aliento para disponerme a luchar, cuando fuimos embestidos de lleno por la furia de las aguas. Sentí un choque, un tirón fuerte, y el bramido y el gorgoteo del mar, una sensación de inmensa presión, seguida por un golpe, como el de una caída pesada. Otra vez fui alzado y luego derribado de nuevo, pero esta vez con menos fuerza. Apenas tuve conciencia para darme cuenta de que había sido lanzado contra la arena, e hice un esfuerzo instintivo por levantarme y escapar de las olas.

Antes de lograr ponerme en pie, fui derribado una y otra vez, hasta quedar más muerto que vivo. Por fin logré arrastrarme a un lugar donde el agua no llegaba. Traté de levantarme, pero no pude. Y como eso es lo último que recuerdo bien de esa terrible noche, supongo que debo haberme desmayado.

IV: "EL RONCADOR"

No sé cuánto tiempo permanecí sin sentido, pero cuando recobré el conocimiento, que fue paulatinamente, como el correr de una cortina, sentí que estaba gravemente herido; y antes de abrir los ojos traté de alejar mis terribles recuerdos, como se hace cuando se ha tenido una pesadilla y trata uno de borrar de la mente lo que ha soñado. Era en vano, y con una sensación de desesperación abrí los ojos.

El sol matutino brillaba con tan cegadora claridad, que me obligó a cerrarlos de nuevo. Sin embargo, pronto pude soportar su brillo y, apoyándome con mucho dolor sobre mis codos, miré a mi alrededor. El mar tronaba con pavorosa fuerza, no en la costa arenosa donde yo yacía, sino contra un arrecife que distaba unos doscientos metros, dentro del cual el agua estaba calma, o perturbada apenas por el ondular de las olas al reventar en la barrera externa.

Aquí, el primero y único objeto que atrajo mi atención fue nuestra goleta, que yacía de costado en la arena. El mar, el barco, el sol cegador, la arena relumbrante y un insoportable dolor de cabeza eran evidencias inequívocas de mi infortunio. No era un sueño, sino la dura y pura realidad, y en ese momento comprendí la verdad.

En mi mocedad había leído de naufragios y había escuchado, con interés de niño y un sentimiento rayano en la envidia, los cuentos de viejos marineros que habían sido lanzados a playas desiertas. Y ahora, pasada la primera impresión, casi con satisfacción y con cierta exultación exclamé para mí: "¡Náufrago al fin!". Robinson Crusoe, Reilly y sus compañeros acudieron a mi mente, y sentí el impulso de dar un salto y emprender una carrera para imitarlos. Pero el intento falló, y en un instante me trajo de vuelta a la terrible realidad.

Los miembros de mi cuerpo estaban heridos y llenos de raspones; tenía el rostro inflamado y entumecido; lo más que pude hacer fue sentarme en posición erguida. Pensé entonces, por primera vez, en mis compañeros, y desesperado volví los ojos en su busca.

Muy cerca, y casi detrás de mí, estaba sentado Antonio con la cabeza apoyada en las manos. Su ropa colgaba en jirones, tenía el cabello apelmazado de arena y la cara renegrida de sangre seca. Trató de sonreír, pero los músculos del rostro no le obedecían, y me miró en silencio. Yo fui el primero en hablar:

—¿Estás muy herido, Antonio?

—El Señor de Mitnal nunca miente —fue su única respuesta; y señaló el talismán en su torso moreno, brillando al sol como plata bruñida.

Recordé la escena de la noche anterior y le pregunté:

—¿Están todos muertos?

Movió la cabeza para indicar que lo ignoraba.

—¿Dónde estamos, Antonio?

—Esto es "El Roncador".

Y así resultó. Nos encontrábamos en uno de los numerosos cayos de coral que tachonan el mar de las Antillas y que son el terror de los marineros que lo navegan. Por lo general son meros bancos de arena que se alzan a pocos pies por encima del agua; a veces tienen algunos matorrales o están cubiertos de malezas y de alguna que otra palmera torcida por las tempestades, y solamente los frecuentan las aves marinas que llegan a pernoctar e incubar, o las tortugas que arriban a desovar.

En torno a ellos hay siempre un arrecife de coral, construido desde el lecho del mar por esos maravillosos arquitectos que son los insectos de coral. Este arrecife rodeaba el cayo como un anillo, a mayor o menor distancia, dejando entre sí y el islote una franja de agua de variable profundidad y de un bellísimo azul.

El arrecife, que a veces es apenas visible sobre el mar, rompe la fuerza de las olas; y si por acaso se interrumpe, como suele suceder, deja una abertura para dar cabida a los navíos. La franja interior del agua forma un refugio seguro. Con excepción de unos cuantos entre los mayores, ninguno de los cayos está habitado, ni son frecuentados nunca, salvo por los pescadores de tortugas.

A la peculiar conformación de estas islas se debía nuestra salvación. Nuestra pequeña embarcación había sido empujada o levantada por las olas, bien por encima del arrecife exterior. El choque nos había arrebatado las jarcias y nos llevó a la deriva, hasta dejarnos sobre las arenas relativamente protegidas. También el navío había sido empujado por encima del arrecife, y al no ser las olas lo bastante fuertes para hacerlo pedazos, al retirarse el oleaje quedó en alto y en seco. No obstante, había una gran fractura en su quilla, causada probablemente por el golpe contra el arrecife.

Dos de los cinco seres humanos que habían estado a bordo, el capitán y su piloto, se habían ahogado. Encontramos sus cuerpos — pero estoy anticipando mi historia. Cuando nos recuperamos lo bastante para poder caminar, Antonio y yo revisamos nuestra situación. "El Roncador" es un pequeño cayo que mide tres cuartos de milla de largo, y en su parte más ancha no más de cuatrocientas yardas; un mero banco de arena blanca. En el extremo oriental hay un acre o más de arbustos espinosos, y cerca de ellos, tres o cuatro palmeras bajas y torcidas. Para fortuna nuestra, como se verá luego, "El Roncador" es famoso por sus numerosas tortugas, y en este tiempo es frecuentado por pescadores de tortugas provenientes de Antigua Providencia, y algunas veces de tierra firme. Entre las palmeras a las que me he referido, los pescadores habían construido una burda choza de postes, tablas y palmas, literalmente atada y anclada a los árboles para evitar que se la llevaran los vientos fuertes. Fue con mucha alegría que vi esa ruda evidencia de inteligencia humana y, acompañado por Antonio, me apresuré hacia ella con toda la celeridad que me permitían mis lastimados miembros.

Al acercarnos, no descubrimos ninguna huella de ocupación reciente, excepto una especie de surco en la arena, como el que podría dejar algún monstruo marino al arrastrarse. La huella conducía directo a la choza, y la seguimos con un sentimiento que mediaba entre la sorpresa y la aprehensión.

Cuando estuvimos cerca, vi a través de la puerta una negra figura humana, sentada en cuclillas en el interior, inmóvil como una estatua de bronce. Frente a ella se extendía, cuan largo era, el cadáver del capitán Ponto. El hombre era Frank, de quien ya he dicho que era parte de la tripulación del Prince Albert.

El espectáculo era horroroso. El cuerpo del capitán estaba hinchado, las extremidades rígidas y extendidas, la boca y los ojos abiertos, con una expresión de total terror y desesperación, tal que aún ahora me estremezco al recordarlo. Sobre el pecho, atado por una fuerte cuerda ceñida al cuello, estaba el misterioso cuerno gre-gre, y la herida en el brazo, de la que el pobre desdichado se había extraído la sangre en inútil sacrificio, tenía los bordes pálidos y abiertos, como en muda apelación contra su destino.

El marinero negro había arrastrado a la choza el cuerpo del capitán, y el surco en la arena era la huella que había dejado. Le dirigí la palabra, pero no contestó ni levantó la vista. Como poseído por alguna fascinación, sus ojos estaban fijos en el cadáver. Antonio no mostró emoción alguna, pero, avanzando hacia el cuerpo, levantó el cuerno gre-gre, lo miró con curiosidad por un momento y luego lo soltó exclamando:

—No pudo salvarlo. No sirve.

Apenas dichas estas palabras, el negro acuclillado dio un salto, como una bestia salvaje, a la garganta del indio; pero Antonio era ágil y esquivó el ataque. Al momento siguiente el pobre infeliz estaba de vuelta en su lugar junto al difunto. El negro no podía tolerar un comentario desdeñoso contra la potencia del gre-gre. Tal es el poder de la superstición sobre la mente humana.

Traté de inducir al negro a que sacara el cuerpo y lo sepultase en la arena; pero permaneció silencioso e impasible como una piedra. Así que regresé con Antonio al navío, pues había recuperado el instinto de vivir. Encontramos que, aunque la goleta había sido anegada por completo, el agua se había drenado, de modo que la carga se hallaba dañada, pero entera. Algunas de las provisiones habían sido destruidas, y las demás muy deterioradas, pero se podían aprovechar, y al menos por el momento, podíamos estar seguros de no morir de hambre.

El descubrimiento me levantó el ánimo, y en la alegría del momento casi me olvidé de mis heridas; pero Antonio no dio muestras de interés. Levantaba cajas y barriles y los colocaba en la arena, tan resueltamente como si estuviera descargando el navío en Kingston. Yo sabía que no era probable que la goleta náufraga sufriera más daño del mar, protegida como estaba por el arrecife externo; aun así, para mayor seguridad, saqué lo que quedaba de las provisiones para llevarlas a la choza junto a las palmeras. Antonio no hizo sugerencia alguna, pero de hecho siguió mis direcciones.

Habíamos sacado la mayor parte de las provisiones y las habíamos colocado en la arena, fuera del alcance de las aguas, cuando regresé a la choza con la firme determinación de asumir de una vez un tono de autoridad para hacer que el negro sacara el cadáver del capitán y le diese sepultura. Me sorprendió hallar la choza vacía, y una huella —como la que en la mañana había atraído nuestra atención— que conducía hacia el matorral, a cierta distancia de la choza. Seguí el rastro, y en medio de los arbustos hallé al negro ocupado en cubrir el cadáver con arena, y a medida que lo sepultaba farfullaba de continuo extrañas palabras guturales, y hacía muchos signos misteriosos sobre la arena.

DELIRIO NOCTURNO

Al terminar de llenar la fosa, se tendió a lo largo sobre ella. Aguardé unos minutos, pero como él permaneciera inmóvil, regresé a la choza. Comenzamos entonces a acarrear cuantos artículos de uso pudiésemos trasladar sin mucho esfuerzo, y no habíamos hecho gran cosa cuando se presentó el negro Frank y, aproximándose a mí, preguntó con humildad en qué podía servir. Era el menos lesionado de los tres, y resultó muy servicial para escombrar los despojos, sacando todo cuanto fuese útil y transportable.

Por la noche, apliqué vendajes en mis propias heridas y en las de mis compañeros, y luego de una sencilla pero abundante comida, olvidé los horrores del naufragio y me entregué con verdadero gusto a los placeres de un náufrago. No puedo describir bien la sensación —mezcla de novedad y satisfacción— con que contemplé desde la choza las turbulentas aguas de las que habíamos escapado con tan estrecho margen. El mar seguía agitado por los efectos de la reciente tormenta, y la luna llena del trópico brillaba apacible sobre nuestra isla, que parecía de plata y de fantasía bajo sus rayos.

Al principio todas estas cosas tenían un efecto sosegante, pero al avanzar la noche debo haberme puesto febril, pues con todo y las faenas del día y el agotamiento de la noche anterior, no lograba dormir. Mis pensamientos nunca habían estado tan activos. Todo cuanto había visto, oído y hecho me volvía de súbito a la mente con vívida realidad, pero, debido a alguna curiosa condición psíquica, mi mente sólo actuaba en retrospectiva. En vano traté de concentrarme en la contemplación del presente o del futuro. Incidentes largo tiempo olvidados agitaban mi cerebro. Lo grave se confundía en extraña mezcla con lo ameno. Ora reía abiertamente de algún suceso de mi niñez que recordaba con prístina frescura, y al momento siguiente volvía a llorar junto al lecho de muerte, o me descubría tarareando alguna rima infantil hasta entonces olvidada.

Me debatía contra aquel tropel de recuerdos, e hice por preguntarme si serían premoniciones de un delirio. Sentía el pulso acelerado; mi frente parecía arder. Con la vaga esperanza de conjurar lo que esa extraña actividad mental pudiese presagiar, me puse de pie y caminé hasta la orilla del agua. Recuerdo claramente que la playa se veía negra de tantas tortugas, y que pensé que eran obra de mi desordenada fantasía, y casi me volví loco ante la mera aprehensión de que el desvarío se hubiese apoderado de mí.

Y sin duda me hubiese vuelto loco, de no haber sido por Antonio. Al notar mi ausencia en la choza, vino alarmado a buscarme. Sentí un gran alivio cuando me dijo que las tortugas en la playa eran reales, que no eran monstruos de mi imaginación, que era la temporada de desove, y por tanto, de ahí a poco vendrían los pescadores por su provisión anual de caparazones. Acepté que me llevase de regreso a la choza.

Al acostarme, tomó mi cabeza entre sus manos, y la mantuvo apretada, al parecer con toda su fuerza. El efecto fue tranquilizador, pues en menos de media hora mis ideas habían recobrado su equilibrio. Caí en una apacible somnolencia y dormí profundamente hasta el mediodía del siguiente día.

Cuando desperté, Antonio estaba sentado junto a mí, mirando con mucha atención cada uno de mis movimientos. Sonrió cuando mis ojos se encontraron con los suyos, y señalando su frente, dijo:

—Ya todo está bien.

Y era cierto, aunque me sentía débil y todavía afiebrado. De algún modo mi buena constitución había resistido todos los embates, y en pocos días pude andar por los alrededores de nuestra arenosa prisión, y acompañar a Antonio y a Frank a capturar tortugas. Pues, con más previsión de la que yo hubiera podido atribuir al carácter de negros e indios, estaban acopiando un montón de caparazones, haciendo tiempo mientras hallábamos la ocasión de salir de la isla.

Un lado de nuestra isla, como antes dije, estaba cubierto de matorrales; el agua era relativamente poco profunda, y su lecho estaba revestido por una especie de hierba marina, que es el principal alimento de las tortugas. En la superficie del agua también flotaba una variedad de pececillos, que Antonio llamaba usando el término español "dedales", nombre no inapropiado, pues se asemejan mucho, tanto en forma como en tamaño, a los dedales que usan las señoras. Estos pececillos, en la época de desove, constituyen otro de los alimentos de las tortugas. Durante la noche las tortugas se arrastran por la playa; las hembras cavan hoyos en la arena, de unos dos pies de profundidad, donde depositan entre sesenta y ochenta huevos. Se afanan por cubrirlos con tal nitidez, que desafían la curiosidad de cualquiera que no esté familiarizado con sus hábitos. Pero Antonio y Frank conocían las costumbres de las tortugas, y recogieron cuantos huevos nos vino en gana.

Estos huevos al asarse, son una verdadera delicia. Los indios y la gente de la costa nunca los destruyen; tienen el cui- dado de propiciar la reproducción de este valioso crustáceo. Pero en tierra firme los animales salvajes, como por ejemplo el puma, suelen bajar a la playa a cavar en busca de los nidos. Ocasional- mente cazan a las propias tortugas, las arrastran a la selva y allí las matan y las devoran, a pesar de su conchuda armadura.

Quitando la caparazón a la tortuga.

Fue pues, durante la noche, cuando Antonio y Frank. que se mantenían ocultos en el matorral, cayeron de pronto sobre las tortugas, y valiéndose de unos garfios de hierro, las voltearon patas arriba, de modo que las dejaron impotentes e incapaces de moverse. Al día siguiente las arrastraron a la parte más distante de la isla, donde les quitaron los caparazones. Ese fue un cruel proceso, y presenciarlo me produjo escalofríos. Antes de describirlo debo explicar que, si bien los hábitos de todas las variedades de tortugas son más o menos iguales, los usos son muy diferentes. La gran tortuga verde es la mejor conocida. Es frecuente hallarla en nuestros mercados, y su carne es muy estimada por los epicúreos, como una gran delicia. La carne de la variedad más pequeña, o pico de halcón, no es tan buena, pero su caparazón es más valioso, por ser más grueso y de mejor color. Lo que llaman carey no es, como suele suponerse, la cobertura ósea o concha de la tortuga, sino sólo las escamas que la recubren. Estas son trece, ocho de ellas planas y cinco un poco curvadas. De las planas, cuatro son grandes, algunas llegan a medir un pie de largo y siete pulgadas de ancho; son cuasi- translúcidas y elegantemente jaspeadas de blanco, rojo, amarillo y pardo oscuro, matices que se destacan cuando el caparazón se prepara y se pule. Estas láminas, como he dicho, forman el revestimiento externo de la parte sólida u ósea del caparazón. Una tortuga grande llega a rendir casi ocho libras de carey. Las láminas varían su grosor de un octavo a un cuarto de pulgada.

Los pescadores no matan a las tortugas, pues de hacerlo, en pocos años las exterminarían. Cuando capturan una tortuga, la amarran y le cubren el lomo con hojas o hierbas secas, a las que prenden fuego. El calor hace que las placas se separen de sus junturas. Se desprenden luego con todo cuidado, usando un gran cuchillo que se inserta horizontalmente por debajo de las placas. Hay que procurar que el caparazón no se maltrate por aplicarle demasiado calor, y tampoco hay que forzarlo, sino esperar hasta que el calor deje las placas listas para quitarlas. Muchas tortugas mueren en esta cruel operación, pero abundan los casos en que han sido capturadas por segunda vez, con el revestimiento externo regenerado; en tales casos, en vez de trece placas, se obtiene una sola pieza. Como dije ya, nunca soporté presenciar esta crueldad, más que una vez, y me alegra que el proceso de "descame'" se hiciera lejos de mi vista. De tener las pobres tortugas el poder de gritar. con sus alaridos de tortura hubieran hecho de esa isla desierta un verdadero infierno.

Habíamos estado casi dos semanas en la isla, cuando una mañana miramos con sorpresa una vela al filo del horizonte. La estuvimos mirando ansiosos, y conforme se hada más y más discernible, en la misma proporción nuestros ánimos se alegraban. Avanzaba con lentitud, y al mediodía Frank declaró que era una goleta tortuguera proveniente de la isla de Catarina[1] o de Providencia, y que se dirigía a ...El Roncador. Resultó cierto, y aproximadamente a media tarde había atravesado una abertura del arrecife y anclado en las aguas tranquilas de su interior: La tripulaban cinco hombres, de los que era difícil decir si predominaba en ellos la sangre blanca, negra o india. Hablaban una especie de patois, donde el idioma español era el elemento principal. Y si bien estábamos muy alegres de verlos, a las claras se notaba que no les complacía nuestra presencia El patrón o capitán, tan pronto puso pie en tierra, dio en consideramos como intrusos. Nos preguntó por qué estábamos ahí, y si no sabíamos que esta isla pertenecía a la gente de Catarina. A modo de respuesta señalamos nuestra destrozada goleta: el grupo se dirigió a ella y sin mayor ceremonia empezó a despojarla de cuanto artículo de uso o valor pudieron encontrar, dejando para nosotros las gratas reflexiones de lo que esa conducta pudiera sugerir.

Mientras esto ocurría, regresé a la choza y encontré que Antonio y Frank ya se habían llevado de ahí las caparazones que habían conseguido, lo mismo que algunas cosas de valor que habíamos recuperado del naufragio, y las habían enterrado en la arena, lo que fue una prudente precaución que sin duda nos ahorró muchos problemas. Un poco antes de la puesta del sol, nuestros nuevos amigos, luego de haber concluido el pillaje, vinieron en tropel a la choza y, sin ninguna ceremonia, nos ordenaron salir. Yo pensaba, sin embargo, que aunque las fuerzas físicas estaban en nuestra contra, con un poco de determinación podríamos compensar la desigualdad. Respondimos con firmeza que podrían tomar una parte de la isla si deseaban, pero que nosotros estábamos ahí y teníamos la intención de quedarnos. Al oír eso el patrón se enfureció, y ordenó a sus hombres

---

[1] Islote de Santa Catalina, adyacente a la isla de Providencia.

que trajesen los machetes, desagradables instrumentos, entre cuchillo y espada.

—Ya van a ver —dijo en su jerga— si este villano blanco rehúsa obedecerme.

Dos de los hombres se abocaron a cumplir sus órdenes, mientras él permanecía en la entrada con el ceño fruncido. Cuando aquellos se alejaron un tanto, desplegué una frazada donde escondía nuestras pistolas, y, dándole una a Frank y otra a Antonio, tomé mi revólver y salimos de la choza. El patrón se replegó, con evidente alarma.

—Bien, amigo —le dije—, si quiere pelea, ¡vamos a pelear; pero usted morirá primero!

Apunté deliberadamente a su pecho, a una distancia menor de cinco yardas.

—¡Madre Misericordiosa! —exclamó—,

y miró alrededor como si buscara el auxilio de sus secuaces; pero éstos se habían alejado en carrera, sin esperar nuevas órdenes. El patrón intentó seguirlos, pero lo sujeté del brazo, y apoyé la fría boca de la pistola contra su cabeza. El capitán temblaba como un álamo, y se dejó caer en la arena, llorando y pidiendo misericordia del modo más vil. Lo solté.

Pero no hizo intento de moverse. Las circunstancias eran favorables para negociar, y en pocos minutos arreglamos que nosotros seguiríamos ocupando la choza, que él permanecería con nosotros, y que su tripulación se mantendría a bordo del navío, cuando no estuviese capturando tortugas. No le gustó la excepción a su favor. Temiendo que pudiesen levar ancla y abandonarnos a nuestro destino, insistí en que yo no podía renunciar al placer de su compañía.

El lector puede estar seguro de que mantuve ojo avizor sobre el patrón, y por la noche eran Antonio o Frank los que montaban guardia para que no escapara. Hizo uno o dos intentos, pero, hallándonos siempre alertas, al cabo de un par de días se resignó a su suerte. Conformes nosotros con el botín logrado, permitimos a los recién llegados procurarse su pesca por sí solos.

Apunté a su pecho, a una distancia de cinco yardas.
"¡Madre mía!", exclamó misericordioso.

Pero no hizo intento de moverse. Las circunstancias eran favorables para negociar, y en pocos minutos arreglamos que nosotros seguiríamos ocupando la choza, que él permanecería con nosotros, y que su tripulación se mantendría a bordo del navío, cuando no estuviese capturando tortugas. No le gustó la excepción a su favor. Temiendo que pudiesen levar ancla y abandonarnos a nuestro destino, insistí en que yo no podía renunciar al placer de su compañía.

El lector puede estar seguro de que mantuve ojo avizor sobre el patrón, y por la noche eran Antonio o Frank los que montaban guardia para que no escapara. Hizo uno o dos intentos, pero, hallándonos siempre alertas, al cabo de un par de días se resignó a su suerte. Conformes nosotros con el botín logrado, permitimos a los recién llegados procurarse su pesca por sí solos.

Al cabo de una semana descubrí, por varios indicios, que la temporada de tortugas casi llegaba a su fin; por consiguiente, haciendo un desmañado alarde de mi revólver, le dije al capitán que nos sería más grato subir a bordo de su goleta que permanecer en la playa. Pude ver que la propuesta no le parecía aceptable; por tanto, la repetí de tal manera que no tuvo más recurso que acceder.

Se mostró bastante sorprendido al descubrir la cantidad de caparazones que habíamos obtenido, y cuando le dije que podía tomar la mitad por llevarnos a Providencia, y el total si nos llevaba a Bluefields, recobró su buen talante. Pidió disculpas por su rudeza y, dándose palmadas en el pecho, proclamó ser un hombre bueno, y que nos llevaría hasta el fin del mundo si yo guardaba mi horrible pistola. Esa pistola, desde el primer día, había infundido una suerte de mortal fascinación en el patrón, que la miraba como si de un momento a otro fuese a dispararse en su cabeza. Aún ahora, al referirse a ella, un perceptible escalofrío le corre por el cuerpo.

Dos días después de haber asentado mis reales a bordo de la goletilla —que por edad y por suciedad acumulada bien podía pasar por hermana gemela del Prince Albert— zarpamos de "El Roncador". El islote se miraba muy bello, como un ópalo en el mar; a medida que se perdía en lontananza, me resultaba difícil entender que no era más que un cíngulo de arrecifes, un cúmulo de arenas desiertas.

V. ISLA PROVIDENCIA

Aunque se habían restablecido las relaciones amistosas con el patrón. pues la tripulación se miraba casi pasiva, yo me mantuve en guardia constante contra cualquiera jugarreta. Antonio no se permitía dormir por vigilar. Pero el patrón, lejos de albergar malas intenciones, parecía tener verdadera simpatía por mi persona. Se explayaba contando las delicias de Providencia, donde él, con burda elocuencia, consideraba ser un gran hombre. Aseveró que yo sería bien recibido, y que daría un baile en mi honor, pues eso le parecía la cúspide de la civilidad.

Tres días después de haber zarpado de "El Roncador;" era casi al mediodía cuando el patrón me señaló al filo del horizonte dos promontorios azules, uno agudo y cónico. el otro romo y ancho. Eran los altozanos de Providencia. Antes del anochecer doblamos la punta rocosa de Santa Catarina. coronada por las ruinas de antiguas fortificaciones españolas, y media hora después echamos ancla junto a una gran goleta de Nueva Granada,4 en un pequeño pero acogedor puerto de la isla.

Esta isla es casi desconocida para el mundo; y es por cierto muy poco lo que tiene de notable. Aunque se considera una sola isla, en realidad son dos: una tiene seis u ocho millas de largo y cuatro o cinco de ancho, y es de moderada altura; mientras la segunda es un cabo rocoso llamado Cetarina; está separada de la isla principal por un canal estrecho pero profundo. Ambas pertenecen a Nueva Granada, y tienen unos trescientos habitantes, muy variopintos de color, aunque con marcada tendencia al negro.

Esta isla fue un famoso refugio de piratas durante su preponderancia en estas partes, quienes expulsaron a los españoles y construyeron defensas, por cuyo medio lograron repeler sus asaltos en varias ocasiones.

La producción de la isla consiste sobre todo en frutas y vegetales; también se cultiva un poco de algodón, que, junto con el carey recogido por los habitantes, son la única exportación de la isla. Los

45

navíos que van hacia el norte algunas veces se detienen aquí para cargar cocos y yuca.

Como es fácil imaginarse, la gente es muy primitiva en sus costumbres: la mayoría vive en toscas chozas de palma y lleva una indolente vida tropical, de día meciéndose en sus hamacas y fumando, y por las noches bailando al son de las guitarras. Mi patrón, de quien yo sospechaba que era algo fanfarrón, era en verdad un personaje muy importante en Providencia, y fui recibido con gran benevolencia por los habitantes, ante quienes me presentó como "un amigo muy especial". Pensé en nuestra primera entrevista en "El Roncador", pero contuve lo mejor que pude mi deseo de reír.

Fiel a su promesa, la segunda noche después de nuestra llegada ofrecieron un baile; la única preparación consistió en una cantidad de grandes candelas de cera, que por el tamaño parecían antorchas, y la mezcla de varios tipos de bebidas, cuyos principales ingredientes eran ron de Jamaica, jugo fresco de caña de azúcar y una cantidad de chiles en polvo. La música consistía en un violín, dos guitarras y un peculiar instrumento indio que parecía un arco, con una cuerda metálica —si se me permite la crudeza de la comparación— tensada mediante un guacal perforado, que el ejecutante percutía con un palillo sostenido entre el pulgar y el índice.

¡RUMBO A TIERRA FIRME!

No me atrevo a describir la danza, que al principio no era demasiado delicada, pero que después se volvió escandalosa, a medida que empezaron a circular los guacales de licor. Hombres y mujeres bebían y bailaban, hasta que la mayoría de ellos no pudo beber ni bailar más; y me parece que después se armó una gresca general. Los músicos quebraron sus respectivos instrumentos en las cabezas de los otros; luego lloraron, se abrazaron y volvieron a ser amigos. Yo no esperé el final de la bulla, que pronto dejó de ser divertida; me retiré con Antonio y remamos hacia la goletilla, donde los últimos sonidos que venían a mis oídos eran los gritos y los cantos discordantes de los juerguistas.

Podrá entenderse fácilmente que Providencia ofrecía pocas atracciones para un artista, mucho menos las condiciones para seguir su vocación. Me complació mucho saber que la goleta de Nueva

Granada estaba en vísperas de zarpar rumbo a San Juan de Nicaragua. Su capitán gustosamente consintió en desembarcarnos en Bluefields, y nuestro magnánimo patrón retiró todo reclamo por el carey que habíamos obtenido en "El Roncador". No tuve dificultades para venderlo al capitán del General Bolívar, por la inesperada suma de trescientos dólares.

Al negro Frank le di cincuenta dólares, y se quedó muy a sus anchas en Providencia. Yo ofrecí compartir el resto con Antonio, pero se rehusó a recibir parte alguna de eso, e insistió en acompañarme sin mediar recompensa.

—Usted es mi hermano —me dijo— y no voy a dejarlo.

Y aquí puedo agregar que en todas mis andanzas probó ser un leal compañero y un amigo firme y fiel.

Su historia, un cuento loco y maravilloso, la expondré ante el mundo algún día, pues Antonio era de linaje real, hijo y lugarteniente de Chichén Pat, uno de los últimos y más valientes caciques de Yucatán, quien perdió la vida bajo los muros de Mérida en la última y fallida insurrección de los aborígenes; y me sonrojo al agregar que la bala fatal que cercenó la esperanza de los indios salió del rifle de un mercenario norteamericano.

ARRIBO A BLUEFIELDS

La llegada a la costa cercana a Bluefields ofrece un panorama que no deja lugar a engaños. La costa es llana y en todo punto monótona y carente de interés. Una línea blanca de arena, una franja verde de árboles, sin más relieve que alguna palmera solitaria aquí y allá, y unas colinas azules en lontananza, son los únicos objetos que se ofrecen a la vista expectante del viajero.

Al acercarse más se ve una gran laguna, protegida por una estrecha franja de arena, cubierta en su costado interior por una densa masa de manglares. Y ese es el puerto de Bluefields. La entrada es estrecha, pero no difícil, al pie de un alto acantilado rocoso que domina de lleno el paisaje.

El pueblo, o más bien, el conjunto de chozas que recibe ese nombre se encuentra a casi nueve millas de la entrada. Tras mucho virar hacia adelante y atrás, para evitar los innumerables bancos y bajíos de la laguna, llegamos por fin al desembarcadero. Apenas habíamos echado el ancla, cuando fuimos abordados por un negro muy pomposo, vestido con una camisa de cuadros rojos, pantalones blancos de algodón y un sombrero de paja barnizado. Andaba descalzo y nadie sabía cuál era su oficio, salvo que le llamaban "Almirante Rodney", y que era un importante funcionario del "Reino de la Mosquitia". Deambulaba por allí armando gran bullicio, pero su propósito final parecía reducirse a conseguir un trago y embolsarse un par de dólares, que el capitán le puso furtivamente en la mano, justo antes de desembarcar. Cuando hubo partido, se nos dijo que podíamos apearnos.

Bluefields es una ciudad imperial, la residencia de la corte del Rey Mosco, y por tanto amerita una detenida descripción. Como dije antes, es un conjunto de chozas de palma de lo más tosco. Entre ellas había dos o tres construcciones de armazón; una de ellas es la residencia de un tal Mr. Bell, un inglés, donde residía también, según supe más tarde, el mundialmente renombrado monarca George William Clarence, Rey de todos los Miskitos.

El sitio de las chozas es pintoresco, pues se halla en un terreno relativamente alto, en un punto donde entra en la laguna un río caudaloso, proveniente del interior. Hay dos villas: la principal es el mismo Bluefields, que es la más grande, con tal vez quinientos habitantes; y la otra se llama Carlsruhe, que es una especie de dependencia, nombrada así por una colonia de prusianos que habían intentado establecerse aquí; pero esta colonia, en la época de mi visita, había fracasado por completo. De las más de cien pobres personas que habían sido inducidas a venir aquí, quedaban apenas tres o cuatro, que sobrevivían en un estado de gran debilidad y aflicción. La mayor parte de sus compañeros había muerto, pero unos pocos habían huido al interior, donde son testimonios convincentes de que la gente que proviene de climas nórdicos no debe fundar colonias en las costas bajas y pestilentes de los trópicos.

Había entre las chozas muchas palmeras y plátanos, y esparcidas algunas cepas de papaya, cargadas de sus grandes frutos dorados. La costa estaba bordeada de canoas, pipantes y dories[2], labrados de los

---

[2] El dory por lo general está labrado de un tronco de caoba o cedro, y mide de veinticinco a cincuenta y cinco pies de eslora. Este tipo de embarcación

troncos de grandes árboles, y eran todos ellos alargados, esbeltos y de gráciles formas. Los nativos los impulsan con gran rapidez, con un solo canalete ancho, que se hunde verticalmente en el agua, primero a un lado y luego al otro.

Había en la playa una gran aglomeración cuando desembarcamos, pero me sorprendió saber que, con pocas excepciones, todos eran negros de raza, o bien zambos (es decir, mezcla de negro e indio). Había oído que la Costa de la Mosquitia estaba habitada por indios miskitos, pero pronto me enteré de que en toda la costa eran pocos los indios puros, si es que los había. La pobre gente que recibe ese nombre es en realidad zambos, que tienen una mezcla considerable de sangre proveniente de los comerciantes de Jamaica, con la que la costa mantiene sus principales relaciones.

El arribo de los comerciantes a la costa es la señal para una juerga desenfrenada, preludiada siempre por el bautizo que hacen los comerciantes —de una manera que no se destaca por su delicadeza o su solemnidad— de todos los niños nacidos desde su última visita y que tienen algún claro indicio de sangre blanca. Los nombres que les dan en estas ocasiones son tan fantasiosos como es la ceremonia, y se toman grandes libertades con nombres y apellidos de cualquier personalidad famosa, sea viva o muerta, desde "Pompeyo" hasta "Wellington".

Nuestro primer interés en Bluefields fue conseguir un techo donde albergarnos, lo que finalmente logramos por la intervención del capitán del Bolívar. Un desvalido negro de Jamaica, al oír que yo acababa de llegar de esa isla deleitable, me declaró su coterráneo y me ofreció un bajareque deshabitado, cuyas paredes estaban compuestas de una especie de cañas rectas entretejidas con hojas de palma. Esta estructura le había servido de cocina en sus días de prosperidad. No tenía más de diez pies cuadrados, pero se podía colgar una hamaca, diagonalmente, de un rincón a otro.

---

es tan boyante y segura que las personas habituadas a tripularlo suelen aventurarse osadamente mar adentro, incluso cuando el tiempo resulta poco confiable aun para navíos de mayor envergadura. El pipante es otra variedad de canoa, que sobrepasa al dory en velocidad, y se hace del mismo material, con la sola diferencia de que su fondo es plano.

A este menguado establecimiento trasladé mis escasas y deterioradas pertenencias, y en el curso del día me había aclimatado por completo a él. Antonio hizo gala de su gran aptitud y diligencia al hacer nuestra habitación confortable, y puso de manifiesto una elasticidad y alegría nunca vistas. Por la noche, respondió a la interrogación que latía en mis ojos, diciéndome que su corazón estaba más sosegado desde que había llegado al continente, y que su Señor le prometía mejores días." ¡Mire!" -exclamó, mientras sostenía su talismán ante mis ojos. Emitía una pálida luz que parecía proceder en pulsaciones o en círculos radiantes. Pudo haber sido mi fantasía, pero si así fuera, no estoy en condiciones de decir que todo aquello que consideramos real no sea un sueño o una ilusión.

Mi anfitrión era un hombre de más pretensiones que el capitán Ponto; por lo demás, empero, era muy de la misma hechura africana. De su cauto silencio sobre la razón de su llegada a la costa, deduje que había sido traído como esclavo, hacía unos treinta y cinco o cuarenta años, cuando varios plantadores de Jamaica intentaron establecerse aquí. Como quiera que haya sido, él se consideraba ahora "un comerciante", y parecía orgulloso de su tienda: una colección de osnaburgs, unos cuantos pañuelos rojos estampados, flanqueados por un deslucido tonel de lo que los yanquis llamarían "lo mero bueno", es decir, aguardiente, ocupando un rincón de su casa, o más bien su choza. Allí rumiaba sin tregua en torno a su mercadería, aunque creo que su único cliente era yo, hasta tal punto que le compré unos cuantos anzuelos durante mi estadía en Bluefields.

Se llamaba Hodgson —nombre de uno de los antiguos superintendentes británicos, según supe después— y sus esperanzas de inmortalizar a su familia las cimentaba en su hijo, a quien respetuosamente llamaba Míster James Hodgson, y era, según decía, el consejero principal del rey. Esta información —que obtuve a las dos horas de mi llegada— me indujo a creer que tendría una presentación favorable ante la corte, pero luego me enteré de que este prometedor vástago de la casa de Hodgson estaba "en capilla", pues había perdido el favor imperial al hacer ciertas confesiones de lo más indiscretas, en ocasión de ser apresado por los nicaragüenses unos años antes.

En cualquier caso, yo no estaba dispuesto a consumir mis días en idear planes para lograr una presentación ante Su Majestad Miskita. Así pues, a la mañana siguiente de mi arribo, me desperté temprano y salí para echarle un vistazo a Bluefields. En un amplio camino que conducía a una alameda de cocoteros, cuya sombra se proyectaba sobre el río, me encontré con un hombre blanco, de complexión delgada y de semblante serio, quien me miró con curiosidad por un momento, hizo una leve reverencia y pasó en silencio. El aire distante de un inglés al encontrar a un americano por lo general se responde con formalidad igualmente fría. Así que yo también le miré con frialdad, hice una austera reverencia y pasé de largo.

Sonreí al pensar cuánta vana afectación había entre ambas partes, pues hubiera sido poco natural que dos blancos no se alegrasen de verse las caras en una tierra de ébano como ésta. Así que, impensadamente, me di media vuelta justo a tiempo para presenciar un gesto similar de parte de mi delgado amigo. Era evidente que él estaba pensando lo mismo, y puesto que yo era el más joven de los dos, volví sobre mis pasos y me aproximé a él con un risueño "buenos días". Él respondió con un "buenos días" igualmente efusivo, al tiempo que se llevaba la mano a la oreja, por lo que supe que era duro de oído.

Entablamos conversación y de inmediato percibí que estaba ante un hombre de educación superior, que poseía gran experiencia y que estaba totalmente fuera de lugar en la metrópoli miskita. Dimos una larga caminata, en la que pasamos junto a una rústica estructura de tablas, rematada por un truncado poste donde ondeaba una banderita, una especie de híbrido entre la bandera británica y la de Estados Unidos. A este lugar Mr. Bell lo llamaba la "Casa de Justicia". Luego acepté su invitación para acompañarle a casa a tomar café.

Su casa era una sencilla y rústica construcción de tablas, con varios cuartos pequeños que daban todos a la sala principal, donde fui invitado a tomar asiento. Una somnolienta negrita, con un enorme moño de cabello rizado, barría el piso con lánguidos y mecánicos movimientos, muy a propósito para inducir al bostezo, aun después de una vigorizante caminata matutina. En los tabiques de los cuartos colgaban muchos cuadros en los que "Su Muy Graciosa Majestad Británica" aparecía en toda su gloria de acero, litografía y cromotinta.

Un mosquete o dos, una mesa en el rincón, con una confusión de libros y papeles, algunas cuerdas, unas botas y anclas de hierro debajo, unas cuantas sillas, un reloj yanqui y una mesa, completaban el mobiliario y la decoración del aposento. Doy los detalles de este inventario por razones que después se verán.

A una palabra de Mr. Bell, la aletargada negrita desapareció por unos momentos, y regresó después con las tazas y una cafetera. Observé que había tres tazas, y que mi anfitrión llenó las tres, lo que me pareció un tanto singular, puesto que sólo estábamos dos personas. Una leve sospecha momentánea pasó por mi mente, de que aquel pólipo femenino tuviese alguna relación con mi anfitrión, como para justificar que nos honrase con su compañía. Pero en vez de eso, ella, sin mucha ceremonia, abrió de un empujón la puerta que había en una esquina, y dirigiéndose a un ocupante que estaba fuera de mi vista, le espetó un cortante "¡Levántese!".

Hubo algo como una respuesta quejumbrosa, y luego un ajetreo y un murmullo malhumorado, como de alguien que considera haber sido importunado sin razón. Mientras tanto, habíamos terminado nuestra primera taza de café, e íbamos a proceder con la segunda, cuando se abrió la puerta del rincón y un muchacho negro —o lo que un americano podría llamar "un joven negrito"— que aparentaba tener diecinueve o veinte años, se dirigió a nuestra mesa. Vestía solamente una camisa con el cuello desabotonado y pantalones de algodón casi sin abotonar. Hizo con la cabeza un movimiento a guisa de saludo a mi anfitrión, masculló un "Buenos días, señor", y se sentó a tiempo para la tercera taza de café.

Mi anfitrión parecía no notar su presencia, y proseguimos nuestra conversación. Pronto el desaliñado joven se puso de pie, tomó su sombrero y se encaminó despacio hacia el río, donde luego lo miré lavándose la cara en la corriente.

Cuando ya estaba por retirarme, Mr. Bell amablemente me ofreció sus servicios en cualquiera cosa que pudiera necesitar. Le di las gracias y dije que no tenía ninguna diligencia que cumplir, como no fuera tramar alguna aventura y visitar sitios de interés, y que le agradecería mucho me presentase algún día ante el Rey, una vez que Antonio lograse remozar mi traje de ceremonia, que estaba un poco averiado por la saturación de agua salada. Sonrió levemente y dijo que para eso no era necesario esperar; y saliendo a la puerta, dio voces al joven negro que estaba en el río y le hizo señas de que subiera. El joven se apresuró a ponerse el sombrero y obedeció.

—Quizás no sepa usted que ése es el Rey —observó mi anfitrión con una sonrisa desdeñosa.

No respondí, porque el joven estaba cerca. El joven se quitó el sombrero con respeto y no hubo más presentación formal que una escueta observación:

—George, este caballero ha venido a verte; ¡siéntate!

Pronto comprendí quién era el verdadero "rey" en Bluefields. Creo que George también tenía su propia noción sobre el asunto, pero se le mantenía en tan estricta subordinación que nunca la manifestaba con palabras. Lo encontré tímido, pero no carente de los elementos de la educación ordinaria de un inglés, misma que había recibido en Inglaterra. Es nada más y nada menos que un negro con un vestigio apenas perceptible de sangre india, y en el sur de los Estados Unidos pasaría por "un agradable joven, con un valor de mil doscientos dólares para servir como criado".

El segundo día después de mi llegada fue domingo, y antes del mediodía hubo un oficio religioso en la "Casa de Justicia", donde Mr. Bell tuvo a su cargo la lectura de la liturgia inglesa.

Había tal vez una docena de personas, entre ellas el Rey, quien ahora vestía de un modo sencillo y formal y se condujo con toda propiedad. No vi que se le tuviera ninguna consideración especial; mientras que para Mr. Bell la deferencia era notable.

Es un hecho curioso que, habiendo tenido los ingleses relaciones más o menos estrechas con esta costa desde los tiempos en que los piratas hicieron de ella su refugio durante los días de gloria de los bucaneros, no hayan introducido nunca el Evangelio. La religión del "Reino" fue estipulada en su testamento por el difunto Rey, que fuese "la Iglesia establecida de Inglaterra", pero la iglesia establecida no ha dado paso alguno para atraer a los nativos a su aristocrático regazo.

Algunos misioneros disidentes han hecho intentos de establecerse en la costa, pero como los funcionarios y agentes británicos nunca los favorecieron, no han tenido éxito. Además, los zambos están muy apegados a sus ritos paganos, medio africanos y medio indios, y entre esos ritos, el que ellos llaman "borracho grande" no es el menos notable.

Hace algunos años, un misionero de nombre Pilley llegó a Sandy Bay con el objeto de rescatar a "las ovejas perdidas". Se le proporcionó una casa, y empezó a predicar. Durante algunos domingos logró atraer a varios de los zambos principales para que le oyeran, dándole a cada uno un vaso de aguardiente. A la postre, una cierta tarde de Sabbath, un número considerable de nativos asistió para escuchar la prédica del extraño y recibir el acostumbrado consuelo espiritual. Pero la damajuana del honorable ministro se había agotado. Procuró él compensar la deficiencia con una demostración de elocuencia más vehemente, y por un momento se complació en creer que estaba produciendo una impresión duradera.

Con todo, su discurso fue súbitamente interrumpido por uno de los jefes, quien se levantó y exclamó indignado:

—¡Sólo predicar! ¡No aguardiente, no bueno!

Y respondiendo a coro "no bueno", la congregación entera le siguió cuando abandonó la sala, dejando que el asombrado predicador terminase su discurso ante dos o tres ingleses presentes.

En Bluefields se mantiene a los nativos más controlados que en otras partes de la costa; pero aún aquí, ha sido imposible suprimir sus prácticas tradicionales, en especial las que atañen a las supersticiones. Después del "oficio," mi venerable amigo Hodgson me informó que habría un funeral en un pequeño asentamiento, a unas pocas millas río arriba. y se ofreció a acompañarme en su pipante, si Antonio se ocupaba de remar. Esta sugerencia me pareció muy aceptable, y tras una frugal comida de pescado asado y plátanos cocidos, emprendimos la salida. Mas no viajamos solos: encontramos docenas de pipantes llenos de hombres y mujeres que iban en la misma dirección. Es imposible imaginarse un espectáculo más pinto- resco que el que ofrecían estos ligeros y gráciles botes, con sus ocupantes vestidos de colores brillantísimos, navegando raudos sobre las aguas plácidas del río, ora alegres a la luz del sol y allá serenas bajo la sombra de los árboles que salpican las riberas. Hubo una viva contienda entre los remeros, quienes —entre gritos y alaridos en los que participaban hombres y mujeres— se esforzaban lo más que podían. Hasta Antonio se reía de la escena, pero de un modo un tanto despectivo, pues con aquellos mestizos mantenía la reserva de una superioridad consciente.

Rumbo al funeral.

En menos de una hora tuvimos a la vista un pequeño conjunto de chozas, agrupadas en la ribera bajo la sombra de un macizo de palmeras, que desde lejos ofrecían una imagen de fascinante belleza. Una multitud de nativos se había reunido en la costa, y a medida que nos acercábamos, oíamos el monótono compás del tambor nativo, o tum tum, relevado por un ocasional resoplido, bajo y profundo, que salía de una flauta larga, la cual sonaba —más que cualquier otro instrumento que haya oído— como el distante mugir de un buey. En las pausas, distinguíamos llantos contenidos, que se prolongaban por quizás un minuto y después eran seguidos por el monótono tambor y la lastimera flauta.

Las descripciones de escenas similares en África Central, relatadas por Clapperton y Mungo Park, venían a mi mente con maravillosa viveza, y tenía la impresión de que esas ceremonias eran de origen más africano que americano.

Al avanzar hacia las chozas, y en el centro del grupo, encontré un pequeño pipante partido en dos, en una de cuyas partes, envuelto en lienzo de algodón, estaba el cadáver de un hombre de mediana edad, muy demacrado y horriblemente desfigurado por algo que aquí llaman bulpis[3], una especie de lepra sifilítica, que es casi universal en la costa, y que con la ayuda del ron ha contribuido a reducir la población a una mitad de lo que era hace veinte años. Esta repugnante enfermedad suscita tal terror entre los indios del interior, que han prohibido, so pena de muerte, toda relación sexual entre su gente y los zambos de la costa.

ENTIERRO MISKITO

En torno al pipante había un grupo de mujeres, con sendas hojas de palmera para ahuyentar las moscas que pululaban alrededor del cadáver, ya pestilente. Sus erizadas cabelleras se alzaban como las serpientes de la mítica Gorgona; sus cuerpos se mecían con paso monótono, de un lado a otro, al son del lastimero tum tum. Con excepción de los hombres que percutían el tambor y tañían la flauta, estas mujeres eran, al parecer, las únicas personas atentas a la ceremonia. El resto formaban grupos de pie, o se acuclillaban junto a las palmeras.

Empezaba a aburrirme de la ceremonia cuando, con una rapidez que asombró hasta a las mujeres que circundaban al difunto, cuatro hombres, sin más vestimenta que un taparrabos, y embadurnados con barro de diferentes colores, salieron en carrera de una de las chozas y, tras amarrar de prisa una cuerda a la porción del pipante donde yacía el cadáver, salieron como flechas hacia la selva, arrastrándolo consigo como si fuese un trineo. Los seguían en la carrera las mujeres con cabeza de Gorgona y los hombres con sus tambores y sus flautas, marcando el paso con sus respectivos instrumentos. Todos los espectadores, en confusa masa, se apresuraron a seguirlos, mientras

---

[3] El bulpls es lo que suele llamarse "mal de pinto" o "bienteveo."

un enorme negro, asiendo la mitad restante del pipante, se la puso en la cabeza y se fue trotando tras la multitud.

Los hombres que llevaban el cadáver se internaron en la selva, y la masa de los espectadores, que se apretujaba en la estrecha senda, avanzaba a paso veloz. A unas doscientas yardas de distancia se hallaba un claro cubierto por la maleza, rala, enmarañada y húmeda por la lluvia de la noche anterior, que aunque no tenía ninguna señal, supuse que sería lugar del entierro. Al aproximarme, vi que la mitad del pipante que contenía el cadáver ya estaba situada en una zanja poco profunda, y que habían puesto encima la otra mitad, a modo de cubierta. Las mujeres con cabezas de Gorgona echaron ahí sus hojas de palmera, y los negros pintarrajeados se apresuraron a cubrirlo con tierra.

Mientras esto sucedía, algunos hombres recogieron varejones y ramas de palmera, con lo que construyeron un bajareque sobre la tumba, donde colocaron una olla de barro llena de agua. Enterraron también el arpón tortuguero del difunto, bien hondo, junto a su cabeza; y un fantástico hombrón, provisto de un viejo mosquete, disparó en el acto tres o cuatro descargas.

Hecho esto, todo el grupo regresó del mismo modo que había llegado. Empero, no bien habían arribado los hombres pintados al pueblo, cuando tomaron sus grandes machetes para cortar las palmeras que circundaban la choza del difunto zambo: lo hicieron en silencio y con gran celeridad; al terminar, salieron corriendo al río y se hundieron en el agua, en una especie de rito de expiación y purificación. Permanecieron en el agua unos momentos; salieron luego de prisa hacia la choza de la que habían salido, y desaparecieron.

Esta salvaje ceremonia, que parecía carecer de significado, me la explicó Hodgson de la manera siguiente: según los zambos, la muerte resulta del influjo de un demonio llamado Wulasha, que tiene la apariencia de un ogro y se alimenta de cadáveres. Para salvar de este destino al muerto, hay que inducir al demonio a que se duerma, y después huir con el muerto y enterrarlo, hecho lo cual queda salvado. Para tal fin, se auxilian del hipnótico sonar del tambor y de los aires lastimeros de la flauta; y las mujeres ejecutan una danza lenta y suave. Mientras tanto, en lo recóndito de alguna choza, donde Wulasha no puede verlos, cierto número de hombres se disfraza con mucho esmero, de modo que a la postre el demonio no pueda reconocerlos y atormentarlos.

Cuando suponen que el demonio ya está adormecido, aprovechan el momento para enterrar el cadáver. No logré averiguar con certeza la razón para talar las palmeras, salvo que sus ancestros siempre lo han hecho así. Por ser muy lento el crecimiento de las palmeras, esta costumbre ha dado por resultado su virtual extinción en algunas partes de la costa. No supe si era costumbre aquí plantar un cocotero al nacer un niño, según se estila en algunas partes de África, donde el árbol recibe el mismo nombre del niño, y los anillos que año con año se forman en el tronco indican su edad.

INFORTUNADA COLONIA

Por otra parte, si el agua desaparece de la olla de barro colocada sobre la tumba —lo que rara vez deja de ocurrir al poco tiempo, por ser porosa la vasija—, esto se interpreta como prueba de que el difunto se la bebió, y que se ha librado de las fauces de Wulasha. Una vez asegurado su destino, de inmediato comienzan los preparativos para lo que llaman un Sikro, o Festival de los Muertos[4]. Esta es una orgía que después presencié, al norte de la costa, y que será explicada a su debido tiempo.

Los negros traídos originalmente de Jamaica, al igual que la mayor parte de sus descendientes, desdeñan estas costumbres por considerarlas bárbaras, y entierran a sus muertos, según dicen ellos, "al estilo de los caballeros ingleses." Pero si bien en Bluefields tales prácticas son motivo de repudio y están prohibidas, en otras partes de la Costa Mosquitia son de común usanza.

No puedo abstenerme de mencionar aquí mi visita al asentamiento y al cementerio de la malhadada colonia prusiana. Muchas de las casas, ahora ruinosas, habían sido traídas de Europa; en torno a ellas yacían ruedas de carreta desvencijadas, jaeces maltrechos, arados y

---

[4] El Festival de los Muertos. o Sikro, fue presenciado, sesenta años después, por Eduard Conzemlus. y explicado en detalle en su libro Miskitos y Sumus de Honduras y Nicaragua. Colección Cultural de Centroamérica, serle Etnología no.2, pp. 281-4.

aperos de labranza cubriéndose de herrumbre, o hundiéndose paulatinamente en el suelo: mudos testigos de una historia de ignorancia por parte de quienes planearon el asentamiento, y de las congojas y decepciones de sus víctimas.

Resulta inconcebible el descabellado intento de implantar una colonia agrícola, con gente del norte de Europa, en estas costas tropicales, bajas e impenetrables. Una y otra vez se han hecho intentos en esta costa, y siempre han terminado en desastres y muertes. Los franceses trataron de hacerlo en Tehuantepec y en Cabo Gracias[5]; los ingleses en Verapaz y Río Tinto; y los belgas y prusianos en Santo Tomás y Bluefields. En ningún caso sobrevivieron estos asentamientos un segundo año; en ninguna ocasión escapó de la tumba ni un décimo de los pobres colonos.

Los prusianos en Bluefields sufrieron lo indecible. En una ocasión, de más de un ciento de personas, a los cuatro meses de su arribo no quedaban bastantes —ni tenían la energía necesaria— para enterrar a los muertos, menos aún para atender a los enfermos. Los nativos, celosos de los extranjeros, no les dieron ayuda, ni se acercaron a ellos; se rehusaron rotundamente a venderles la magra pitanza que requerían para subsistir.

Este sentimiento fue alentado, más que nadie, por los comerciantes de la costa, quienes deseaban retener el monopolio del comercio, pues siempre habían ejercido una influencia predominante sobre los nativos. Ellos procuraron que se revocase la concesión otorgada a los señores Shepherd en el río San Juan —de quienes los prusianos habían comprado un título dudoso— y habían amenazado con la expulsión forzosa a los extranjeros que hallasen en esas tierras. La muerte, sin embargo, pronto los eximió de tomar abiertamente esas medidas.

En la época de mi visita, lo único que quedaba de la desventurada colonia prusiana eran dos o tres pobres demacrados, cuyos lánguidos ojos azules y cabellos rubios contrastaban agudamente con los oscuros semblantes de los brutales zambos. El cementerio era un pequeño claro en el bosque, donde macizos de lianas se agostaban entre las tumbas hundidas, un lugar que rezumaba miasmas

---

[5] Aquí y en el resto del texto, entiéndase Cabo Gracias a Dios.

pestilentes, del que me retiré con un escalofrío. No podía imaginarse peor castigo para los causantes de aquella empresa fatal —por no decir criminal— que estarse ahí de pie, como yo estuve, y que la Conciencia les susurrara en los oídos: "¡Mirad lo que habéis hecho!".

VI: LOS INDIOS RAMA

En Bluefields hice muchas averiguaciones a fin de decidir mis movimientos futuros, y a ello tuve de Mr. Bell las respuestas más inteligentes. Mi propósito inicial era remontar el río Bluefields, que tiene sus fuentes en el distrito montañoso de Segovia, en Nicaragua. Se dice que se puede navegar por canoa hasta poco antes de los grandes lagos de ese Estado, de los cuales está separado apenas por una angosta serranía. Habitan sus riberas varias tribus de indios puros, los Cukras, que son pocos ahora, y los Ramas, una tribu numerosa y dócil. Un puñado de Ramas arribó a Bluefields mientras me hallaba ahí, en sus dories y pipantes rudamente confeccionados, mismos que luego reciben su acabado de otras manos expertas en ese arte.

Por lo general, hablan español, pero no pude saber por ellos si su territorio ofrecía alguna notoriedad, o si compensaba en algo una visita, como no fuera una cantidad indefinida de hambruna y de trabajo duro. Así pues, aunque había comprado una canoa y hecho otros preparativos para remontar el río, decidí proceder rumbo al norte a lo largo de la costa, abordar en Cabo Gracias algún barco tortuguero, proseguir a San Juan y penetrar al interior por el río de ese mismo nombre.

Luego me percaté de que eso era muy fácil de lograr, pues toda la Costa de la Mosquitia está bordeada de lagunas, separadas del mar únicamente por estrechas franjas, y conectadas entre sí, de tal guisa que permiten la navegación interna en canoas, de Bluefields a Cabo Gracias. Así pues, me procuré los servicios adicionales de un joven indio poya o paya, que había sido abandonado por una goleta mercante; me despedí de Su Majestad Miskita y de su Gobernador, también afectuosamente del viejo Hodgson, y en compañía de Antonio zarpamos rumbo al extremo norte de la laguna, tras haber pasado en Bluefields exactamente una semana.

Era una mañana esplendorosa, y nuestro velerito, impulsado por la fresca brisa marina, nos llevaba alegremente sobre el agua. Antonio timoneaba con gran celo el bote; y sentado en la proa, como una estatua de bronce, iba el muchacho paya; mientras que yo, recostado en el centro, fumaba con fruición un puro. Las garzas blancas aleteaban morosas a nuestro alrededor, y raudas bandadas de zarapitos chirleaban en lo alto. Me era difícil apropiarme del todo de la novedosa realidad de mi posición. El Robinson Crusoe que latía en mí desde mis años mozos revivió con toda su frescura.

Tenía yo mi propio bote, y por compañeros, al descendiente de un príncipe aborigen, poseedor de un talismán misterioso, devotamente apegado a mí, a medias amigo y a medias protector; y también un segundo indio extraño, de algún lugar desconocido del interior, silencioso como el genio a quien el poderoso hechizo de Solimán mantuvo a merced de extraños nigromantes del Oriente. Rara posición y compañía para alguien que, apenas tres meses antes, había cultivado con esmero el amistoso interés de Mr. Sly, con siniestros designios sobre el opulento tesoro del Art Union, en Nueva York.

Me entregué de lleno a la deliciosa novedad, y con esa sensación de independencia absoluta —que sólo el total retiro del bullicio mundano puede inspirar— estuve el día entero en un trance de deleitosa ensoñación. Tuve después muchos días similares, pero ese sobresale en la gran perspectiva, como uno de los días más puros y felices. "Esto bien vale diez años de vida rutinaria" —me dije; y ni los años ni el sufrimiento pueden borrar su prístina impresión en la estela de recuerdos de mi vida.

Eran como las cuatro de la tarde cuando llegamos al extremo norte de la laguna, un lugar llamado Haulover, nombre que debe a la circunstancia de que, para evitar el mar abierto, es costumbre de los nativos arrastrar sus canoas por el estrecho cuello arenoso que separa Bluefields de la próxima laguna hacia el norte, o Laguna de Cayo Perlas.

En ocasiones, cuando los vientos del este soplan fuertes y prolongados, las aguas penetran con ímpetu hasta las lagunas e inundan la faja de arena que las divide, lo que permite navegar sin interrupción.

A fin de reanudar temprano el viaje a la mañana siguiente, nuestras escasas pertenencias y provisiones fueron acarreadas a través de la angostura arenosa, a cuyo efecto bien bastaban nuestras fuerzas unidas para arrastrar el bote sin dificultad. Todo se hizo con alegre prontitud, de parte de Antonio y del muchacho paya, quienes de ninguna manera permitieron que me esforzase en lo más mínimo. El tránsito se efectuó en menos de una hora; y luego procedimos a levantar campamento en la playa, para pasar la noche. Nuestra pequeña vela, sujeta sobre la canoa por medio de unas estacas, hizo las veces de tienda, y en cuanto a pitanza, a menos de cincuenta yardas de la fogata di caza a media docena de zarapitos, que asados a las brasas son aves ciertamente aceptables.

Mientras tanto, el muchacho paya, caminando con cautela por los vados de la laguna, había cogido con su liviano arpón varios peces de las variedades conocidas como róbalo y roncador. Antonio recogió un gran saco de ostras, de las que al parecer había grandes bancos, cubiertos apenas por uno o dos pies de agua. No eran madreperlas, como podría suponerse por el nombre de la laguna, pero se parecen a las que se hallan en nuestras aguas, y crecen en grupos de diez o doce. Aderezadas con esa salsa deliciosa que entre viajeros se conoce como "salsa de hambre", las encontré algo más que excelentes. Estaban deliciosas.

Mientras abría las ostras para servirme mi principesco plato principal, los indios se ocupaban de los pescados y de las aves. Yo miraba sus procedimientos con no poco interés. Como su manera de hornear pescados nunca se ha descrito en los libros de cocina, la presento aquí para beneficio del mundo gastronómico en general, que supongo yo, no desdeñará aprender una buena cosa, aun si proviene de un indio paya. Tras cavar un hoyo en la arena, lo llenaron con hojas y ramas secas, a las que prendieron fuego. En unos minutos el fuego se apagó y dejó un lecho de brasas refulgentes.

El más grande de los pescados, un roncador, que pesaba quizás cinco libras, había sido descamado y rellenado con porciones del pescado más pequeño, algunas ostras, rodajas de plátano y raspaduras de pimiento o chile. Debidamente rociado con sal, lo envolvieron luego en las anchas hojas verdes de los plátanos. Extendieron las brasas, y en el centro de ellas pusieron el pescado, que luego volvieron a cubrir también con brasas. Media hora después, cuando yo creía que estaría reducido a cenizas, sacaron el pescado de su lecho de brasas. Las hojas exteriores del envoltorio estaban chamuscadas, pero las interiores estaban enteras, y al desenrollarlas como las mortajas de una momia, revelaron el pescado "cocinado de maravilla", preservados todos sus ricos jugos, y absorbidos por la carne, que de haberse cocinado por los modos ordinarios, se habrían perdido.

Adopté desde entonces el mismo procedimiento para guisar casi cualquier variedad de presa grande, y lo encontré, como las medicinas de patente, de "aplicación universal". ¿Qué me dirían de un lechón de woree preparado de este modo, como plato digno de un rey? Pero ya hablaremos de eso.

Poco a poco cayó la noche, pero no como en nuestras latitudes nórdicas. En los trópicos la noche cae de súbito, como una cortina. El sol se apaga con un brillo intenso, pero breve. No hay en el crepúsculo suaves y morosos adioses, ni las estrellas se encienden una tras otra. Aparecen en risueños grupos, en tropel por el cielo, brillantes como los ojos alegres de los niños al salir de la escuela.

Al reflejarse en la laguna parecen perseguirse en amoroso juego, estampándose las unas a las otras el fulgor de un beso en los labios luminosos. Las orillas bajas, bordeadas de manglares de espeso follaje, semejaban un pesado marco labrado a la antigua usanza, en torno al vasto espejo de la laguna, por cuya superficie destellaba el rayo de plata de la estrella vespertina, muy baja en el horizonte, palpitante como una joven novia. Luego vino el susurro de "las voces de la noche", los vientos somnolientos que invitan a dormir entre los árboles, y las menudas olas de la laguna golpeando suavemente la orilla arenosa con sus pies líquidos. El distante y monótono rumor del mar, y la repentina zambullida de algún animal marino, me hacían abrir momentáneamente los párpados, que se cerraban en apacible afinidad con esta escena.

Estos eran los elementos que me tenían fascinado durante las horas, largas y deliciosas, de mi primera noche en la Costa de la Mosquitia, a solas con la naturaleza. Mis sueños de esa noche se confundían tanto con la realidad, que aunque quisiera no podría ahora separarlos, y hasta la fecha no sé si en verdad dormía. Mi alma se escapó de modo tan total, se fundió en armonía con la escena, que empecé a comprender la doctrina oriental de las emanaciones y las absorciones, según la cual, así como el cuerpo humano surge de la tierra, y tras un breve tiempo se disuelve otra vez en ella, así también su alma, que forma parte del Gran Espíritu del Universo, se aleja volando como una paloma de su nido, para regresar después, tras un vuelo agotador, a plegar sus alas y a fundirse con el corazón inmortal de la Naturaleza y de la esencia eterna.

Antes del amanecer, el siempre vigilante Antonio había preparado la indispensable taza de café, que es el antídoto tropical contra la malsana humedad de las noches; y los primeros rayos del sol asomaban sobre los árboles e iluminaban nuestra vela, henchida por el soplo de la fresca y vigorizante brisa marina. Trazamos rumbo hacia la desembocadura del río llamado Wawashán (hwás o wass significa "agua" en el dialecto del interior), que entra a la laguna aproximadamente a veinte millas al norte de Haulover. Aquí, según nos dijeron, había un asentamiento, y decidí visitarlo.

A medida que avanzaba el día, menguaba la brisa, y el avance era lento. Así que remamos hacia la orilla de una de las numerosas islas que hay en la laguna, para guarecernos del caliente sol y esperar la refrescante brisa de la tarde. La isla donde desembarcamos parecía más alta que las otras, y nos resultaba doblemente atractiva por su abundancia de altos cocoteros, que formaban un macizo al borde de la playa. Atracamos nuestro bote a la orilla de una pequeña ensenada, donde por las huellas de fogatas y por otros indicios, supimos que se trataba de uno de los parajes favoritos de los nativos. Un estrecho sendero conducía hacia el palmar. Dejamos al muchacho paya a cargo de la canoa, y Antonio y yo seguimos el recóndito sendero; pronto llegamos a un espacio abierto con abundantes cepas de plátanos, ahora cubiertos por matorrales, aunque colmados de frutos. También las palmeras estaban cargadas de cocos, de los que, por supuesto, no nos privamos de abastecernos. Cerca de la arboleda hallamos los cimientos de una casa al estilo europeo, y no lejos de ella, una o dos rudas lápidas, cuyas toscas inscripciones no pudimos descifrar por estar demasiado borrosas. Sólo pude distinguir el trazo de una cruz en una de ellas, y el nombre San Andrés, que es una isla frente a la costa, donde es probable que haya nacido el ocupante de esa solitaria tumba.

Para apoderarse de los cocos —lo que sólo era posible talando y destruyendo las palmeras— Antonio se alistó a trepar por el tronco para cortar los frutos. Había traído consigo una especie de saco de arpillera, que se puso al cuello. Luego cortó un buen tramo de esos recios bejucos que tanto abundan en los trópicos, y empezó a trenzarlo para formar un gran cincho en torno a uno de los cocoteros. Hecho esto, deslizó la cabeza dentro del cincho y se lo bajó hasta la cintura, probó varias veces su resistencia, y en seguida comenzó a trepar, o más bien, a caminar literalmente por el tronco. Fue una curiosa hazaña que amerita descripción.

Apoyando la espalda en el cincho, afirmó sus pies contra el tronco, asiéndose a él, primero con una mano y luego con la otra, y subiendo el cincho a cada paso que daba hacia arriba. Nada reacio a exhibir su destreza, en un minuto estaba a sesenta pies del suelo, firmemente apoyado en el cincho, y llenando el saco con los cocos. Hecho esto, se echó la carga al hombro, se abrazó al árbol, dejó caer el cincho, y se deslizó raudo al suelo. Todo esto duró menos tiempo de lo que he tardado en relatarlo.

Cargados de cocos, plátanos y una especie de anona llamada soursop, volvimos al bote, donde nos bebimos el agua de los cocos, mezclada con un poco de ron de Jamaica, para matar los animalicos, como dicen los españoles. Esto surte una sabrosa y refrescante bebida.

En la tarde nos embarcamos de nuevo, y antes del anochecer llegamos a la desembocadura del Wawashán, que parecía un estrecho brazo de la laguna, pero una vez que nos adentramos en él vimos que su caudal era considerable, lo que hizo necesario el pronto uso de nuestros remos. Las riberas de la laguna eran bajas, y el terreno detrás de ellas se veía pantanoso, cubierto de tupidos mangles. Este árbol es común en la Costa de la Mosquitia, abunda en los bordes de lagunas y ríos, y tierra adentro hasta dónde llega el agua salada.

No se parece a ningún otro árbol en el mundo. Es peculiar de los suelos inundados por las mareas. Su tronco alcanza una altura de cuatro a cinco pies, y se apoya en una serie radiada de suaves raíces de color pardo-rojizo, en forma de candelabro invertido. Las raíces se entrelazan de tal manera, que resulta imposible penetrar entre ellas, a menos que se vayan cortando trabajosamente al paso; aun así, un hombre tenaz a duras penas podría avanzar veinte pies por día.

El tronco es por lo general alto y recto, las ramas numerosas, aunque no muy largas, y las hojas grandes y gruesas; en la haz son de un verde reluciente y vivo, mientras que el envés muestra el aterciopelado matiz blanquecino de la hoja del álamo. Bordean la ribera en densas masas, y el juego de la luz sobre las hojas, cuando el viento las vuelve hacia arriba, tiene el alegre efecto de un campo de ondulantes espigas. La madera del mangle es húmeda y pesada, y no tiene mucha utilidad; pero la corteza es astringente, estupenda para curtir cueros.

La manera de propagación es admirable: la semilla es una larga vaina como la del frijol, casi del largo y forma del pabilo de una candela sumergida en esperma derretida, pero más delgada. Estas vainas cuelgan por miles de las ramas superiores, y cuando están maduras caen de punta y quedan erguidas en el lodo, donde arraigan prontamente y crecen para tupir aún más los espesos manglares del pantano.

Miríadas de ostras menudas, llamadas ostras de manglar, se aferran a las raíces, entre las cuales los afanosos cangrejillos buscan refugio, para librarse del asedio de sus perennes enemigos, las garzas de patas largas y aguzado pico, que tienen un apetito prodigioso por la carne tierna e infantil de estos crustáceos.

El asentamiento miskito se encontraba algunas millas río arriba, y no pudimos arribar a él antes del anochecer; así que, al llegar a un sitio donde el suelo se hacía más firme, vimos un espacio abierto en la ribera, y ahí nos detuvimos a pasar la noche. Esta vez no hubo pescado para la cena, pero en su lugar degustamos un par de pavas, una variedad de pavo pequeño, que no es un ave hermosa, pero su carne tiene un delicado sabor. Muchas de estas aves volaban por la ribera al aproximarse la noche, buscando la copa de los árboles más altos para pernoctar, y ofrecían estupendos blancos para mi fiel escopeta de doble cañón.

Los mosquitos resultaron muy molestos a la orilla del agua, así que abandoné la canoa y extendí mi frazada en la parte más alta de la ribera, cerca del fuego, y pronto me dormí. Antes de medianoche, sin embargo, me desperté al sentir que incontables bichos trepaban por mi cuerpo, con sus garras agudas y sus cuerpos fríos. Di un salto de alarma y me apresuré a sacudirme a los invasores. Se oía por todas partes un ruido de algo que crujía, como lluvia cayendo sobre hojas secas, y a la exigua luz vi que el suelo hervía de bichos que se arrastraban y avanzaban hacia el río en ininterrumpida fila. Los sentía también en los bolsillos de mi chaqueta, y colgados de mi ropa.

Mi experiencia nocturna con las tortugas en "El Roncador" acudió a mi mente, así como los espectrales versos de Coleridge:

"The very sea did rot—
Oh Christ, that this should be! —
And slimy things did crawl with legs
Upon the slimy sea!"

Temiendo que pudiera ser mi desvariada fantasía, llamé a gritos a Antonio, quien acudió a mi lado a la velocidad de un rayo. Avivó el fuego y luego se echó a reír sin tapujos. Habíamos sido invadidos por un ejército de cangrejos soldados, que bajaban de los altozanos. Antonio había escogido como lecho para pernoctar un punto muy cerca del río, de modo que la hoguera, al dividir la hueste, lo había protegido, desviándola en doble columna hacia mí. No pude dejar de reírme del incidente, que ciertamente tenía carácter novedoso. Por una hora estuve observando el avance de la legión, sin que se notara mengua perceptible en su cantidad. Así que volví a acostarme al lado de Antonio, y dormí tranquilo hasta la mañana, cuando ya no se veían cangrejos, ni rastro de ellos, salvo que por todas partes el suelo se notaba minuciosamente escarbado por una multitud de afiladas garras.

Ya era algo tarde cuando emprendimos el viaje por el río. No habíamos navegado mucho cuando llegamos a un espacio abierto, donde había varias chozas burdas, con sus canoas arrimadas al frente, junto a la ribera. Unos hombres casi desnudos nos gritaron al pasar, preguntándonos en un inglés fracturado qué teníamos para vender; era evidente que pensaban que el hombre blanco, al andar por ahí, no podría tener otro propósito que no fuese comerciar. Pasamos por otras cabañas, a intervalos; sin embargo, no vimos señas de cultivo a su alrededor, salvo algunas palmeras y platanares y algún esporádico siembro de yuca.

Ahora los manglares habían desaparecido, y las riberas empezaban a lucir incitantes, cubiertas como estaban por enormes árboles, entre ellos la caoba y la gigantesca ceiba, tupidos todos ellos de lianas. Miles de loras pasaban con su peculiar algarabía y su revoloteo pesado y breve. Temprano por la mañana y al anochecer mantienen su vehemente alboroto, parloteando todas sin que nadie escuche, a la manera de una Convención de los Derechos de las Mujeres. Había también guacamayas de vivos colores que pasaban como fragmentos de arco iris. Al igual que las loras, van siempre en parejas, y cuando una de ellas se encuentra sola, se le ve callada y triste, y actúa como si fuese una viuda solitaria meditando un suicidio.

En los ocasionales tramos arenosos vimos grupos de espátulas rosadas de espléndido plumaje. Tienen el cuerpo todo de color rosado; pero las alas hacia el lomo y las plumas en torno a la base del cuello son de un escarlata brillante que tiende al rojo sangre. No son ellas una excepción a la ley de compensación —que en mecánica se llama equilibrio, y en matemática, ecuaciones—, pues, aunque su plumaje es bello, son por su forma un pecado de fealdad. No pude dejar de imaginarme, al mirarlas erguidas, silenciosas y melancólicas, contemplándose en el agua, que, a diferencia de otras clases de aves, sus colores brillantes no le proporcionan gozo a causa del grave inconveniente de su forma.

Atiné a cazar varias, de cuyas plumas el muchacho payo escogió las más bellas, que luego entretejió con otras de lapas, loras y garzas para ofrecerme un magnífico tocado a modo de regalo. Hacia el mediodía llegamos a un claro, el más grande que había visto en la costa. Al aproximarnos, vi una casa de construcción europea junto a una gran plantación de caña de azúcar. En sorprendente contraste con estas evidencias de industria y civilización, había en primer plano un caserío zambo o miskito, compuesto por escuálidas chozas, ocultas a medias en la selva. Lo reconocí como el caserío de Wasswatla (literalmente "Pueblo de Agua")[6], lugar de nuestro destino.

No obstante, se miraba tan deslucido y mísero, que, si no me hubiese atraído a lo lejos el establecimiento cristiano, me hubiera regresado sin demora a la laguna. Mis impresiones desfavorables se avivaron cuando estuvimos más cerca. Mientras empujábamos nuestra canoa a la orilla, entre una gran variedad de dories y otros botes, la población del caserío, incluyendo un gran número de canes de baja laya, se agrupó para estudiarnos. Niños y jóvenes andaban

---

[6] Wasswatla no existe en la actualidad. El único asentamiento miskito, aguas arriba del Wawashán, es Trinkulaya.

completamente desnudos, y la mayor parte de los adultos de ambos sexos llevaban por toda vestimenta una banda en torno a la cadera, hecha de una especie de tela de la corteza interior del árbol de hule (parecido al tappa de los habitantes de las Islas de la Sociedad).

Casi no había ninguno que no estuviese desfigurado por las manchas del bulpis, y tenían los cabellos levantados en horrorosos rizos "como las púas de un puerco espín asustado."

SALVOCONDUCTO REAL

La mayor parte de los varones portaba una corta lanza, terminada en una punta triangular, a la que daban agudo filo frotándola sobre una piedra, y que, según supe después, se usaba para cazar tortugas.

Intimidante como era la apariencia del grupo, ninguno de sus individuos mostró hostilidad, y cuando salté a tierra y los saludé con un "Buenos días", todos ellos respondieron "Buenas, señor", pronunciado con un indescriptible acento africano. Dos o tres de ellos se ofrecieron para ayudar a Antonio a sacar el bote, mientras yo daba varias órdenes, por no saber qué más hacer.

Por fortuna se me ocurrió mostrar un documento o pase, que Mr. Bell amablemente me había proporcionado antes de abandonar Bluefields, y que todos parecían reconocer, señalándolo con respeto y exclamando: "¡Papel del Rey! ¡Papel del Rey!", mismo que fue después llamado "El papel que habla." Este precioso documento, bien escrito en un pliego de papel y con un gran sello al pie, decía lo siguiente:

REINO DE LA MOSQUITIA

GEORGE WILLIAM CLARENCE, por Gracia de Dios, Rey del Territorio Miskito, a nuestros bienamados y leales funcionarios y súbditos. ¡Salve! Nos, por este medio, otorgamos pase y licencia a Samuel A. Bard, Esquire, para transitar libremente por todo nuestro reino y habitar en él, y exhortamos y ordenamos a nuestros bienamados funcionarios y súbditos antes mencionados a proporcionar ayuda y hospitalidad al antedicho Samuel A. Bard, Esquire, a quien tenemos en alta estima y consideración. Dado en Bluefields, este ___ día de ___, en el décimo año de nuestro reinado.

(firma)

Capitán Drummer

CAPITÁN DRUMMER

Las exclamaciones de "¡Papel del Rey! ¡Papel del Rey!" fueron seguidas por grandes gritos de "¡Capitán! ¡Capitán!", mientras dos o tres individuos de alta estatura salieron en carrera en dirección a las chozas. Yo estaba un poco desconcertado por el movimiento, pero no duró mucho mi duda en lo que se refiere a su propósito, pues a los pocos minutos se acercó una figura, creando apenas menos sensación entre su gente que la que hubiera causado entre los "chicos" del Bowery de Nueva York.

De inmediato supe que era el "capitán" cuyo título se había invocado con tanto vigor. Para empezar, estaba lejos de ser un negro bien parecido, pero todas sus deficiencias naturales las compensaba su atavío. Traía puesto un vetusto sombrero de dos picos, y encajada en él llevaba una gran pluma roja, raída y gacha, que había perdido la mitad de sus filamentos y se miraba como las plumas de un gallo viejo que regresara abatido y con la cresta caída, tras un fallido intento de asalto en el harén de un poderoso vecino. Su casaca era la de un capitán de posta de la marina británica; los pantalones eran de tela azul, con una desvaída franja dorada a lo largo de las perneras. Para colmo, le venían demasiado cortos por ambos extremos, exhibiendo sus tobillos desagradablemente, así como una ancha porción de negra piel entre el cinturón y la casaca. Y cuando digo que el capitán no usaba camisa, que era bastante gordo y que sus pantalones carecían de botones para mantenerlos abrochados por delante, la imaginación del lector podrá completar el cuadro. Además, portaba una gran espada caballeresca, que lucía cuanto más formidable por estar abollada en varias partes y muy sarrosa. Se aproximó con deliberada seriedad; yo avancé hacia él llevando en mano el "Papel del Rey."

Cuando estuvimos frente a frente, se puso en posición y apretó los labios con una dignidad afectada y severa. Procurando no soltar la risa, me quité el sombrero y lo saludé con una profunda reverencia, diciendo: "Buenos días, capitán." Él a su vez se quitó el sombrero e hizo otra reverencia, pero el esfuerzo fue tan grande, que se le soltó el único botón que le quedaba en el pantalón y, para usar una modesta frase náutica, diré que dicha prenda "se le vino a pique." No obstante, el capitán, sin mostrar desconcierto alguno, recogióse el pantalón con ambas manos y se lo mantuvo agarrado, mientras yo daba lectura al "papel que habla."

El resultado final de la ceremonia fue que me dieron la bienvenida en Wasswatla y me condujeron a una gran choza desocupada, que llamaban "La casa del rey," dedicada al "Genio de la Hospitalidad," es decir, el extranjero o comerciante puede hacer de ella su morada, siempre y cuando logre desalojar a los cerdos y gallinas, que tienen su propia y obstinada noción sobre el tema de la propiedad, y no pueden nunca ser inducidos a ceder sus derechos. "La casa del rey" era un simple cobertizo, con un piso de puro lodo batido por los cerdos, y un techo de palma medio arrancado por el viento. Pero, aun siendo tan poco acogedor, era mejor que cualquiera de las otras chozas más secas, ya que por lo menos aquí las pulgas se habían ahogado en el lodazal. Antes del anochecer, Antonio había cubierto el suelo con palmas de cahoon, o corozo, del grosor de un pie, y con la ayuda del muchacho paya y de unos nativos, atraídos por lo que todos ellos llaman grog, o aguardiente, habían restaurado el techo y construido una barricada de postes para guardarnos de los cerdos. Estos animales eran pocos, pero hambrientos y feroces; y habiendo descubierto que la barricada era demasiado fuerte para derribarla, recurrieron a la treta de los judíos frente a Jericó y del capitán Crockett con el oso, e intentaron abatirla a chillidos. Creo que esos cerdos no comieron ni durmieron durante mi estadía, sino que mantuvieron un incesante gruñir, y ocasionalmente desquitaban su malhumor dando una rencorosa embestida contra los postes de la barricada. Entre ellos y la plaga de insectos de varios tipos, mis sueños no fueron de lo más dulce, e hice solemne voto de que esta sería la última vez que yo aceptaría la hospitalidad miskita.

En la tarde recibí la visita del capitán, quien me dijo que su nombre era "Lord Nelson Drummer" y que su padre había sido "Gobernador" en la zona cercana a la Laguna de Perlas. Había dejado su traje oficial, y con unos sencillos pantalones de algodón blanco y sombrero de paja, ofrecía un favorable contraste respecto de su apariencia en la mañana.

Hablaba inglés tan bien como lo hacen los negros de Jamaica, y por lo general se daba a entender. Supe por él que la casa que había visto en el claro de la selva había sido construida muchos años antes por un criollo francés procedente de una de las Antillas, quien una vez tuvo ahí una gran plantación de café, algodón y caña de azúcar, y de ésta destilaba mucho ron. Drummer se mostró animado ante el tema del ron, del cual dijo que había habido "mucha abundancia"; pero el francés había fallecido, y aunque su familia mantuvo la plantación por un tiempo, finalmente se vio obligada a abandonarla. Los negros que habían traído pronto se contagiaron con la infección de la costa, y por haber sido prohibida la esclavitud (¡por el Superintendente Británico en Belice!), se volvieron haraganes, borrachos e inútiles. Algunos de ellos aún merodean por los alrededores de Wasswatla, recogiendo unas cuantas libras de café de los árboles de la plantación —que, a pesar de los años de total abandono, todavía daban frutos— para venderlas a algún esporádico comerciante. Los campos abandonados surtían su dotación de cañas a los habitantes de Wasswatla, que todos, viejos y jóvenes, mascaban constantemente. De hecho, esa parecía ser su principal ocupación. Más tarde visité la hacienda abandonada. Estaba invadida de lianas y matorrales, y entre ellos, había naranjos, limoneros y cafetos luchando por sobrevivir. La casa estaba derrumbándose, y las calderas donde se hacía el azúcar estaban llenas de agua estancada. Regresé al escuálido villorrio habiendo aprendido una filosofía distinta en materia de la ciencia de la filantropía, y con una decrecida inclinación a tolerar la jerga hipócrita de la "hermandad universal."

El suelo de Wawashán es rico y pródigo; parece muy apropiado para el algodón y la caña de azúcar. El clima es caliente y húmedo. Vi a muchos de los nativos muy menguados, sufriendo grandemente de fiebre, que aunque no es violenta, parece ser persistente y debilita en demasía. Los productos naturales son cuantiosos y de valor. Observé muchos árboles de hule y, por primera vez, la vainilla. Esta se produce en una planta trepadora que sube hasta la copa de los árboles más altos. Las hojas se parecen algo a las de vid; las flores son rojas y amarillas, y cuando caen son sustituidas por vainas que crecen en racimos, como nuestros frijoles ordinarios. Al principio son verdes; después cambian a amarillo y finalmente a pardo oscuro. Para preservarlas, se recogen cuando están amarillas y se apilan en montones durante unos días, para que fermenten. Luego se ponen a secar al sol y se alisan a mano, se frotan cuidadosamente con aceite de coco, y luego se empacan en hojas secas de plátano, a fin de confinar su poderoso aroma. La vainilla bien podría convertirse en un importante artículo de comercio en la Costa; pero actualmente sólo se exportan unas cuantas docenas de paquetes.

Lord Nelson, como yo llamaba invariablemente al capitán, se acostumbró a mí desde el primer día; comía y bebía conmigo, "especialmente esto último." Y pronto averigüé que había una relación directa e íntima entre su grado de sed y sus demostraciones de apego. Hasta insinuó su intención de darme una fiesta con mushla[7], pero yo no estaba dispuesto a quedarme el tiempo suficiente para ello.

Sin embargo, se acordó realizar una gran expedición de pesca a la laguna, y me sorprendió ver la prontitud con que fue aceptada la propuesta. El día anterior a la partida estuvo dedicado a afilar los arpones, a limpiar los botes y a hacer los remos, operaciones todas en que las mujeres trabajaron indistintamente con los hombres. Se recogieron plátanos y, según me pareció, también un sinfín de cañas de azúcar de las plantaciones abandonadas. Al anochecer, que resultó ser claro, se sacó al gran tambor, se encendieron fogatas, y hubo un baile, tal como dijo Lord Nelson, "al estilo miskito." Mi participación consistió en mantener en alto el espíritu de los tamboreros, dándoles a beber espíritus de alcohol. Este servicio era correspondido con un aporreo tan vehemente, que hubiera podido acreditarse a un entrenamiento militar.

Me sorprendió notar cuánta destreza habían logrado los ejecutantes, pero luego descubrí que el tambor es el instrumento favorito en la Costa, y que se considera indispensable en todas las ocasiones de festividad o ceremonia. La danza fue burda, sin el mérito de ser grotesca; y mucho antes que terminara, los danzantes de ambos sexos se habían despojado de sus toumous, y abandonado todo vestigio de decencia en sus actos. Desde temprano Lord Nelson empezó a embriagarse, y antes de retirarme, se lo habían llevado borracho como una cuba. A la mañana siguiente se miraba decaído y se quejaba de que el ron "le había dañado la cabeza."

---

[7] Se refiere al mishia. aguardiente miskito hecho de yuca, batatas u otras frutas o tubérculos. que son masticadas y puestas a fermentar. Ver descripción de su elaboración en las pp.177-8.

Ya era algo tarde cuando nuestra flotilla se puso en marcha; a la vanguardia iba un amplio bote que llevaba el gran tambor. Eran veintitantos botes, y en ellos iba casi toda la gente del poblado. La cantidad aumentó con los habitantes de las chozas de más abajo, quienes nos saludaban con grandes gritos y se apresuraban a seguirnos con sus canoas. Navegamos río abajo, siguiendo la corriente y a gran velocidad. Los hombres remaban como locos, y se daban voces a grito partido. De vez en cuando los botes se enzarzaban en juego sucio, cuando los rivales usaban la paleta de los remos para golpearse unos a otros la cabeza, sin ningún escrúpulo. Yo iba muy atrás, y por el ruido de los golpes me imaginaba todos los cráneos rotos, pero al momento siguiente los hombres golpeados estaban remando y dando gritos como si nada hubiese pasado. ¡Desde ese día he tenido la morbosa curiosidad de conseguirme una calavera miskita!

Acampamos por la noche en la playa arenosa de una gran isla, en el centro de la laguna. El lector puede estar seguro de que hice mi propio campamento a una respetable distancia del resto del grupo, donde cené tranquilamente bajo el habitual patrocinio del capitán Drummer. Apenas oscureció, comenzaron los preparativos de la pesca.

PESCANDO A LA LUZ DE LAS ANTORCHAS

Pronto se hicieron los preparativos para la pesca. Las mujeres se quedaron en la playa, y se asignaron tres hombres a cada bote: uno para remar, otro para sostener la antorcha y el tercero, el más diestro, en calidad de arponero. Las antorchas se habían hecho de astillas del resinoso pino amarillo que abunda en el interior. Observé que había dos tipos de arpones: uno, firmemente atado por el mango al extremo de un palo liviano, llamado sinnock, que no permite que se suelte de la mano del arponero; el otro, llamado waisko-dusa, es mucho más corto. La vara es hueca, con una punta de hierro o arpón atado a una cuerda, que pasa a través de aros por un lado de la vara, y se enrolla a un pedazo de madera liviana que sirve de flotador. Cuando se lanza, la punta se inserta en la carne del pescado, la cuerda se desenrolla y el flotador sale a la superficie; allí el pescador lo vuelve a recoger y luego hala el pez a su gusto. Cuando el pez es grande y vigoroso, la persecución del flotador resulta muy animada, y se convierte en lo que los pescadores llaman «deporte».

Antonio remaba despacio, mientras el muchacho paya, desnudo por completo, iba erguido en la proa., con el arpón en la mano derecha.

Como dije, no había oscurecido todavía cuando los botes fueron empujados, en diferentes direcciones, en la laguna. Mi muchacho paya había conseguido prestado un waisko-dusa, y con él como arponero y Antonio al canalete, tomé una antorcha y me deslicé en el agua. La antorcha iba atada a un palo que yo sostenía en la proa. Antonio remaba despacio, mientras el muchacho paya, desnudo por completo (pues los arponeros suelen lanzarse al agua tras sus arpones), iba erguido en la proa, con el arpón en la mano derecha, inclinándose ansioso hacia delante, inmóvil como una estatua. Su figura era perfecta, y sus miembros bronceados lo bastante tensos para mostrar sin distorsión los músculos, que a la luz de la antorcha resaltaban nítidos contra la oscuridad, revelando una figura y un porte que hubieran opacado la obra más consumada de un escultor. Era tan admirable aquella pose, que me olvidé del pescador viendo al artista, cuando, veloz como un rayo, el muchacho dejó caer el brazo, y el arpón entró en el agua a ocho o nueve pies por delante del bote. El movimiento fue tan repentino, que casi me lanza por la borda. Al principio pensé que no había dado en el blanco, pero pronto vi el flotador en el agua, ora hundiéndose, ora tironeado por aquí y por allá, lo que era clara evidencia de que el arponero no había fallado. Unos cuantos paletazos de Antonio pusieron el flotador al alcance del arponero, quien empezó, como suele decirse, a «embarcar» el pez. La presa luchaba desesperada, y por un rato hubo un «tenso jaleo» entre el muchacho y el pez. No obstante, al final terminó embarcado; resultó ser un Coracinus, que los ingleses llaman june o jewfish, y los nativos palpa[8]. La carne de este pez es un manjar delicioso y no se iguala a ningún otro en estos mares. El que cogimos pesaba casi ochenta libras. Se sabe que algunos llegan a pesar doscientas o trescientas libras. Nuestra presa causó cierto trastorno en la canoa, a lo que Antonio puso fin descuartizándola allí mismo, hecho lo cual reanudamos nuestro deporte. Tuvimos éxito al obtener gran cantidad de peces, entre ellos varios sikoko o sheep's heads. Con el deseo de probar mi destreza, tomé el lugar del muchacho paya por un rato. Me sorprendió darme cuenta de lo perfectamente clara que se mira el agua bajo la luz de la antorcha. El fondo, que a plena luz del día era por completo invisible, ahora revelaba todos sus misterios: sus conchas, sus plantas y sus piedras con maravillosa nitidez. También observé

---

[8] El jewfish es el mero (Epinephelus itajara), que se encuentra en la costa Caribe de la América tropical. Palpa es más bien el nombre miskito del manatí.

que los peces parecían atraídos por la luz, y en vez de huir, subían a la superficie y se aproximaban al bote. Perdí varias oportunidades de lanzar el arpón. Finalmente, un sheep's head salió justo frente a mí. Afiné la puntería y lancé el arpón con tan desmedida fuerza, que literalmente empujé el bote con mis pies, me fui de bruces al agua, y en mi desmañada caída tiré la antorcha, que se apagó en el agua. Cuando el arpón fue recuperado, me sentí bastante decepcionado al percatarme de que no traía ningún pescado. Antonio sugirió que el pez se había soltado, lo que fue una gentileza de su parte, pero no me satisfizo. Puesto que nos habíamos quedado sin luz, y además teníamos más pesca de lo que era menester, nos volvimos a la orilla.

Hasta ese momento había estado tan absorto en nuestro propio deporte, que no había notado a los otros pescadores. Era una extraña escena. Cada antorcha refulgía en el ápice de una trémula pirámide de luz roja, y como los botes no se veían, parecían estar infundidos de vida. En algunos la luz se movía serena y lenta, mientras que en otros, en los botes que daban veloces giros tras un pez arponeado, parecía que se perseguían unos a otros con fogoso regocijo.

Cada tiro exitoso se vitoreaba con vehementes gritos, a los que se sumaban los recios golpes que daban con la paleta del canalete contra la superficie del agua. A lo largo de toda la costa, las mujeres habían hecho fogatas donde secar los pescados, que en este clima no se pueden conservar por mucho tiempo sin que se descompongan. Las luces de estos fuegos se proyectaban contra el denso follaje de la orilla, y dejaban ver grupos de niños y mujeres medio desnudos. Todo ello componía una escena difícil de plasmar en palabras, pero quien la ha presenciado no la podrá olvidar jamás.

Era pasada la medianoche cuando todos los botes regresaron a la orilla; entonces comenzó el secado de los pescados. Sobre los fuegos, pero fuera del alcance de las llamas, se levantaron armazones de caña a modo de parrillas, donde se pusieron los pescados, finamente tasajeados a lo largo y frotados con sal. Luego, fueron volteados una y otra vez, de modo que, con la sal, el humo y el calor, quedaron tan bien curados por la mañana, que no demandaban más atención que un día o dos de exposición al sol. Nuestro mero fue preparado de esta manera, y resultó con muy buen sabor, bastante parecido al salmón ahumado, pero menos salado. Mientras Antonio supervisaba la operación, cociné la cabeza y el lomo del gran pez en la arena, según la manera que he descrito, y logré un marcado éxito, dado que el plato estaba bien sazonado con «salsa de hambre».

VII: VISITA A LOS CAYOS TORTUGAS

De la desembocadura de la Laguna de Perlas, hay numerosos cayos que dan su nombre a la laguna. Son famosos por la cantidad y variedad de tortugas que se encuentran ahí y en los alrededores. Tanto me había gustado la pesca a la luz de las antorchas, que estaba ansioso por presenciar el deporte de la pesca de tortugas, que los miskitos consideran como la más noble de sus artes, y en la que han alcanzado proverbial pericia. Drummer solo necesitó un poco de persuasión y un traguito de ron para acometer la expedición a los cayos. Puesto que ello implicaba salir al mar abierto, seleccionó cuatro de los botes más grandes, y a cada uno asignó el número requerido de hombres fornidos y expertos. Las mujeres y el resto de los hombres se quedaron pescando en la laguna. Mi canoa era demasiado pequeña para aventurarse en ella muy adentro; por consiguiente,

PESCA DE TORTUGAS

la dejé a cargo del muchacho paya, quien, armado de mi escopeta de doble cañón, se quedó muy a su gusto. A Antonio y a mí nos dieron sitio en el bote más grande, comandado por Harris, «intendente» del capitán Drummer, quien era el mejor espécimen de belleza física que haya visto entre los zambos.

Estaba muy preocupado al darme cuenta de las pocas provisiones que llevaban los botes, ya que el mal tiempo suele mantener a los pescadores mar adentro hasta por dos o tres semanas. Pero Drummer insistía en que íbamos a encontrar mucho que comer, así que nos embarcamos. Salimos con la brisa terral tan pronto como nos apartamos de sotavento, y navegamos veloces hacia nuestro destino. Aunque el mar estaba relativamente calmo, todos los botes llevaban tal cantidad de velas que me mantuvieron en un estado de constante nerviosismo. Apenas puede creerse que los miskitos se aventuren mar adentro en sus pipantes, impunemente y con un tiempo pésimo, y que naveguen sobre las olas como gaviotas. Si el bote se vuelca, lo enderezan en un momento, y con sus anchos canaletes achican el agua en un tiempo increíblemente breve.

Viajamos literalmente con el viento, y cuatro horas después de haber dejado la costa, ya estábamos entre los cayos. Son estos cayos muy numerosos; están rodeados de arrecifes a través de los cuales el viento se filtra en los canales, bien conocidos por los pescadores. Algunos de los cayos son meros montones de arena y rocas de coral a medio desintegrar; otros son más grandes, algunos tienen arbustos y una esporádica palmera, que en todo ello se parecen mucho a «El Roncador». En uno de estos cayos hallamos las ruinas de una choza y un hoyo cavado en la arena, lleno de agua salobre, y allí hicimos nuestro campamento. En cuanto nos instalamos, Harris salió con su bote en pos de una tortuga, dejando al resto reparando la choza y disponiendo todo para la noche. Por supuesto, yo acompañé a Harris.

El equipo para arponear tortugas es harto simple, y corresponde punto por punto con el waisko-dusa, que ya he descrito antes, excepto que este arpón, en vez de ser barbado, tiene en la punta una ordinaria lima triangular, sumamente filosa. Se ha encontrado que esta es la única cosa que puede perforar el grueso caparazón de la tortuga; y más aún, hace un hoyo tan pequeño que rara vez mata a la tortuga verde, y lesiona levemente las escamas de la variedad de tortuga pico de halcón, de la que se obtiene el carey comercial.

Harris permanecía de pie en la proa del pipante, muy alerta y con el arpón en la mano derecha. Mantenía la mano izquierda detrás, para telegrafiar indicaciones a los dos hombres que remaban. Ellos mantenían la vista fija en las señales de su mano, y conforme a ellas iban regulando su manera de remar, así como la velocidad y el rumbo del bote. Nadie pronunciaba palabra, pues se supone que la tortuga tiene muy buen oído. Así remamos entre los cayos durante media hora; a los leves movimientos de la mano de Harris, los hombres alteraban ligeramente el curso, y movían los remos con tanta lentitud y sigilo, que apenas causaban una leve ondulación. Yo miraba hacia delante, y solo percibí lo que pensé que sería una roca que asomaba sobre el agua. Pero era una tortuga que flotaba plácidamente en la superficie, como es común en ellas. Con todo y el sigilo con que nos acercamos, la tortuga nos oyó, o tal vez vio el bote, y se hundió cuando estábamos a una distancia de cincuenta yardas. A un rápido movimiento del telégrafo manual de Harris, los hombres empezaron a remar a toda velocidad, hundiendo los remos muy hondo en el agua.

En un instante, el bote estaba en el punto donde había desaparecido la tortuga, y alcancé a verla fugazmente, alejándose con una rapidez que alteró mis nociones acerca de su habilidad a ese respecto, cimentadas en la pesadez con que se desplazan en tierra. Parecía, literalmente, deslizarse por las aguas.

Y entonces dio comienzo una emocionante y novedosa cacería. Harris tenía los ojos puestos en la tortuga, y los hombres en la mano telegráfica de Harris. A veces acometíamos por un lado, a veces por el otro; ora despacio, luego rápido, y después nos quedábamos quietos. La profundidad no era tanta que no permitiese a nuestra escamosa amiga ponerse fuera del alcance del ojo avizor de Harris, aunque a mí aquel fondo me parecía un insondable laberinto. Puesto que tarde o temprano la tortuga tiene que salir a respirar, el propósito del perseguidor es mantenerse lo bastante cerca para traspasarla en cuanto asoma.

Finalmente, tras media hora de andar remando, el bote se detuvo de pronto, y se lanzó el arpón. Puesto que el astil no entró de lleno en el agua, supe que no había errado el blanco. Un minuto después, Harris tenía asida la cuerda. Luego de forcejear un poco y de hacer espasmódicos intentos por zafarse, la cansada tortuga se dejó llevar dócilmente a la costa. De unos cuantos tirones le sacaron la punta del arpón, y la dejaron a esperar nuestro regreso, volteada de lomos en la arena, la viva imagen de la total indefensión. La fantasía que tengo es que, en tal circunstancia, la cabeza de la tortuga, con sus ojos casi cerrados, es la suprema expresión de una santa resignación. A ello contribuían los pocos y menguados movimientos de sus aletas, tan faltos de ánimo como la hipócrita invocación de un clérigo barrigudo con las manos en alto.

Este espécimen, como diría un naturalista, era de la variedad más pequeña de la tortuga pico de halcón, cuya carne es inferior a la de la tortuga verde, aunque más valiosa por su caparazón. Así que volvimos al remo, manteniéndonos cerca de los cayos y arrecifes, donde el agua no es profunda. Era casi de noche cuando Harris tuvo ocasión de probar suerte con otra tortuga, a la que arponeó en el fondo del agua, por lo menos a ocho pies debajo de la superficie. Esta era de la variedad verde. La sacó del agua y la puso en el bote, donde, sin más ceremonia, le cortó la cabeza, para que no fuese a dar un rencoroso mordisco a las ancas de los remeros. Volvimos a nuestro punto de encuentro, recogimos nuestra tortuga pico de halcón, que esa noche fue sometida al cruel y despiadado proceso —que ya tuve ocasión de describir— de quitarle las escamas del caparazón; hecho esto, se le permitió retirarse.

Vale decir aquí que, además de las dos variedades de tortuga que he mencionado, hay otra que llaman caguama (Testudo caretta), parecida a la tortuga verde, de la que se distingue por tener la cabeza de mayor dimensión, el caparazón más ancho y los colores más oscuros y variados. Llega a alcanzar gran tamaño, hasta pesar a veces unas mil o mil doscientas libras; pero su carne es dura y maloliente, y las láminas de su caparazón demasiado delgadas para ser de utilidad. No obstante, proporciona un buen aceite, que sirve a una variedad de propósitos.

Esa noche cenamos filetes de tortuga, huevos de tortuga, aletas de tortuga a las brasas, callipash y callipee;[9] estos últimos, servidos en sopa; en suma, tortuga en todas las formas conocidas por los miskitos, que bien merecen el nombre de tortugueros. Las tortugas ocultan sus huevos en la arena, pero los nativos son duchos para detectar los nidos, enterrando en la arena el astil de hierro de un mosquete, operación que denominan «tantear huevos».

Hacia medianoche comenzó a llover a cántaros, y siguió lloviendo todo el día siguiente, así que nada se pudo hacer. Así que pasamos el tiempo «hablando de tortugas», y Harris se entusiasmó tanto que prometió demostrarme lo que los miskitos consideran el non plus ultra de la pericia en el oficio de «saltar tortugas». No me explicó lo que eso significaba, pero hizo una seña con la cabeza, sinónimo miskito de nous verrons, «ya veremos». El tercer día resultó propicio, y Harris logró capturar varias tortugas de las buenas. Hacia mediodía puso a un lado su arpón y ocupó su puesto, desnudo por completo, manteniéndose, sin embargo, tan alerta como siempre. No tardamos mucho en estar sobre el rastro de una tortuga. Tras un sinfín de maniobras, que al parecer tenían por objeto llevarla hacia aguas poco profundas, Harris se zambulló de súbito. Por unos momentos hubo un

---

[9] E l callipee es una capa gelatinosa situada entre la concha y la carne de la tortuga.

bullir del agua, un burbujeo, y él reapareció con una bonita tortuga pico de halcón en las manos. Con esa proeza demostró lo que se llama «saltar tortuga». A veces sucede que los pescadores inexpertos resultan con graves mordeduras en la intentona, lo que no deja de ser peligroso, habida cuenta de los filosos arrecifes de coral y los espinosos erizos.

En la tarde del cuarto día fuimos otra vez a la laguna, de donde regresamos con ocho tortugas verdes y casi noventa libras de fino carey. Encontramos que la mayor parte del grupo había regresado al poblado, hacia donde Drummer y su intendente me instaban a que los acompañase. Pero Wasswatla ya no ofrecía atractivo para mí, y me mantuve firme en mi decisión de proseguir de inmediato por la costa.

Después de múltiples «últimos tragos» de aguardiente, me despedí, no sin pesar, de Drummer y Harris, dando a cada uno un vistoso pañuelo de seda, en señal de gratitud por las dos hermosas tortugas que ambos insistieron en que les aceptara. Harris me obsequió, además, su arpón, y se emocionó mucho cuando le dije que haría que le grabaran su nombre, para colgarlo en mi watla (casa).

La Laguna de Perlas mide más de cuarenta millas de largo y quizá diez millas en su parte más ancha. Hay tres o cuatro asentamientos ahí, siendo los principales los llamados Kirka e English Bank. No visité ninguno de ellos, sino que seguí rumbo directo hacia el extremo superior de la laguna, donde —por interrumpirse aquí la cadena de lagunas costeras por considerable distancia— existe otro haulover entre la laguna y el mar. Miré una sucesión de chozas en la costa occidental, y en una isleta, donde nos detuvimos durante el calor del mediodía, recogí unos cuantos tallos del jiquilite (Indigofera disperma), la nativa planta de añil, que se puede catalogar como una de las posibles fuentes de riqueza en esa costa.

Llegamos al acarreo en medio de una torrencial tormenta, con muchos rayos, que duró hasta la noche. Era imposible encender una fogata, así que halamos la canoa a la playa y, amontonando nuestras trampas en el centro, me senté sobre ellas, me envolví la vela sobre la cabeza, e hice las veces de mástil durante toda la interminable noche. Mis compañeros indígenas se desnudaron, se untaron el cuerpo con aceite de palma, y enfrentaron la tormenta con el desenfado de los patos. Por no tener cosa mejor que hacer, comí plátanos y pescado seco, y al amainar la lluvia, me puse a observar las brillantes luciérnagas, que por centenares revolaban lentas a la sombra de los matorrales. Cuando la tormenta hubo cesado, la atmósfera quedó turbia y sofocante, haciendo la respiración difícil y causando una sensación de extrema lasitud y fatiga. Todo estaba empapado y pegajoso, y tan saturado de agua que me era imposible echarme a descansar. Eché mano de mi ron de Jamaica para confortarme, pero a pesar de esto caí en un estado de pesadumbre, o «cabanga». Para empeorar mi malestar, aparecieron los jejenes por montones, y poco después, una nube de mosquitos, mientras todo un bosque de alguna especie de sapo arbóreo entonaba un quejumbroso croar, lo que resultó el colmo aun para mi bien probada ecuanimidad. Me levanté y anduve de arriba abajo por la estrecha franja de playa, con el ánimo vehemente y agitado, deseando estar en Nueva York, o en cualquier parte, ¡incluso hasta en Jamaica! El recuerdo de mi primera noche en la costa de la laguna solo sirvió para hacerme sentir más desdichado, y anhelé tener algún amigo que me reanimara «jalándome los faldones de la levita».

Al alba, sin embargo, mis compañeros se afanaban en hacer un débil fuego, en cuyo humo busqué refugio de mosquitos y jejenes; eso me apaciguó, aunque también me puso negro de hollín. Amaneció al fin, pero el sol estaba ensombrecido, y las cosas lucían apenas un poco mejor que en la noche anterior. Noté que estábamos en una estrecha franja de arena, de escasas doscientas yardas de ancho, cubierta de matorrales entreverados por unos árboles torcidos, como esqueletos corroídos por la intemperie, y más allá se veía el mar, oscuro y amenazante, bajo un cielo nublado y gris. Antonio pronosticó un temporal, es decir, una tormenta durante la cual llueve de continuo una semana entera. Bajo estas circunstancias, decidir qué hacer se hizo una cuestión urgente: si regresar a la laguna a algún lugar más propicio para acampar, o seguir intrépidamente por el océano y hacer el esfuerzo de alcanzar la desembocadura de un gran río, situado algunas millas arriba de la costa, llamado el Río Grande.

Resolví hacer esto último, y arrastramos la canoa a través del haulover. Aunque las olas no eran altas, tuvimos mucha dificultad para echar al agua nuestro bote, lo que finalmente lograron mis compañeros, quienes, situándose uno a cada lado, aprovecharon un momento favorable en que las olas cedían, para llevar el bote más allá de la línea del reventadero. Mientras uno mantenía con su canalete el bote estacionado, el otro, pendiente de la ocasión, acarreó los artículos uno por uno. Finalmente, me desnudé y me trepé en los hombros de Antonio, quien me depositó como un costal en el bote. Remamos hasta que vimos ocasión propicia para izar la vela y seguimos rumbo norte-noroeste. La costa era indiscernible y borrosa, pero yo tenía mucha fe en el muchacho paya, cuyo juicio hasta entonces no había fallado. Como a las cuatro de la tarde tuvimos a la vista un montículo o banco alto, cubierto de grandes árboles, que se yergue al lado norte de la desembocadura del Río Grande, por lo que constituye un punto de referencia excelente. No me afligía en modo alguno que estuviésemos acercándonos a él a gran velocidad, pues el viento empezaba a soplar; más bien temía que en la barra del río pudiera levantar grandes olas que nos impidieran entrar. En realidad, las olas habían empezado a reventar en los lugares menos profundos de la barra, mientras en otra parte el viento del noreste soplaba sobre las aguas en pesadas ráfagas. Nos apresuramos a arriar la vela, y los indios, asiendo los remos, vigilaban a la espera de la séptima, u ola principal, y con vigoroso esfuerzo y dándose mutuo ánimo con alegres gritos, mantuvieron el bote en la cresta. De este modo fuimos llevados majestuosamente por sobre la barra, hacia aguas relativamente quietas. Media hora después, las grandes olas reventaban justo en el mismo lugar donde habíamos atravesado, formando nubes de rocío y con ruido atronador.

La desembocadura del Río Grande es ancha, pero está expuesta de lleno al viento del noreste; y aunque es un gran río, el agua sobre la barra no tiene más de cinco o seis pies de profundidad, lo que impide la entrada de los grandes navíos, que tienen que navegar gran distancia tierra adentro. Cerca de la desembocadura hay varias islas, y levantamos nuestro campamento en la más apartada de ellas, que de cara al mar forma un acantilado. Me pareció el sitio más favorable que pudimos hallar, para pasar el temporal que Antonio había pronosticado, cuya proximidad era obvia aun para el observador menos ducho. Por fortuna, con las tortugas de Harris, nos sentíamos seguros en cuanto a provisiones. Así que arrastramos la canoa hacia lo alto del banco, y mientras yo encendía un fuego, mis compañeros se ocuparon de montar un refugio en el bote. Plantaron robustas estacas ahorquilladas en cada extremo de la canoa, para soportar un caballete, con otros palos más pequeños para afianzar las estacas exteriores. Estos palos se ataron transversalmente, y por encima se cubrió con un techo de palmas de corozo. Por fuera, bajo los aleros, se excavó una zanja para desviar el agua e impedir que el interior fuese inundado por la escorrentía del terreno. Todo esto se hizo con tal prontitud, que antes del anochecer la enramada ya estaba bastante avanzada como para desafiar la lluvia, que pronto empezó a caer en torrentes. El fuerte viento marino alejó a los mosquitos hacia los arbustos de tierra firme, de modo que dormí bien y confortablemente, a pesar de los retumbos del mar y el rugido del viento.

UN TEMPORAL TROPICAL

Durante ocho días llovió casi sin interrupción. Algunas veces, entre las nueve y once, y quizás durante una hora cerca del atardecer, se producía una pausa y el viento susurraba. Se veía entonces una luminosidad en el cielo plomizo, como si el sol estuviese por asomar. Pero las nubes volvían a ensombrecerse más que antes y la lluvia retomaba con una persistencia que en las latitudes del norte no se conoce. Durante ocho días no tuvimos luz del sol, ni luna ni estrellas. Todo objeto de hierro se cubrió de una gruesa capa de herrumbre; los plátanos empezaron a pudrirse y los pescados secos a ponerse suaves y mohosos, por lo que fue necesario colgarlos sobre la pequeña fogata, que nos esforzamos por mantener viva en una esquina de la improvisada choza.

Tras el tercer día el agua del río comenzó a subir, y durante la noche creció más de ocho pies. Al quinto día la corriente estaba llena de grandes árboles, con las hojas todavía verdes, y parecían estar atados con bejucos. Por la tarde, pasó flotando completo el techo de palma de una choza, que se detuvo en las márgenes de nuestra isla; traía consigo una carga muy apreciada, que consistía en un rechoncho cerdito de dos meses de edad y, como extraño compañero de viaje, un loro domesticado, con las alas recortadas, que se miraba harto melancólico cuando lo rescatamos. Sin embargo, tras haberse secado bajo la enramada y calmado su apetito con mis plátanos, púsose primero alborozado, después parlanchín y finalmente travieso. De inmediato se instaló como un miembro más de nuestro grupo, y hacía más bulla que todos nosotros juntos. A mí me resultó una fuente infalible de diversión. Era respetuoso con Antonio, pero malicioso con el muchacho paya, y solo estaba feliz cuando podía darle un furtivo y cauteloso mordisco en el dedo del pie. Si lograba este propósito, se ponía loco de contento, tan bullicioso y vehemente como un francés con suerte. Uno de sus gustos favoritos era mordisquear el corcho de mis botellas; y le embargaba un deseo loco de meterse en mi damajuana, imaginando quizás que era una jaula de la cual lo hubieran desterrado por error. Antonio le puso «El Moro», no sé por qué razones, y como ese nombre me pareció tan bueno como cualquier otro, lo rocié con agua y lo bauticé «El Moro», y él me propinó un feo mordisco en la muñeca por esa blasfemia.

Campamento del temporal.

El cerdito había escapado de ahogarse solo para caer en manos de nosotros los filisteos. No teníamos qué darle de comer, era posible que huyera, y además era incitantemente rollizo, así que nos apresuramos a degollarlo y nos lo comimos. Durante nuestra reclusión mis compañeros no permanecieron indolentes. En la isla había muchos árboles de mohoe,[10] cuya corteza es gruesa y tiene una fibra blanca, fina y suave. De ella recogieron cantidades considerables, que el muchacho paya tejió en una especie de gorro, destinado a servir de base para un elegante tocado de plumas que después me obsequió; mientras tanto, Antonio, más utilitario, tejió una redecilla, no muy distinta de la que usamos para atrapar cangrejos. De inmediato la puso en requisición para atrapar camarones de río, que abundan entre las rocas de la isla. Pero antes de entrar al tema de los crustáceos, permítanme decir que la corteza de majagua, por su fina calidad y por la abundancia con que se puede procurar, podría resultar sumamente útil en la manufactura de papel, artículo que se está volviendo escaso y caro.

El cangrejo o camarón de río se parece a la langosta, pero su tamaño es menor, y le faltan las dos grandes pinzas. Su carne es más gustosa que la del cangrejo o la langosta, y nos resultó un aceptable complemento a nuestras vituallas. Abundaban en la isla las palomas silvestres y los loros, pero mi escopeta se encontraba en mal estado a causa de la humedad, así que no intenté usarla.

Nuestra prolongada permanencia causó gran disminución en nuestras yucas y plátanos, por lo que fue necesario ponernos a buscar frutas y vegetales. La corriente del río era demasiado fuerte y venía demasiado obstruida por los árboles flotantes, lo que nos impedía usar el bote. Aun en la parte más ancha del río, el agua había subido quince pies, ¡lo que equivale a veinte o veinticinco pies en el interior! Las riberas estaban inundadas; las islas bajas, fuera de la nuestra, se hallaban sumergidas por completo, y nuestro propio espacio se había reducido sobremanera. Unas cepas de plátano, que habíamos observado en la primera noche, se habían caído o fueron arrastradas por la corriente, así que resolvimos de buen grado racionar la poca cantidad de vegetales que nos quedaba. Una mañana me aventuré a

---

[10] Mohoe o majagua (Hibiscus tiliaceus), árbol de fibra textil.

salir durante una pausa de la lluvia; y tras poco buscar hallé un árbol que parecía un peral, con una gran cantidad de frutillas, del tamaño y forma de un manzano silvestre, y su aroma era exactamente igual. Grité entusiasmado a Antonio, sosteniendo un puñado de las supuestas manzanas. Para mi sorpresa, él exclamó: «¡Bótelas! ¡Bótelas!», explicándome que eran las frutas del mangeneel, o manzanilla, muy venenosas. Me apartó del árbol, asegurándome que hasta el sereno o rocío que cae de sus hojas era venenoso, y que su influencia, como la del afamado árbol upas,[11] resultaba tan dañina que inflamaba el rostro y partes del cuerpo de aquellos que por ignorancia o falta de juicio se echaban a dormir a su sombra. Más tarde averigüé que con el jugo acre y lechoso de este árbol los indios envenenan sus flechas. Después de saber eso, siempre que lo veía daba un gran rodeo. Por su forma y olor se parece mucho a la manzana silvestre, por lo que puedo entender cuán peligroso puede resultar para los extranjeros. En los trópicos, es mejor no tocar las frutas silvestres. Antonio, con más éxito que yo, encontró una gran cantidad de guayabas, que los nativos comen con gran deleite, pero para mí tienen un aroma desagradable, o más bien, un sabor almizclado. Así que seguí comiendo mis plátanos y dejé que mis compañeros y «El Moro» disfrutaran el monopolio de las guayabas.

Finalmente se cerraron las esclusas del cielo, la lluvia cesó y el sol asomó con la cara reluciente y bien lavada. No había tardado poco, pues todos los artículos que llevábamos —ropa, libros, alimentos—, todo, había empezado a mancharse y enmohecerse por la humedad. Yo mismo tuve un sentimiento análogo, y una noche me soñé cubierto de moho verde. Era tan vívido el sueño que me levanté de un salto y salí corriendo desnudo bajo la lluvia para quitármelo de encima.

ALIVIADOS

Una vez que las hojas dejaron de gotear, tendimos cuerdas de un árbol a otro para poner a secar nuestra escasa vestimenta. Froté y cepillé mi traje negro, pero fue en vano. Con el agua salada de "El Roncador" y el moho de aquí, había adquirido una indeleble

---

[11] El upas es el Antiaris toxicaria, de la familia de las moráceas, árbol del Asia tropical. Su savia se usa para envenenar flechas y para fines rituales.

aparienc;ia mohosa y leprosa, y casi me convenció la sugerencia del muchacho paya, de empaparlo en aceite de palma. Por más que nuestro equipamiento era escaso y sencillo, se necesitaron dos días completos para quitarle los efectos de la humedad. Mi escopeta más se parecía a aquellos pintorescos mosquetes recuperados de naufragios y que se exhiben en los museos, que a cualquier otra cosa útil de la presente generación. En vista de todo esto, me sentía muy dispuesto a exclamar, "¡Que el cielo me libre de otro temporal en la Costa de la Mosquitia!".

VIII: EN EL RÍO

Tres días después de que la lluvia hubo cesado, pudimos embarcarnos río arriba, y aun entonces la corriente iba caudalosa y turbia, llena de árboles flotantes. Avanzábamos pegados a las márgenes, yendo de un lado al otro del río, para evitar las contracorrientes o los remolinos, algunas veces perdiendo en el intento todo lo que habíamos ganado en media hora de arduo remar. Las riberas estaban muy erosionadas por el agua; en algunos lugares los bancos se habían desplomado, arrastrando al agua muchos árboles, donde permanecían anclados a la orilla por los numerosos y recios bejucos que se enredaban a su alrededor. En otras partes, los árboles, socavados en parte, se inclinaban pesadamente sobre la riada, donde sus largas lianas colgaban desmayadas en grandes masas luctuosas, como las ramas vencidas del sauce llorón. Los zacatales de las islas bajas estaban arrasados y cubiertos por una capa de lodo, y sobre ella picoteaban hambrientas las aves acuáticas, el ibis blanco y las garzas de largas patas, en busca de gusanos, insectos y peces entrampados.

Estuvimos ocupados todo el día buscando el modo de llegar al primer asentamiento que hay en este río, un conjunto pintoresco de chozas bajas, en medio de una selva de palmares, papayos y platanares. Cerca de ahí había varias parcelas de maíz, y grandes tramos de yuca, ayote y melón. En pocas palabras, había ahí más evidencia de laboriosidad y provecho de lo que había visto en toda la Costa.

Al aproximarnos a la ribera, al frente de las chozas, observé que todos los habitantes eran indios puros, a quienes mi muchacho paya saludó en su propio idioma. Supe después que eran woolwas, y que hablaban un dialecto de la misma lengua de los payas y kukras, que están al norte.[12] Igual que en Wasswatla, casi todos los habitantes se

---

[12] Los woolwas o utwas, una de las tribus sumu, habitaban entre el río Grande de Matagalpa, al norte, y Punta Gorda en el sur. Sus vecinos, los kukras, poblaban las riberas de las lagunas de Perlas y Bluefields. El asentamiento que menciona era probablemente Karawala.

congregaron en la orilla para conocerme, y con sus esbeltos y simétricos cuerpos, y sus negras cabelleras largas, lustrosas y bien arregladas, hacían vivo contraste con los barrigones y endrinos negros de Wawashán. Saqué mi «Papel del Rey», y avancé hacia una pareja de ancianos que portaban sendas varas de madera blanca, de las que de inmediato conjeturé que eran insignias de autoridad. Empero, en cuanto vieron mi «Papel del Rey», hicieron ademanes de disgusto, exclamando: «¡Sax! ¡Sax!», lo cual no tuve dificultad en entender que significaba «¡Retire eso!». Así que lo plegué, me lo puse en el bolsillo y extendí la mano, que ambos estrecharon de la manera más formal. Cuando los hombres de las varas hubieron concluido, todos los demás se acercaron y repitieron la misma ceremonia, la mayoría de ellos musitando en forma interrogativa «¿Na/cisma?», lo cual parece ser un equivalente exacto de «¿Cómo está usted?».

Concluido lo anterior, los hombres de las varas me indicaron que los siguiera; así llegamos a una gran choza, nítidamente enramada a los lados, y cerrada con una puerta de cañas. Uno de ellos la abrió de un empujón, y yo entré tras él, seguido únicamente por aquellos que portaban varas. El resto se arremolinaba como abejas en torno a la puerta, o se asomaba por las rendijas que había entre los tabiques. En el interior había varios bloques de madera basta, en los cuales se sentaron, colocándome entre ellos. En todo este tiempo nadie rompió el silencio, y yo me sentía a ciegas, pues no sabía si estaba ahí en calidad de huésped o de prisionero. En vano escudriñaba los rostros de mis amigos; permanecían impasibles como rocas. No obstante, me sentí seguro cuando miré a Antonio en el umbral y noté que su expresión era más de contento que de alarma.

Habíamos estado sentados un largo rato, según me pareció, cuando hubo un movimiento afuera; la multitud se apartó para dar paso a un hombre que traía una gran olla de barro, que contenía alguna sustancia líquida, seguido por dos muchachas cargadas con canastos llenos de tortillas, trozos de alguna especie de carne asada, y una cantidad de plátanos majados, que tienen el sabor de los higos y lo llaman bisbire. El más anciano de los hombres llenó una jícara con ese líquido, la rozó con los labios y me la pasó. Yo hice lo mismo y la pasé a mi vecino más próximo; pero me hizo señas, al tiempo que exclamaba: «¡Dis! ¡Dis!» («¡Beba! ¡Beba!»). Se trataba de una especie de vino de palma, con el que luego me familiaricé. Me resultó muy grato al paladar y me bebí toda la jícara. Otro de los ancianos tomó un trozo de la carne asada, la desgarró, comió un bocado y me pasó el resto. Nada lento para adaptarme, aprendí las señas y terminé dándome una gran comilona. Los restos se los pasaron luego a Antonio, a quien, sin embargo, se le permitió servirse por sí mismo.

Hice algunas observaciones a Antonio en español, que yo percibí que fueron entendidas por el principal dignatario de las varas, quien, tras unos momentos, me informó en buen español que la choza en que estábamos era el cabildo del poblado, y que estaba completamente a mis órdenes por el tiempo que yo deseara permanecer. Después, me señaló un rudo tambor que colgaba en un rincón —este tambor se hace estirando la piel cruda de algún animal sobre una sección de un tronco hueco— indicándome que lo hiciera sonar en caso que necesitase algo. Tras ello, se puso de pie, y seguido por sus compañeros se retiró ceremoniosamente, dejándome en tranquila posesión de la mejor y más grande choza del poblado. Me sentí como un personaje muy importante; colgué mi hamaca y dispuse los contenidos de mi canoa, con tal satisfacción como no la había experimentado cuando libré la batalla contra los cerdos en la «Casa del Rey», en Wasswatla.

Posteriormente llegué a la conclusión de que todas las ideas que en este río poseen los indios en materia de gobierno proceden de los españoles, que llegaron a ellos desde los antiguos establecimientos coloniales, o las obtuvieron por contacto directo con aquellos que vivían en el interior del país. Los hombres principales recibían el título de alcaldes, y muchas palabras en español eran de uso común. No descubrí entre ellos ningún vestigio de sangre negra, y noté que no simpatizaban con los miskitos, llegando incluso a sentir hostilidad hacia ellos. Hasta donde pude entender, si bien rechazaban la autoridad del rey Mosco, enviaban anualmente cierta cantidad de zarzaparrilla, maíz y otros artículos, no tanto como tributo, sino como precio establecido por tradición para que los zambos los dejaran en paz. Parece que, en otros tiempos, los zambos no perdían oportunidad de secuestrar a sus hijos y mujeres para venderlos como esclavos a los comerciantes de Jamaica. De hecho, los zambos algunas veces hacían incursiones armadas al territorio indio, con el objeto de tomar prisioneros, para luego venderlos a los hombres que hacían de este tráfico un negocio habitual. Esta práctica continuó después de la abolición de la esclavitud en Jamaica, medida que los miskitos deploraban mucho, no obstante que ellos mismos no estaban exentos de ser secuestrados ocasionalmente.

Después me señaló un rudo tambor que colgaba en un rincón indicándome que lo hicer sonar en caso de que ocupara algo.

COSTUMBRES INDÍGENAS

La dificultad de entrar en el Río Grande, y la ausencia de todo tráfico considerable con los nativos en sus riberas, son algunas de las causas que han contribuido a mantenerlos a salvo de las influencias degradantes que prevalecen en la Costa de la Mosquitia. Se dedican principalmente a la agricultura para su subsistencia, y un poco a la pesca y la caza. Tienen abundancia de maíz, yuca, mandioca, ayote, plátanos, papayas, cocos y otras frutas y vegetales, incluso también algunos limones y naranjas. Tienen cerdos y aves de corral, y río arriba, en el territorio de las sabanas, hay algún ganado vacuno. Observé entre las aves de corral al verdadero pato almizclero y a la gallina india o chachalaca.

La gente, aunque no es alta, es bien proporcionada y es notable su expresión suave e inofensiva. Las mujeres, especialmente las muchachas, son sumamente tímidas, y siempre salían de las chozas cuando yo entraba. Los hombres por lo general visten el ule toumou, una especie de taparrabo; pero las mujeres usan en su lugar un lienzo de algodón confeccionado por ellas mismas, con rayas azules y amarillas, que cuelga hasta la mitad de sus muslos, y sujetado arriba de la cadera de algún modo sencillo, pero inexplicable para mí.[13] Las muchachas jóvenes eran algo rechonchas y de formas simétricas, con hermoso busto y grandes ojos negros y lustrosos, los que, sin embargo, siempre tenían para mí una expresión como de ciervo asustado. No observé entre los hombres armas de fuego, aunque parece que estaban familiarizados con su uso. En vez de eso tenían excelentes arcos y flechas, estas últimas con punta de hierro, o una especie de madera recia, endurecida al fuego. Todos los muchachos tenían cerbatanas, y con ellas eran muy expertos para cazar patos, zarapitos y una especie de perdiz roja, a una distancia de treinta o cuarenta yardas. El silencio con que se dispara la liviana flecha hace que un cazador experto logre matar gran parte de una bandada, o covey, antes que el resto se alarme.

---

[13] El tinte azul que usan los indios para colorear se hace del jiquilite, el que, como he dicho, es nativo de la Costa. El amarillo se saca del anona o achiote, y es el mismo que se utiliza para dar el color conocido como nonkeen. El árbol que lo produce es abundante en toda la América Central. —N. del A.

Mi estancia en el cabildo no estuvo marcada por ninguna aventura que merezca mención. Con solo tocar el tambor, recibía plátanos y aves de corral, o lo que yo deseara, como si fuera un Aladino. Mis llamadas con el tambor eran prontamente atendidas por una pareja de muchachos indios, que ni preguntaban ni replicaban, sino que hacían justo lo que se les ordenase. Ni ellos ni los alcaldes aceptaban retribución alguna por lo que me proporcionaban, más allá de unos cuantos pañuelos rojos de algodón, y algunas puntas de flechas, que el viejo Hodgson sabiamente me había instruido a que llevara en pequeñas cantidades. Al parecer, ninguno de ellos estaba familiarizado con el uso del dinero, pero sí tenían alguna noción del valor del oro y la plata. Vi a varias de las mujeres con rústicos y livianos brazaletes de oro, cuyo metal, según me dijeron los alcaldes, se encontró en las arenas de río arriba, en las montañas.

Entre las costumbres de estos indios, hay una de índole muy curiosa, la cual conocí por azar. Casi a diario paseaba por los bosques, con la vaga esperanza de toparme alguna vez con un waree o jabalí (cuya presencia en la vecindad era aparente por sus incursiones en los campos de maíz de los indios), o quizás un pecarí o saíno, o bien otro animal grande. Por ser los matorrales espesos, rara vez me alejaba del sendero transitado por los nativos, y tenía que contentarme matando de vez en cuando un pavón, en lugar de una presa grande. Un día me aventuré río arriba, un poco más adentro de lo acostumbrado, y me encontré de pronto con una choza aislada. Tenía sed, así que me acerqué con miras a obtener un poco de agua. Había avanzado acaso veinte pasos, cuando dos ancianas se apresuraron hacia mí, dando vehementes voces y haciendo desaforados ademanes para que me alejara, y recogían puñados de hojas que lanzaban contra mí. Me pareció que eso era muy poco hospitalario, y de momento estaba resuelto a no marcharme; pero finalmente, pensando que alguna razón debía de haber para ello, y viendo que las mujeres parecían más bien desesperadas que disgustadas, volví sobre mis pasos. Después me di cuenta, al preguntar, que la choza era lo que los habitantes de Polinesia llaman tabú, y que estaba destinada al confinamiento de las mujeres que van a dar a luz. Cuando el evento se aproxima, ellas se retiran a este recoleto sitio, donde permanecen durante dos lunas al cuidado de dos ancianas, pasando por limpias y purificaciones desconocidas para el varón. Cuando una mujer se encuentra confinada de este modo en la choza, a nadie se le permite acercarse, y todas las personas se guardan de ello y no osan pasar cerca de donde el viento sopla en dirección de la choza, pues se cree que de hacerlo, se ahuyentaría la brisa que da aliento al recién nacido, y el niño moriría. Después descubrí que esta singular noción también la tienen los pueblos miskitos, quienes sin duda la heredaron de sus progenitores indios.

El ritmo de vida de los indios parecía ser en extremo rutinario y monótono. Tanto mujeres como hombres encontraban ocupación de sobra durante el día. Se acostaban temprano y se levantaban con la aurora. Aunque la mayor parte de ellos tenía hamacas, por lo general dormían en lo que llaman crickeries,[14] o esteras de cañas apoyadas sobre postes ahorquillados y cubiertas con petates de varios colores, hechos de corteza de palma tejida. Entre ellos no noté borracheras, y todos eran apacibles, ordenados y laboriosos. En todas sus relaciones conmigo se mostraron respetuosos y agradecidos, pero muy reservados. Me esforcé por trasponer su ánimo taciturno, pero sin éxito. Por tanto, al cabo de unos días y cuando lo novedoso había dejado de serlo, empecé a aburrirme de tanta inactividad. Así que un día le propuse al alcalde principal que deberíamos emprender la cacería de un tilbia, vaca de montaña o tapir, o de un pecarí o cerdo mexicano. La proposición fue recibida con deferencia, pero sugirió que el manatí, o vaca marina, era una presa más maravillosa que cualquiera de las que yo había nombrado, y que no sería difícil hallarnos uno en el río. Acepté la sugerencia con entusiasmo, puesto que ya había avizorado uno o dos manatíes, y habían despertado mucho mi curiosidad. En consecuencia, se tocó el tambor para que los alcaldes se reuniesen a considerar el asunto. Llegaron todos con sus varas, y tras las debidas deliberaciones, fijaron la noche siguiente para la expedición. Por consiguiente, se alistaron los botes y los cazadores afilaron sus lanzas y arpones. Estos últimos se parecen mucho a los arpones balleneros ordinarios, pero son más pequeños. Las lanzas son angostas y afiladas, y van sujetas a un esbelto fuste, de una madera muy recia y pesada. Sin hacer caso de Antonio, que sonreía y movía

---

[14] Crickeries: Camastros de cañas entrelazadas usados como lechos.

la cabeza, yo limpié mi escopeta con todo cuidado y la cargué con abundante munición.

Antes de narrar nuestra aventura en pos del manatí, no sería ocioso explicar que este animal acaso sea el más notable de cuantos se hallan en los trópicos, por ser anfibio y por constituir el eslabón aparente entre los cuadrúpedos y los peces. Tal vez resulte mejor compararlo con la foca que con cualquier otro animal marino, por sus características generales. Tiene dos patas delanteras, o más bien manos, pero las traseras faltan, o aparecen solo como rudimentos bajo la piel. Su cabeza es gruesa y pesada, y semeja en algo la apariencia de una vaca sin cuernos. Su cola, o integumento, es ancha y plana, y se extiende horizontalmente, como un abanico. El cuero es oscuro, corrugado, y tan grueso y duro, que una bala difícilmente puede penetrarlo. Tiene unos cuantos pelos esparcidos por todo el cuerpo, que en general guarda un parecido con el hipopótamo. Hay varios géneros de manatíes, pero, según parece, es un animal poco conocido por los naturalistas. Poco se sabe de sus hábitos, y los nativos cuentan muchas historias extraordinarias acerca de él, alegando, entre otras cosas, que se le puede domesticar. Es herbívoro, y se alimenta de los largos y tiernos brotes de los pastos que crecen en las riberas de los ríos. Saca del agua casi la mitad de su cuerpo para alcanzar el alimento. Nunca se le encuentra en tierra, donde estaría por completo indefenso, ya que no puede caminar ni arrastrarse.

Por lo común, mide de diez a quince pies de largo; es voluminoso y pesado, de mil doscientas a mil quinientas libras. Tiene pechos situados entre sus patas delanteras, y con ellos amamanta a sus crías. El macho y la hembra usualmente andan juntos. Su sentido de la audición es en extremo fino, y al menor ruido se sumerge en el agua. Por tanto, se necesita mucho tiento y cautela para matarlo. La caza del manatí exige todo el arte y destreza de los indios.

La hora favorita del manatí para buscar su alimento son las primeras horas de la mañana, durante el alba tenue y gris. Por consiguiente, poco después de medianoche me llamaron a que me uniera a los cazadores. Se dispusieron dos grandes pipantes, cada uno con cuatro o cinco hombres; y por varias horas remamos veloces río arriba, hacia un tablazo del río, donde había una serie de islas bajas cubiertas de pastos, y las riberas estaban bordeadas por sabanas pantanosas. Aquí se cortaron varios arbustos que fueron lanzados suavemente sobre los botes, como para simular árboles flotantes. Esperamos pacientes hasta que llegó la hora oportuna; se soltaron los botes de la orilla y la corriente nos llevó a la deriva, río abajo. Un hombre se ubicó en la popa con un canalete para timonear; otro, al acecho en la proa, llevaba un arpón y una cuerda, mientras el resto, arrodillado en el fondo del pipante, mantenía sus largas y afiladas lanzas libres de toda impedimenta. Nos deslizábamos en perfecto silencio, un bote al margen de cada ribera. Yo me mantenía bien alerta, y bajo la tenue luz me emocioné mucho al ver una docena de troncos, o algo parecido, que creí que eran manatíes. Pero los cazadores no se inmutaron y continuamos a la deriva, hasta que, impaciente, empecé a temer que nuestra expedición fuese un fracaso. De pronto, cuando menos se esperaba, el hombre en la proa lanzó su arpón.

El movimiento fue seguido por una pesada zambullida, y en un instante el bote se dio vuelta, con la proa hacia el agua. Antes que pudiese percatarme de lo que estaba ocurriendo, las ramas fueron lanzadas por la borda y los hombres se irguieron con sus lanzas en ristre, listos para atacar de inmediato. Habíamos soltado una buena parte de la cuerda del arpón, que parecía estar atada a un objeto inmóvil. El hombre de la proa, empero, comenzó a recogerla, arrastrando el bote lentamente contra la corriente. De pronto, el manatí, pues en efecto lo era, se retiró del fondo del río y empezó a deslizarse en diagonal, arrastrándonos consigo a gran velocidad. Este movimiento gradualmente lo trajo cerca de la superficie, según pudimos ver por el tumulto del agua. Se le arrojó una lanza, y allá va el manatí otra vez a sumergirse, tomando esta vez el curso de la corriente, río abajo. Mientras tanto, el otro bote había acudido en nuestra ayuda, y se mantuvo en ronda frente a nosotros, a fin de clavar otro arpón en el instante en que la víctima se acercara a la superficie.

Pronto se dio la ocasión, y se le propinó otro arponazo, y al mismo tiempo, otro lanzazo. Durante todo este tiempo, yo tenía montados los dos cañones de mi escopeta, esperando ansioso el momento de hacer un disparo. Pronto los forcejeos del animal se fueron haciendo menos violentos, e involuntariamente salió a la superficie varias veces. Vi mi oportunidad cuando tuve a la vista su gran cabeza. Disparé ambos cañones a una distancia de treinta pies, cosa que sobresaltó a los cazadores tanto como ellos me habían asustado a mí. ¡Fue por gracia de Dios que ninguno resultó herido en el alboroto!

Tras recibir el segundo arponzazo, el manatí quedó casi indefenso, y los indios, aparentemente seguros de su presa, dejaron que los botes fueran a la deriva con el animal, deslizándose suavemente río abajo. De vez en cuando hacía un fallido intento por sumergirse hasta el fondo, agitando el agua y levantando espuma en el esfuerzo, pero mucho antes que llegáramos al poblado ya flotaba inerme, bien muerto. La mañana era brillante y clara cuando arribamos a la orilla, donde encontramos a todos los habitantes del lugar congregados para darnos la bienvenida. Cuando vieron que habíamos tenido éxito, comenzaron a dar grandes voces y a batir palmas con vigor; de ello inferí —por ser esta la única muestra de excitación que presencié— que la captura del manatí se consideraba toda una proeza, aun en la Costa de la Mosquitia.

Prontamente se ataron sogas al manatí muerto, mismas que todo el mundo parecía ansioso por halar, y lo arrastraron en triunfo a la ribera, en medio de una vehemente gritería. Yo estaba un tanto resentido por el desprecio con que miraban mi escopeta, y no había sido poca mi ambición de poder decir que yo había matado un manatí; y puesto que luego de mi disparo el animal había cesado casi por completo sus forcejeos, pensé en la posibilidad de haberle dado yo el coup final, y en que a mi regreso a Nueva York podría a la postre jactarme un poco de mi aventura bebiendo un trago con Mr. Sly. Fue, pues, con ánimo ansioso que examiné la fea cabeza del manatí, solo para darme cuenta de que mis balas escasamente le habían penetrado la dermis, y que el cuero del manatí es a prueba de cualquier arma de fuego, excepto, quizás, un rifle Minié. De este modo me vi privado de otra oportunidad de alcanzar la inmortalidad. No obstante, para dar credibilidad a mi historia del cuero del manatí, de que tiene una pulgada de grosor y es recio como hueso de ballena, hice que me cortaran una tira del cuero, la que al secarse quedó dura como cuerno, y fue el terror de los perros en todas mis posteriores excursiones. Sospecho que aquí en Nueva York hay algunos bellacos impertinentes que guardan recuerdos punzantes de esa misma faja de cuero de manatí. ¡Estoy seguro de que el Dr. Pounder, mi viejo maestro de escuela, daría sus ojos por tenerla, o sus anteojos, lo que equivale a lo mismo!

Pero mientras mis balas fueron impotentes, vi que las lanzas de los indios habían atravesado literalmente al manatí, de lado a lado. Los arpones no penetraron mucho, pues su objetivo era simplemente detener al animal. Las lanzas fueron los instrumentos fatídicos, y poco después vi a un joven indio atravesar por entero con su lanza el tronco bien crecido de una palmera. Este tipo de lanza se llama silak, y es muy apreciado.

Hubo gran actividad en el poblado a causa del manatí. Tiene bajo la piel una gruesa capa de grasa muy sabrosa, bajo la cual aparece la carne, que se parece mucho a la de res, pero más áspera y cruzada por capas de grasa. Puesta al fuego, la carne resultó ser suave, gustosa y absolutamente deliciosa. La cola se estima como la parte más apetecible, y según observó el capitán Henderson, quien la probó en esta misma costa, «es un plato del que Apicius podría estar orgulloso, y que al paladar exigente de Heliogábalo le hubiera parecido merecedor de muy distinguida recompensa». La parte mejor y más substanciosa del animal, esto es, la carne, se cortó cuidadosamente en tiras, se frotó con sal y se colgó al sol para secarla, al modo que los españoles llaman tasajo. Las otras porciones se repartieron entre las varias chozas, y a mí me obsequiaron la cola. Cuando ya estaba por salir de allí, me di cuenta de que la carne curada o tasajeada también la habían reservado para mí. Asada a las brasas, resultó tan buena como cualquier cosa que yo haya probado, y tan deliciosa como la carne seca del venado. Y permítaseme mencionar aquí que la carne del manatí, como la de la tortuga, no solo es un manjar excelente, sino que sus efectos son beneficiosos para el organismo, particularmente en los casos de personas aquejadas por el escorbuto o la escrófula, pues se dice que hallan pronto alivio al consumir a su antojo esta carne, y que en el transcurso de pocas semanas la enfermedad desaparece por completo.

IX: LA PARTIDA

Al cabo de dos semanas, hice saber a mis amigos que debía partir al día siguiente y proseguir mi viaje rumbo arriba por la costa. Yo había supuesto que existía una conexión interior entre el río Grande y las lagunas, que conducía hasta Cabo Gracias, pero descubrí que daba comienzo con un afluente a unas veinte millas hacia el norte, llamado Snook Creek, y que sería necesario boyar de nuevo al mar nuestro pequeño bote.

El anuncio de mi partida fue recibido sin la más mínima manifestación de sentimiento; empero, durante la noche los habitantes competían entre sí por cargar la canoa con frutas y provisiones. En verdad, eran tan pródigos con sus regalos que no podía aceptarlos todos, así que tuve que dejar más de la mitad de lo que me habían traído. No obstante, hice sitio especial para los tasajos del manatí y me llevé todo el bisbire que me obsequiaron. Como he explicado ya, el bisbire es una pasta hecha de plátanos maduros, y tiene casi la misma consistencia y el gusto de los higos secos. Se dispone esta pasta en rollos, bien envueltos en las mismas hojas del plátano, lo que los conserva perfectamente y es, por tanto, artículo de gran valor para el viajero.[15]

---

[15] El plátano y el banano son variedades de la misma planta. No solamente constituyen figuras notorias en el exuberante follaje del trópico, sino que sus frutos hacen las veces de pan, y son un elemento principal de la alimentación de la gente. Crecen mejor en suelos ricos y húmedos, por lo general en grupos regulares. Las cepas o bulbos son como los de la nillandsia, y brotan de continuo al pie del tallo vástago. Su crecimiento es rápido y dan cosecha al cabo de doce meses. Además, como no dependen de las estaciones, dan fruto durante todo el año; pues mientras un tallo cae bajo el peso de sus frutos maduros, otro proyecta sus encapsuladas flores y un tercero muestra un racimo a medio formar. La fruta es muy nutritiva y se come en una variedad de formas: cruda, cocida, asada o frita, y casi en cualquier etapa de su crecimiento, ya sea que se encuentre verde, amarilla o madura. Humboldt nos cuenta que, en una determinada extensión de terreno, rinde cuarenta y cuatro veces más materia nutritiva que la papa, y ciento

Salí de la villa con tanta ceremonia como la que hubo cuando llegué. Los alcaldes, portando sus varas, me escoltaron hasta el río, donde tuve que estrechar la mano de todo el poblado, y decir a cada uno de ellos «¡Disabia!», que es como decir «adiós». Ellos se mantuvieron en la orilla hasta que nos perdimos de vista. Me alejé de ellos admirando sus hábitos primitivos y su hospitalidad genuina pero formal. Si bien por su carácter taciturno no son muy distintos de nuestros indios, en todos los otros aspectos el contraste entre unos y otros es sorprendente. El salvaje de Norteamérica desdeña trabajar; su ambición es la guerra y la caza; pero el amable habitante de los trópicos suele ser laborioso, y recurre a la caza como un mero complemento de la agricultura.

Las ceremonias de mi despedida habían ocupado tanto tiempo, que cuando alcanzamos la desembocadura del río era demasiado tarde para aventurarnos aguas afuera. Así que nos dispusimos a pasar la noche en nuestro antiguo campamento de la isla. La luna brillaba y el anochecer fue bellísimo; tan bello en verdad, que me pudo haber embrujado, de no haber sido por el infernal concierto de los animales salvajes en las riberas del río. Al principio, supuse que todas las bestias feroces de la selva se habían congregado, preparándose para una contienda general, y me confortaba pensando que estábamos separados de ellos por el río. Se oían gruñidos sobrenaturales, coléricos bufidos, y unos alaridos tan semejantes a los de seres humanos desesperados, que todos mis nervios se estremecían. A veces los ruidos parecían un solo rumor confuso, y se oían tristes y distantes, para luego hacerse tan agudos y cercanos que a duras penas lograba convencerme de que no procedían de la propia isla donde pernoctábamos.

Hubiera pasado la noche en completa alarma, si Antonio no hubiera estado ahí para explicarme que la mayor parte de esos bramidos, si no todos, provenían del primate que los españoles llaman

---

treinta y tres veces más que el trigo. Como requiere poco o ningún cuidado en su cultivo y produce en forma perenne y abundante, podría llamársele «una institución para alentar la pereza». Crece en forma silvestre en las márgenes de todos los ríos de la Costa de la Mosquitia, a partir de retoños arrastrados por las aguas desde los plantíos de los indios, y que han echado raíz donde la corriente los dejó. —N. del A. WAIKNA

mono colorado, o mono aullador. Después de esto vi un espécimen, una bestia grande y fea, de un color rojo de ladrillo sucio, con una gran barba, que por lo demás parecería un babuino africano. A diferencia de la mayoría de los monos, estos permanecen casi siempre en los mismos lugares, tienen sus árboles favoritos —donde por las noches se aposenta toda una manada— y dan comienzo a una horrenda serenata, que nunca deja de inundar la mente del viajero inexperto con las más deprimentes fantasías. A pesar de las explicaciones de Antonio, los ruidos me perturbaron tanto el sueño, que a medianoche me levanté, y yendo a la orilla del agua, disparé los dos cañones de mi escopeta hacia donde el ruido se oía más estruendoso. Pero a nadie aconsejo hacer este experimento, pues todos los pájaros acuáticos y las aves silvestres que anidaban en los árboles se desataron en un súbito revoloteo, y se armó una andanada de graznidos y berridos, lo que pareció alentar a los monos a redoblar su aullar. Me alegré cuando cesó la inusitada conmoción y las criaturas de la selva reanudaron su habitual serenata.

Una gran parte de los animales tropicales son resueltamente «criaturas de la noche». Es por las noches cuando el tigre y el león mexicano sin melena[16] salen de sus madrigueras y rondan las densas selvas en busca de su presa, sacando al pecarí y al tapir de sus guaridas, forzándolos a buscar refugio en los matorrales, donde el crujir de las ramas y el chapotear en las pozas escondidas dan fe del miedo cerval de los perseguidos y de los feroces instintos de los perseguidores. Una repentina zambullida del lagarto desde las orillas espanta a las aves silvestres que están en los árboles cercanos, y al instante la selva resuena con el salvaje rugido del tigre, el gemido de los monos asustados y los chillidos y alharacas de innumerables aves acuáticas; mientras que el viajero se sobresalta y se precipita a empuñar su fiel escopeta, sorprendido de encontrar que la selva, tan quieta y somnolienta bajo el calor del mediodía, se ofrece ahora terrible de vida salvaje y agresiva.

Al amanecer cesó la conmoción en la selva, y pude gozar de unas horas de sueño. Al despertarme encontré que el sol centelleaba sobre

---

[16] Probablemente se refiere al jaguar (Panthera onca), llamado a veces tigre o león americano.

el horizonte y que el bote estaba listo para partir. Antonio había cortado dos troncos del robusto árbol majagua, que se ataron a los costados de nuestro bote para que sirvieran como flotadores, y de ese modo impedir que lo volcara un viento repentino. Pasamos la barra sin mayor dificultad y entramos al mar, antes de trazar nuestro curso hacia el río Snook. El viento estaba fresco, el agua límpida y saltarina bajo un cielo azul y sin nubes. Me recosté sobre uno de los flancos del frágil bote —apenas una mota en el vasto seno del océano— y miré los numerosos animales marinos y los mollusca que pasaban flotando: el nautilus, «pequeño comodoro», con su diminuta vela y su proa rosada; la pulsátil rhizostoma y la berrince con su cabellera de seda, las más frágiles formas de vida, y sin embargo, moradoras incólumes del poderoso mar, que se burla de la fortaleza del hierro y socava continentes en su ira.

UN MONÓTONO LITORAL

Por la tarde nos acercamos a la costa, manteniéndonos ojo avizor en busca de la desembocadura del río Snook. Empero, no había señales en todo el litoral, que era una sola planicie monótona; una estrecha franja de arena frente a una selva baja e impenetrable, donde los fieros vientos alisios del noreste no habían dejado árbol grande en pie. Por eso mismo, a los viajeros que no están bien familiarizados con la costa, les resulta casi imposible determinar su posición. Mi guía paya solo una vez había pasado por esta costa. Al caer la tarde, opinaba que ya habíamos pasado la desembocadura del río que buscábamos. Resolvimos entonces navegar al borde de la costa, buscando Walpasixa o Prinzapolka, donde un fragmento del casco de un barco americano, que naufragó ahí algún tiempo atrás, todavía estaba allí como guía para los viajeros.

A medida que el sol se ocultaba, mermaba el viento, y salió la luna, bañando con su luz el anchuroso y suave oleaje, de plata bruñida en un lado, y en el otro, oscuro pero claro, como sombras sobre acero pulido. Arriamos nuestra inane vela, y mis compañeros tomaron sus canaletes, llevando el ritmo con un canturreo iniciado por Antonio, al que luego se sumó el muchacho paya en coro creciente. La melodía era muy sencilla y, como suele ser el genuino canto de los indios, triste y melancólica. Siempre he pensado, al escucharlos, que estos cantos son el lamento de un pueblo consciente de su decadencia, en un continente que se les iba de las manos, y un poder derrotado para siempre.

Por largo rato estuve echado, mirando la costa que pasaba, y oyendo el repicar del agua bajo la proa, pero al cabo caí en una profunda somnolencia, arrullado por el océano con su tono suavísimo. Cuando desperté habíamos pasado la barra de Prinzapolka y estábamos en las orillas del río, sujetos a las ramas de un gran árbol que se había enredado entre los manglares. No fue poca mi satisfacción al descubrir que, de ahí en adelante, tendríamos una navegación ininterrumpida, por ríos y lagunas, hasta Cabo Gracias, y que no volveríamos a aventurarnos en mar abierto en nuestro botecillo.

El Prinzapolka más parecía un estuario que un río. Estaba bordeado por una impenetrable selva de manglares, cubiertos por bandadas de ibis blancos, y conforme subíamos la corriente, encontramos otros de color rosado, que parecían ramilletes de flores entre las verdes hojas de los árboles.

A una distancia de tres millas, las riberas del río se volvían más altas, aunque densamente cubiertas de plantas silvestres y lianas, que parecían haber doblegado la selva. Los pocos árboles que habían quedado estaban totalmente cubiertos de plantas trepadoras, o lianas, que a veces caían o se mecían al viento, y volvían a extenderse por el suelo, como las jarcias de un barco, soportando a su vez cientos de plantas trepadoras, con las hojas de un verde translúcido y cargadas de racimos de radiantes flores. De vez en cuando, una palmera de abanico se erguía por sobre el verdor enmarañado, como afanada por obtener luz y aire; mientras las anchas hojas del plátano silvestre emergían aquí y allá en grupos, y los esbeltos tallos del bambú, rodeados de hojas delicadas como las del sauce, se inclinaban graciosamente sobre el agua. Al pie de este muro esmeraldino había una franja de tierra pantanosa, y observé algunos hoyos o aberturas como túneles, a cuyo través el lagarto arrastraba su imponente longitud, o los grandes animales terrestres venían a beber agua. Al deslizarnos por una de esas aberturas, un tapir asomó de pronto la testuz y su horrible trompa, y desapareció en los oscuros intersticios de la impenetrable jungla, que no está en poder del hombre penetrar, a menos que se abra paso laboriosamente, abatiendo palmo a palmo la enmarañada masa.

DUDOSA BIENVENIDA: POBLADO DE QUAMWATLA

Alrededor de las diez llegamos a la desembocadura de un estrecho río o arroyo, que se aparta del gran río bajo un toldo de verdor. El guía paya afirmó que en ese arroyo se encontraba el villorio de Prinzapolka. Así que seguimos remando, y al cabo de muchas vueltas llegamos por fin a un sitio donde la vegetación era menos exuberante y los bancos más altos y firmes. Empecé a respirar más a mis anchas, pues en esa cerrazón tropical el aire parecía cargado de miasmática humedad, como la atmósfera de una cripta. A medida que avanzábamos, el territorio se tornaba más abierto, el agua más clara, revelando un fondo de grava, hasta que al fin, para mi sorpresa, llegamos a las amplias sabanas, guarnecidas por angostas arboledas a lo largo del agua. A través de esas arboledas vislumbré suaves montículos y ondulaciones de tierra, y sobre ellas, para mayor sorpresa, macizos de árboles de pino. Yo suponía que el pino solamente crece en las altas latitudes templadas, así que apenas podía creer que también creciera aquí, al lado de la palmera, casi al nivel del mar; hasta que el muchacho paya aseveró que abundaba en todas las sabanas y cubría todas las mesetas y cerros del interior.

Un meandro del arroyo nos trajo de pronto a la vista un grupo de grandes canoas, surtas a la orilla, frente a unas chozas esparcidas. Unas mujeres se ocupaban de alguna tarea cerca del agua, y huyeron al vernos, trepando por la ribera con evidente alarma. Cuando estuvimos más cerca, vi a través del matorral una cantidad de hombres que corrían de arriba abajo, y que se llamaban con voces exaltadas. Antes de que pudiéramos alcanzar el desembarcadero, se habían congregado en medio de las canoas, y desde ahí, con violentos ademanes, nos hicieron señas de que nos retiráramos. Algunos estaban armados con lanzas, otros tenían arcos y flechas, y dos o tres portaban mosquetes, y con ellos nos apuntaban de un modo desmañado y arisco. Observé que eran zambos, como los de Wasswatla, e igual que aquellos, tenían el cabello rizado y estaban manchados por el bulpis. Cada vez que intentábamos acercarnos, ellos gritaban «¡Bus! ¡Bus!», y empuñaban sus armas en alto. El muchacho paya respondió diciendo «Wita», es decir, jefe o cacique. Al oír esto, uno de ellos se aproximó un poco, y señalándome inquirió:

—¿Inglis? ¿Inglis?

Saqué mi salvoconducto, y recordando Wasswatla, lo mostré exclamando:

—¡Papel del Rey, Papel del Rey!

Esto pareció causar cierta impresión, e hicimos un movimiento para desembarcar, pero de nuevo alzaron sus armas, cuyos cañones parecían tan grandes como portones de iglesia. La cosa ciertamente se ponía color de hormiga y yo estaba un poco desconcertado, sin saber qué hacer. La prudencia nos decía que debíamos retirarnos; pero eso se podía interpretar como señal de temor, cosa que con los salvajes, lo mismo que con las bestias de la selva, es el modo más seguro de incitar al ataque. Por tanto, preferí aguardar tranquilamente el resultado de una conferencia que parecía estarse llevando a cabo, durante la cual noté que varias veces señalaban hacia mí con ademanes muy desconcertantes. Mientras esto sucedía, Antonio sacó con mucha cautela mi escopeta y mi revólver, y procurando no llamar la atención me entregó el revólver. Ya había dado muestras de apreciar mucho el revólver, desde que desempeñara un papel tan importante en mi primera entrevista con el patrón en El Roncador.

Al cabo de muchos debates, dos de los zambos, incluido el cacique, se aproximaron a nosotros en una canoa, cubiertos por las armas de los que se quedaron en tierra. Sin embargo, al ver mi revólver retrocedieron con evidente alarma. Así que lo guardé, extendí las manos abiertas y los saludé al estilo miskito, que se aplica por igual de día o de noche:

—Buenos días.

Ellos respondieron con el deje universal:

—Buenás, señó.

Mostré mi «Papel del Rey» de manera ostensible, y lo leí en voz alta de cabo a rabo, una lectura sin duda edificante. Cuando hube terminado, el cacique dijo: «¡Bueno, bueno!», no obstante, pareció recelar del contenido de nuestro bote, inquiriendo en su media lengua si teníamos «Osnabergs» y pauda o pólvora. Les expliqué lo mejor que pude que no éramos comerciantes, información que pareció no complacerles; pero cuando vieron mi damajuana mostraron más amabilidad, misma que yo me apresuré a alentar obsequiándoles una jícara del contenido.

Luego dieron muestras de su disposición a dejarme desembarcar, a condición de que les diera mi escopeta y mi revólver, a lo que yo me rehusé de modo severo y terminante. Finalmente, remaron hacia la orilla, haciendo señas para que los siguiéramos. Al desembarcar, a cada uno le obsequié un traguito, que ingirieron de una vez con indudables muestras de deleite. Los jefes, tras otro fallido intento por inducirme a entregar el revólver, me condujeron camino arriba, mientras Antonio y el muchacho paya se quedaron en el bote.

El poblado era desperdigado y miserable, aunque el sitio era de gran belleza. Se encontraba a la orilla de una extensa sabana, densamente cubierta de pastizales y salpicada de pequeños macizos de arbustos y grupos de pinares oscuros, que más parecía un bello parque diseñado con gran maestría que la escena de una costa salvaje e ignota en el trópico. A medida que avanzábamos, observé que todas las chozas eran relativamente nuevas y que había muchas partes quemadas, marcadas con postes chamuscados y horcones de chozas medio carbonizados. En uno de los sitios noté, entre los escombros, fragmentos de vajillas de barro de manufactura europea y trozos de revestimientos de cobre, que evidentemente procedían de algún navío.

Me condujeron a la choza del jefe, donde hicieron lugar para que me sentara en uno de los camastros. Trajeron una especie de bebida fermentada que yo no pude declinar. En realidad, no me gustaba el aspecto general de las cosas. En primer lugar, no había mujeres a la vista y, además, estaban los horrendos hombres con sus pistolas y sus lanzas, que, cuando no me escudriñaban a mí o a mi revólver —que parecía ejercer una extraña fascinación en sus ojos—, se concentraban en alguna clase de siniestra consulta. El jefe parecía particularmente ansioso por conocer qué rumbo llevaba y cuál era el objeto de mi visita. Mi suspicacia iba en aumento, así que me presenté como parte de un grupo de avanzada de otra gente que viajaba del Cabo costa abajo; y pregunté, a mi vez, qué clase de alojamiento podrían proporcionar a mis compañeros cuando llegasen. Mi pregunta lo desconcertó bastante, y vi que la ocasión era propicia para regresar al bote, pues ahora estaba del todo convencido de que se tramaba alguna truculencia. Hicieron un movimiento para impedirme el paso en la puerta, pero, al apuntarles con el cañón de mi pistola, me abrieron paso de inmediato, y avancé a paso lento hacia el desembarcadero, con los hombres armados tras de mí y clamando con enojo: «¡Mer'ka man! ¡Mer'ka man!».

Antonio estaba en la cima del banco, con mi escopeta, y una expresión de ansiedad. Se apresuró a susurrarme en español que media docena de hombres armados habían bajado por el arroyo en un bote, y que no tenía duda de que su intención era atacarnos. Y, por cierto, que los desgraciados cobardes blandían sus armas y daban salvajes gritos. De inmediato vi que sólo teníamos una vía de escape, que era tomar nuestro bote y alejarnos a la mayor prontitud. Esperé a que mis compañeros ocupasen sus puestos, caminé resueltamente hacia la ribera y abordé la canoa. Unos cuantos golpes de remo nos llevaron a cierta distancia de la orilla, antes que los zambos alcanzasen la cima del banco. Alisté mi escopeta para disparar al momento en que ellos manifestasen algún acto de franca agresión. Parecieron comprender el gesto y se contentaron con ir corriendo por la orilla tras nosotros, gritando «¡Mer'ka man!» y apuntándonos con sus armas entre los intersticios de los matorrales.

No tardamos mucho en ponernos fuera de su alcance; no obstante, ellos siguieron provocándonos con sus gritos hasta donde pudimos oírlos. Cuento esto como un afortunado escape del poblado, pero no estaba tranquilo con el grupo de hombres que había bajado por el río. Era seguro que estarían emboscados en alguno de los pasos oscuros de las orillas, y que nos podrían atacar en cualquier momento. Antonio y yo, pues, nos sentamos en el fondo de la canoa, vigilando bien la orilla, mientras en la proa el muchacho paya canaleteaba en silencio. Ya era casi de noche, y las sombras se cernían tan oscuras en el angosto arroyo que no podíamos distinguir nada. Continuamos navegando, alertas y furtivos. Habíamos llegado a una ensenada muy oscura, a corta distancia de la confluencia del río, cuando una gran canoa salió disparada de la orilla, al lado de nuestra proa, con el propósito evidente de interceptarnos. En el mismo instante, una andanada de flechas pasó silbando junto a nosotros; una o dos dieron en la canoa, y las otras se regaron en el agua. De inmediato empecé a disparar mi revólver, mientras Antonio, blandiendo la larga lanza para manatíes, saltó a proa. Al momento, nuestra canoa colisionó contra el bote rival, como decir «de frente», impactando sus costados podridos y anegándola en un santiamén. Antonio dio un desaforado grito de triunfo, atravesando con su lanza a los malvados, algunos de los cuales trataban de salvarse abordando nuestra canoa. Oí el golpe sordo de la lanza al atravesar el cuerpo de una de las víctimas y, con una sensación de asco, grité al muchacho paya —que también había asido una lanza para unirse a la matanza— que volviera a tomar el canalete. Así lo hizo, y en unos segundos estábamos fuera de la escena del combate, deslizándonos en la oscuridad. Vislumbré las belicosas siluetas de los hombres que se aferraban a su maltrecho bote, profiriendo los más terribles gritos de alarma y exasperación. El aguzado oído de Antonio captó otros gritos en respuesta, y pronto se hizo evidente que desde el poblado nos habían seguido en botes.

Convencidos de que nos perseguirían y que si lograban alcanzarnos seríamos avasallados por ser ellos más numerosos, la cuestión de nuestra seguridad dependía de que nuestro bote fuera o bien el mejor, o bien el más veloz. Yo estaba dispuesto a apostar por la velocidad, pero cedí ante Antonio, quien, válido de la ocasión, ocultó el bote bajo un árbol que pendía sobre el río, donde la vegetación enmarañada proyectaba sobre el agua una sombra impenetrable. Ahí esperamos el curso de los acontecimientos, con el aliento contenido. Poco después oímos un leve chapoteo, y a la incierta luz distinguimos tres canoas que pasaban raudas y en sigilo. Era obvio que los perseguidores pensaban que ya habíamos alcanzado el río, donde los manglares y las selvas impenetrables de las márgenes impedirían que nos escondiéramos o escapáramos. Aliviados por la sensación de resguardo momentáneo, el asunto vital era lo que haríamos a continuación para garantizar, a la postre, nuestra seguridad. La luna estaba por salir, y nuestros acosadores, al no hallarnos en el río, de inmediato adivinarían nuestro ardid, y como estábamos situados entre ellos y el poblado, el escape sería imposible. Abandonar el bote era tanto como buscarse una muerte miserable en la selva. Antonio sugirió la única alternativa factible. Eran solamente tres canoas, y cuando llegasen al río —razonó con astucia— era probable que dos de ellas nos siguieran el rastro río abajo, mientras la tercera sin duda nos buscaría corriente arriba. Así pues, nuestra estrategia consistiría en esperar para proseguir en la estela de la última, hasta que estuviese muy alejada de toda ayuda posible y luego, con un repentino coup-de-main, procuraríamos inutilizar o paralizar a nuestros oponentes, y buscaríamos luego la manera de internarnos, pues sin duda hallaríamos arroyos y otros sitios donde refugiarnos del acoso.

Mis compañeros se quitaron la ropa, para que no les estorbase en el agua en caso de accidente, y yo seguí su ejemplo, conservando nada más mi camisa oscura, por temor a que mi piel blanca resultase muy visible. Cargué mis pistolas con todo cuidado; puse un puñado de perdigones en cada cañón de mi escopeta, y empezamos a bajar por el arroyo. En cuestión de minutos llegamos al río, pero no pudimos ver ni oír las canoas de nuestros enemigos. Viramos rumbo para remontar la corriente, remamos de prisa pero en silencio y nos mantuvimos cerca de la orilla. Cada cierto tiempo, Antonio se detenía para aguzar el oído. Mientras tanto, noté con júbilo unas nubes densas por el oriente, que prometían prolongar la oscuridad, ocultando la luz de la luna que asomaba.

La excitación de la terrible noche de tormenta cuando naufragamos en «El Roncador» era una nimiedad comparada con lo que experimenté esa noche, canaleteando río arriba en la oscuridad. Me regocijaba por cada tramo que avanzábamos, pues tendía a hacer más equitativa la inevitable contienda, y daba la bienvenida a cada nube oscura que se cernía en el horizonte. Sentí que se avecinaba una tormenta; y que los elementos iban sumando aún más a la salvaje desesperación que gradualmente absorbía cualquier otro sentimiento o sensación. Al principio, cada uno de mis nervios se me crispaba, y me temblaba todo el cuerpo. Sentía como si tuviese fiebre con escalofríos; pero pronto pasó. Cada uno de mis músculos se puso tenso y las fuertes pulsaciones en mis sienes eran como hierro derretido que me corriera por las venas. Ya no buscaba cómo evadir la contienda, sino que aguardaba con ansia la hora de derramar sangre. Cada segundo parecía un siglo, y no sé cómo pude dominar mi impaciencia.

Mientras tanto, la amenazadora tormenta se cernía con la rapidez que es peculiar en los trópicos en víspera de un día muy caluroso. La oscuridad se hizo tan densa que varias veces dimos con el bote en la ribera, por pura falta de visibilidad. De pronto se abrieron los cielos y los refulgentes rayos empezaron a caer con destellos cegadores, que parecían calcinar los ojos. Un instante después se oyó el retumbo de un trueno, que resonó imponente en la selva virgen, seguido por unas gotas de lluvia que golpeaban como afilado acero sobre la piel desnuda, y calientes ráfagas de viento soplaban a lo largo del río. Al momento siguiente los cielos volvieron a encenderse con relámpagos, que fulguraban sobre el oscuro seno del río, revelando, justo frente a nosotros y a pocas yardas de distancia, la canoa hostil, de vuelta de una misión que sus ocupantes sin duda consideraban una persecución inútil. Sus recios gritos de júbilo y de salvaje desafío fueron ahogados por el retumbo del trueno, y un instante después las proas de ambos botes colisionaron, luego rebotaron y estuve a punto de caer al agua, pues me había puesto de pie para estar más seguro de descargar mi escopeta sobre los asaltantes. Hubo otro grito, y oí las flechas disparadas al azar en la oscuridad, que pasaban silbando sobre nuestras cabezas.

Reservé mi descarga hasta que los relámpagos se encendieran, para guiar mi puntería. No tuve que esperar mucho. Un tercer destello reveló al bote rival; vi que estaba lleno de hombres, y que en medio se encontraba el traicionero jefe del poblado. El fogonazo de mi escopeta y el del relámpago fueron simultáneos, hasta donde los sentidos humanos pueden discernir; y si bien la confrontación tiene que haber sido instantánea, antes de que la detonación fuese captada por el eco o ahogada por un trueno, vi caer a mi víctima y oí que su cuerpo se hundía en el agua. Nunca olvidaré el alarido de terror y de rabia que salió del bote, como para acrecentar la discordia furiosa de los elementos. Aún hoy suele despertarme de mis sueños, pero en ese entonces me inspiró el mayor gozo. Lancé un grito triunfal y alcé los brazos exultante en medio de aquella inmutable oscuridad. Unas flechas más, unas descargas de mosquete disparadas al azar hacia nosotros y el combate había terminado. Oímos lamentos y quejidos que se volvían cada vez más débiles y distantes, indicando que nuestros enemigos se retiraban del río. Otro fogonazo de relámpago los mostró a la deriva, a lo largo del banco, fuera del alcance de nuestras armas.

Nuestro objetivo se había cumplido; los enemigos habían quedado atrás, y ante nosotros se extendía una red ignota de lagunas y ríos. No teníamos más alternativa que avanzar; acaso hacia otros peligros mayores. Y aunque así fuera, no nos detuvimos en consideraciones, y durante toda aquella noche tormentosa remamos con infatigable energía. Hacia medianoche arribamos a una laguneta, en cuyas orillas vimos algunas fogatas, pero el cielo estaba todavía encapotado y escapamos sin que nos notaran. Al amanecer salió la luna y enderezamos el bote hacia la orilla, para refugiarnos durante el día en algún oscuro riachuelo. Por fin hallamos una abertura, y por ahí entramos a remo. A medida que avanzábamos se hacía más estrecha y estaba obstruida por ramas y troncos de árboles caídos. Entre algunos de ellos metimos nuestro bote con dificultad, y en otros echamos mano de los machetes para abrirnos paso. Tras incontables aprietos y fatigas dejamos atrás el pantano de manglares y llegamos a tierras altas, donde había muchas palmeras de coyol y unos cuantos pinos negros. Allí, agotados por los esfuerzos desmesurados y cuando ya la excitación no nos sostenía, levantamos un apresurado campamento. Para guardarnos de sorpresas, Antonio asumió la primera vigilia, así que me envolví en mi frazada y caí en un profundo sueño.

Y ahora, para esclarecer cualquier misterio que pudiera atribuirse a la conducta agresiva de los zambos en Quamwatla (pues este era el nombre del inhospitalario poblado), puedo explicar que en septiembre de 1849 la barcaza Simeon Draper, procedente de Nueva York y con destino a Chagres, y que llevaba pasajeros a California, tuvo un naufragio en la costa, cerca de la desembocadura del río Prinzapolka. Los restos de su casco, a los que ya he aludido, constituyen ahora uno de los principales puntos de referencia en esa monótona orilla. Todos los pasajeros escaparon a tierra y pudieron recuperar la mayor parte de sus pertenencias. Pronto fueron descubiertos por los zambos de Quamwatla, quienes, fingiendo amistad, cometieron sin embargo grandes depredaciones en la propiedad de los pasajeros. Se elevaron fuertes protestas al jefe, pero en vano. En realidad pronto se hizo evidente que él fue el principal instigador de los robos. Las noticias del naufragio se expandieron a lo largo de la costa, y gran cantidad de zambos se congregaron en el poblado. A medida que su número aumentaba, se mostraban osados y hostiles, hasta que la situación de los pasajeros se tornó peligrosa. Pronto recibieron intimidaciones de que preparaban un ataque, al que los pasajeros se anticiparon asaltando el poblado zambo. Los habitantes, tomados por sorpresa, huyeron tras algunos disparos de rifles y revólveres, y el poblado fue incendiado y arrasado por las llamas. A partir de entonces no volvieron a perturbar a los náufragos americanos, y al saberse su situación en San Juan, se despachó un navío en su ayuda, y fueron rescatados sin más peligro.

No fue sino hasta mi llegada a Cabo Gracias que yo me enteré de estos hechos, que dan cuenta del cariz que tomaron los acontecimientos en Quamwatla y de la hostilidad de los nativos. Todo inglés en la costa es un comerciante, y como yo rebatí esa condición, y más aún, portaba un revólver, no tardaron en figurarse que yo era americano.

Bajo todas las circunstancias del caso, nuestro escape fue casi milagroso. Después supe que en los dos encuentros tres de los asaltantes habían muerto fulminados, y que el traicionero cacique había fallecido de las heridas recibidas.

No es con un sentimiento de gozo que menciono este hecho; pues mientras viva no cesaré de lamentar la necesidad a que me obligaron las circunstancias, de quitarle la vida a un ser humano, por muy degenerado o criminal que fuese. No sé qué sacrificio no haría yo por restaurar a aquellos desdichados miserables y regresarlos a sus abandonadas chozas, y al rudo afecto del que aún los salvajes son capaces. Los sucesos de esa noche terrible han dejado una sombra en mi corazón, misma que, en vez de disipar, más bien ahonda.

X: CAMPAMENTO DEL TAPIR

la recepción que tuvimos en Quamwatla ciertamente no había sido como para alentarnos con las más alegres expectativas en cuanto a lo venidero. Sabíamos que hasta Cabo Gracias se extendía una vasta red de lagunas, ríos y riachuelos, pero nada sabíamos sobre el carácter y la disposición de la gente dispersa a lo largo de su intrincada costa. Regresar era impensable, y seguir adelante era cosa que requería cautela. Si por desventura nos enfrascáramos en otra contienda, difícilmente podríamos esperar un escape tan fácil como el que logramos en el último enfrentamiento.

Concluimos que, en cualquier circunstancia, mientras nuestro lugar de refugio nos pareciese seguro y en tanto no nos faltaran recursos, lo mejor era permanecer donde estábamos, hasta que desistiesen de la persecución, que estábamos seguros continuaría; o al menos, hasta que la luna menguara y nos permitiera una noche oscura para proseguir el viaje sin que nos detectaran. Con esta sabia resolución pusimos manos a la obra de levantar un efímero campamento.

Como ya he dicho, el riachuelo que habíamos seguido nos condujo al pie de un grupo de colinas de escasa altura, más bien crestas o promontorios, donde el terreno no era aluvial, sino seco y de gravas. Estas crestas difícilmente podrían llamarse sabanas, por más que estuviesen cubiertas con una especie de grueso pastizal, salpicadas en algunos lugares por matorrales de goma arábiga, pinares, y aquí y allá algún coyol o palmera espinosa. Entre estos terrenos comparativamente altos y la laguna se extendía un pantano de manglares, denso e impenetrable, con unos cuantos canales, entrecortados y angostos, formados por los arroyos que bajaban de las colinas.

Para nuestro campamento elegí el cobijo de una arboleda de fragantes pinos, donde el terreno estaba cubierto por una blanda alfombra parda de hojas caídas. Una cuerda amarrada entre los árboles sostenía la vela de nuestra embarcación, la cual tendimos a guisa de tienda, y la sujetamos con postes. Bajo esa tienda colgué mi hamaca, lo que me daba un refugio sombreado y fresco durante el día, y a salvo de la humedad y las lluvias por la noche.

En una pequeña hondonada herbosa que había en la vecindad hallamos un manantial. Para que el humo no nos delatara, no encendimos fogatas, salvo por la noche, y sólo en lugares donde la luz no pudiera reflejarse.

Acostumbrados como estaban mis compañeros a la vida silvestre y salvaje, parecían disfrutar del peligro y del aislamiento en que nos hallábamos. Eso les daba ocasión de lucir su ingenio y sus destrezas; y por cierto que asumieron ante mí un aire de complaciente condescendencia, algo así como la actitud del habitante urbano al mostrarle a su primo campesino las maravillas de la metrópoli.

Una de las primeras hazañas de Antonio, una vez que resolvimos aposentarnos ahí, fue talar varias palmeras de recio fuste. En sus troncos, cerca de la cúspide donde brotan las hojas, labró con cuidado un hoyo, atravesando la pulpa del árbol hasta topar la corteza leñosa del otro lado. Luego cubrió cada hoyo con un trozo de la misma corteza, a modo de tapadera. Observé con detenimiento la operación, pero no hice preguntas. Mas luego, en el transcurso de la tarde, Antonio retiró una de las tapas y me mostró la cavidad llena de un líquido espumoso, de un levísimo tono pajizo, tan delicado como el del vino Sauterne. Me obsequió un carrizo, y con aire satisfecho me hizo señas de que sorbiera. Me vinieron a la mente mis primeras experiencias con pajillas en los barriles de sidra de Nueva Inglaterra, y me reí al pensar que había venido a repetir la misma experiencia en el trópico. El jugo me pareció dulce y un tanto picante, pero en general rico, delicioso y vigorizante. Como podrá suponerse, hice varias visitas al reservorio de Antonio.

Esta palmera se conoce entre los españoles como coyol, y entre los miskitos como cockatruce. El jugo lo llaman los españoles «vino de coyol», pero los indios en general lo llaman chicha, nombre que se aplica a varias bebidas. Cuando se tala el árbol, se le cubre con lodo el extremo, para impedir que se extravase el jugo que impregna el meollo de la palmera. Luego, tal como describí, se le hace una perforación cerca de la cúspide, donde el líquido se acumula gradualmente, y en el curso de diez a doce horas llega a llenar el reservorio. Este depósito puede vaciarse a diario, y, sin embargo, mana de modo constante, según dicen, hasta por un mes. Si el árbol se expone al sol, el jugo comienza a fermentarse al tercer día, y se va haciendo más fuerte, hasta que al cabo de dos semanas resulta embriagador; es así que los zambos tienen un modo fácil de procurarse un «borracho grande». Los españoles afirman que el vino de coyol es un remedio para la indigestión y los dolores de estómago.

Los frutos de esta variedad de palmera crecen en grandes racimos. Son redondos y contienen una semilla muy sólida, tan saturada de aceite que parece cera refinada. Es superior en todos los aspectos al aceite de coco ordinario, y se podría obtener en cualquier cantidad si se hallara manera de separar la semilla de la cáscara. Su cáscara es gruesa, dura, negra y muy apta para labrarla con minucia y para bruñirla con gran brillo. Los indios suelen emplearla para hacer adornos.

En las depresiones húmedas u hondonadas, cerca de nuestro campamento, hallamos también otra variedad de palmera que sería de mucha utilidad a los viajeros en el trópico, como sustituto de otro mejor alimento vegetal. Me refiero al palmito real (Areca oleracea), que con justa razón se ha llamado «Reina de la Selva». Crece a gran altura; no suele ser más gruesa que el muslo de un hombre; sin embargo, llega a alcanzar unos ciento cincuenta pies de altura. Ningún otro árbol en el mundo la iguala en elevación y belleza. A corta distancia de la raíz, el tronco muestra una moderada turgencia, y se adelgaza suavemente hasta culminar en la corona esmeraldina, manteniendo en toda su longitud las proporciones más elegantes.

La parte comestible o «repollo» (según se le ha llamado por ser su sabor un tanto parecido a ese vegetal) constituye el tramo superior del tronco, de donde surge el follaje. Semeja por su forma una esbelta vasija etrusca, de color verde encendido, que se ensancha suavemente desde su pedestal y disminuye en forma gradual hacia la copa, donde extiende su plúmea fronda. Del propio centro de esta vasija natural surge una alargada y amarillenta vaina, o sphata, que termina en afilada punta. En el arranque de esta vaina, dentro del recipiente natural que he descrito, tiene un meollo blanco y tierno, un corazón, que varía en tamaño según las dimensiones del árbol, pero suele medir ocho o diez pulgadas de circunferencia. Este corazón puede comerse crudo, como ensalada, o, si se prefiere, frito o cocido. Más que al repollo, su sabor es parecido a la alcachofa.

Los indios trepan a esta palmera y diestramente insertan sus cuchillos para extraer la porción comestible sin destruir el árbol. Con el mismo artilugio de que se sirvió para cortar cocos en la isla de la Laguna de Perlas, Antonio nos estuvo suministrando corazones de palma, que fue nuestro principal medio de subsistencia en cuanto a vegetales. Descubrí que son más gustosos cuando se sazonan como es debido y se hornean en la tierra, con algunas tiras de grasa del manatí, a la manera que he descrito.

Las frutas de este árbol son pequeñas bayas oblongas de color azul purpúreo, como del tamaño de una aceituna, y contienen una nuez suave y quebradiza, que, a su vez, encubre una semilla cartilaginosa.

En las crestas donde crecen los pinos no falta vida animal. Unos grandes árboles de ceiba crecen a la orilla del pantano de manglares, sitio que por la noche es refugio de loras y chocoyos, que venían literalmente en bandadas como nubes; sus clamores, quejumbres, reclamos y alaridos hubieran ahogado la alharaca de los zanates más salvajes que pudieran hallarse. Al caer la noche y al amanecer nos resultaba en verdad difícil hacernos oír, aun cuando nuestro campamento distaba más de doscientas yardas de su refugio. Los nativos suelen comer loras, a falta de otro alimento, pero su carne es dura, seca e insípida, a diferencia de las codornices, que no solamente son abundantes, sino mansas, y tan confiadas que podíamos capturar cuantas quisiéramos con trampas de lo más sencillo. Adoptamos este método para procurarnos estas presas, ya que el muchacho paya no las mataba con flechas, ni usaba mi escopeta, porque el ruido las espantaría.

Día con día íbamos prolongando nuestras excursiones cada vez más lejos del campamento. Cada paso me revelaba cuando menos algo nuevo e interesante. Creo que fue al tercer día de nuestro arribo cuando llegamos a una parcela de terreno bajo, densamente arbolada, a una media milla de nuestro campamento. Atraído por unas brillantes flores, avancé unas pocas yardas en el matorral, y para mi sorpresa, descubrí lo que parecía ser un sendero bien trillado; anduve un buen tramo, siguiendo el rastro de varias huellas extrañas impresas por aquí y por allá en el terreno húmedo. Mientras las escudriñaba, me sobresaltó el ruido de un animal que se acercaba a paso veloz, aunque torpe y pesado. Alcé la vista y miré una bestia de color plomizo, casi del tamaño de un burro grande, con la testuz agachada entre las patas delanteras, que avanzaba hacia mí con trote acompasado. Pensando que venía directo a atacarme, de un salto me metí en el matorral, con la intención de treparme a un árbol. Pero antes que pudiera lograr mi objetivo, el monstruo pasó de largo sin advertir en lo más mínimo mi presencia. Respiré aliviado cuando miré su ancha grupa y su cola, como de cerdo, desaparecer por el sendero. Salí del boscaje de un modo quizá más expedito que gallardo o valiente. Antonio, que andaba a la caza de un robusto pavón, había escuchado el ruido y presenció mi retirada. Pareció alarmarse de momento, pero sólo se sonrió cuando le conté lo que había visto. En realidad le pareció más bien cosa de chiste, y se apresuró a examinar las huellas. Al poco rato volvió para informarme que el monstruo era «solamente una danta», que yo supuse que era el modo indígena de nombrar lo que a mí me pareció por lo menos un hipopótamo o rinoceronte.

—Vamos a tener una rara diversión —agregó— cazando esa danta; será lo mismo que cazar un manatí.

Tras indagar, averigüé que en el dialecto miskito la llaman tübba o tapia, nombres que de inmediato me sugirieron al tapir, animal sobre el cual había leído, pero del que tenía muy vaga noción.

El muchacho paya parecía encantado al saber que había un tapir en los alrededores, y en menos de cinco minutos tanto él como Antonio estaban afilando sus arpones y lanzas, con la intención evidente de acabar con la vida de mi monstruo. Me contaron que, por lo general, el tapir se mantiene quieto durante el día, y que por la noche sale a determinados sitios, siguiendo las mismas rondas, para hacer ejercicio y alimentarse. No fue poco el alivio que sentí cuando me contaron que nunca ataca a hombres ni a bestias, sino que debe su seguridad a su presteza, a su gruesa piel y a su habilidad para entrar al agua, donde se siente tan a sus anchas como en tierra, nadando o hundiéndose a su gusto hasta el fondo. No obstante, es una bestia osada, y cuando se alarma o se le persigue, no se arredra ante nada: sean lianas, matorrales, árboles o rocas, todo le da lo mismo. Serviría bien para un escudo de armas, teniendo como lema «el pescuezo o nada».

Por su forma, la danta o tapir (algunas veces llamada vaca de monte) se parece algo a un cerdo, pero es mucho más grande. Tiene como éste el lomo arqueado; la cabeza, sin embargo, es más gruesa y termina en una cresta en punta. El macho tiene un hocico o trompa que cuelga sobre la abertura de la boca, como la trompa de un elefante, y la usa de igual manera. Todo eso le falta a la hembra. Sus orejas son redondas, con un borde blanco, y puede moverlas hacia adelante a su gusto; las patas son gruesas y cortas; los cascos delanteros están divididos en tres partes o dedos, con una especie de casco falso por detrás; pero las patas traseras tienen sólo tres partes o divisiones. La cola es corta y está marcada por unos cuantos pelos hirsutos; el cuero es tan duro y sólido que suele resistir una bala de mosquete; la pelambre es fina y corta, de un tono pardo oscuro; y a lo largo de la cerviz le corre una crin hirsuta, que se extiende sobre la cabeza y hacia abajo del hocico. Presenta diez incisivos y un número igual de molares en cada quijada. Estas características la distinguen de la familia de los bóvidos y de cualquier otro rumiante. Se alimenta de plantas y raíces y, como mencioné, es por completo inofensiva. La hembra pare sólo una cría, con la cual es muy solícita y desde temprana edad la lleva al agua y le enseña a nadar.

Terminada esta descripción, el lector está listo para acompañarnos en nuestra expedición nocturna contra el tapir. Antes de oscurecer, Antonio y el muchacho fueron al bosquecillo que ya he descrito y tumbaron en el sendero varios árboles grandes, de modo tal que hicieran un cul-de-sac. La intención era detener al animal a su regreso y arponearlo antes que pudiese huir o soltarse. Fuimos al lugar temprano al atardecer; y puesto que la luna no salía sino hasta muy tarde, Antonio usó su sombrero para recoger un buen puñado de luciérnagas, que nos sirvieron para alumbrarnos en el matorral. Tras quitarles las alas, las esparció entre los árboles caídos, donde daban luz suficiente para permitirnos distinguir objetos con bastante claridad. Por más que Antonio asegurara que el tapir era miembro de la Sociedad Pacifista, no podía alejar de mi mente el susto que me había dado en la mañana, y me alegré de que mis compañeros hubiesen escogido para la matanza un lugar donde un gran árbol inclinado me permitía resguardarme de cualquier daño, y al mismo tiempo estar lo bastante cerca para atinar un furtivo lanzazo al tapir, si llegara a pasar por ahí.

Antonio y el muchacho paya tomaron sus puestos entre los árboles caídos; yo tomé el mío y aguardamos al gusto de la danta. En vano me esforzaba por ver en la oscuridad, y la mitad del tiempo contuve el aliento para escuchar el esperado trote. Pero vigilamos, aguzamos el oído y esperamos en vano; las luciérnagas transitaban en todas direcciones, y el obstinado tapir no aparecía. Al cabo salió la luna y se remontó lenta sobre los árboles, y todavía nada del tapir.

Mi sitio en el árbol me estaba resultando incómodo, y haciendo una comparación entre la cacería del tapir y la del manatí, me decidí muy a favor de esta última. Por fin, cuando Antonio musitó «¡Ahí viene!», sentí un fuerte impulso de contradecirle; pero al instante capté el mismo sonido apagado que había llamado mi atención en la mañana, y tras unos momentos pude distinguir a la bestia en la tenue luz, avanzando con el mismo trote acompasado. Apareció de pronto, precipitada y sin cautela. ¡Crac, crac!, hubo un corcoveo y una lucha, un crujir y pisotear de ramas, después el sonido amortiguado de la pesada bestia embistiendo contra los impasibles troncos de los árboles caídos. Ahora se había detenido un poco, y mis compañeros, dando un grito, acometieron con sus lanzas, que emitieron un agudo sonido metálico al clavarse en el duro y grueso cuero del animal. Fue un momento emocionante.

Mi curiosidad venció a la prudencia. Me apeé del árbol y me sumé al ataque. Golpe tras golpe de las lanzas, sentía que la mía entraba profundamente en la carne y me parecía también que tocaba las meras entrañas vitales del animal. Pero los golpes parecían dar nueva fortaleza a la bestia, y, volviendo a incorporarse, embistió de nuevo contra el árbol que tenía al frente, derribándolo. Yo acababa de saltar al tronco para apuntar mejor con mi lanza, y me precipité con ella casi debajo de las patas del animal que forcejeaba. Un pisotón le hubiese bastado para aplastarme como un gusano, pues estaba tan cerca que podía tocarlo con mi brazo. Oí el grito alarmado de Antonio cuando me vio caer; pero al instante saltó a mi lado y clavó su lanza con impetuosa fuerza bien adentro del animal, haciéndole caer de bruces. Hecho esto, me asió como si fuera un niño y, antes que pudiera percatarme, me había arrastrado fuera de los troncos caídos. El lanzazo de Antonio resultó fatal; el tapir cayó de costado y en cuestión de momentos estaba bien muerto.

Se envió al muchacho paya al campamento en busca de fuego y astillas de pino, las que, sembradas en torno al tapir, hicieron las veces de antorchas. Con esa luz, mis compañeros procedieron a destazar al animal; una operación tediosa que les ocupó hasta el amanecer. Ya no esperé; volví a mi hamaca, y los dejé que terminaran su tarea sin molestarlos con mis preguntas.

Cuando desperté por la mañana encontré que Antonio había puesto la cabeza del tapir a hornearse bajo tierra, de donde surgía un vapor caliente pero aromático. Resultó muy buen manjar, lo mismo que las patas y el pescuezo, pero el resto de la carne era en general desagradable, dura e insípida, aunque mis compañeros parecían disfrutarla mucho. Como la carne del manatí, me resultó en extremo laxante.

Para darse una idea del apego del tapir a la vida, digo que conté hasta treinta lanzazos en el cuerpo del que matamos, ninguno de los cuales tenía menos de seis pulgadas de profundidad, y casi todos penetraron en la cavidad del cuerpo. Raras veces sucede, pues, que el animal sea víctima de un solo cazador. El cuero es bastante grueso, creo que más duro que el del manatí, al que se parece mucho cuando está seco.

Aburriría al lector si narrase todos los detalles de nuestra vida en el «Campamento del Tapir», como lo llamé en memoria de la hazaña que acabo de relatar. Durante los ocho días que pasamos ahí, aprendí más que nunca de la naturaleza y sus prodigios. Pasaba horas mirando las filas de los zompopos negros, siguiéndolos hasta sus nidos en los árboles, donde formaban masas negras del tamaño de un barril, hechas con fragmentos de hojas amalgamadas. Toda la hierba, hojas, tallos y demás obstáculos habían desaparecido de esos senderos, de cuatro a seis pulgadas de ancho, y a lo largo avanzaba una continua columna de hormigas, miles de miles; unas salían del nido marchando por un flanco del sendero, y otras iban hacia el nido por el otro flanco, apurándose las unas a las otras, cada una llevando a cuestas un trozo de hoja verde, quizás de media pulgada cuadrada; parecían un ejército con sus estandartes. A veces me divertía en poner obstáculos en su sendero, y en observar el tropel de las columnas interceptadas. Podían verse entonces flotas de mensajeros apremiados rumbo al nido, y de inmediato el sendero se congestionaba por un voluminoso refuerzo, invariablemente encabezado por ocho o diez hormigas de mayor tamaño, que parecían ser las ingenieras de la colonia. Estas subían por encima y en torno al obstáculo, como calculando la posibilidad de efectuar su remoción. Si no resultaba demasiado pesado, disponían sus regimientos para arrastrarlo con un gran esfuerzo simultáneo. Pero si al examinarlo consideraban que la remoción era imposible, ambas columnas se afanaban juntas y pronto trazaban un caminito para rodear el obstáculo, quitando todas las hierbas, hojas, palitos y piedrecillas con destreza consumada. Ni las tropas mejor entrenadas podrían trabajar de modo más sistemático e inteligente, ni cumplirían su faena con más presteza y energía que estas hormigas. Una vez concluida la tarea, las ingenieras, marchando a la cabeza de sus obreras, se apresuraban a volver por donde habían venido, prestas a cumplir la próxima demanda con sus fuerzas y destrezas.

Aquí puedo mencionar que en los trópicos las hormigas son innumerables. Pululan por doquier en incontables variedades, desde diminutas criaturas de proporciones microscópicas, hasta las que tienen el tamaño de nuestra avispa. Siempre es necesario, cuando se está en tierra, colgar las provisiones en las ramas de los árboles, pues de otro modo las devorarían literalmente en una sola noche. Hay una variedad, que los españoles llaman hormiga, que tiene un apetito insaciable por el cuero, en especial por las botas, las que en pocas horas se comen dejando en ellas muchos agujeros. En todas las variedades de acacia cunde una hormiguita roja, la «hormiga de fuego», cuya mordedura es como el pinchazo de una aguja al rojo vivo. El infortunado viajero que se ve invadido por ellas en cantidad considerable pasa un buen tiempo fuera de quicio; es difícil imaginar un tormento más agudo.

Miles de abejitas de colores tenues se aglomeraban en torno a los troncos caídos de coyol, para libar el líquido meloso que exudaban cuando el jugo empezaba a fermentar. Pronto me percaté de que estas avispas carecen de aguijón, y me divertía observando su afanoso celo. Gradualmente descubrí que, tras recoger cada cual su ración, se elevaba en el aire en una sucesión de circuitos, y luego salía disparada en cierta dirección. Siguiendo su curso con mucha atención, logré rastrearlas hasta el hueco de un árbol, retorcido y de escasa altura, que se hallaba al borde del pantano, y allí tenían su colmena. Por supuesto, consideré que era un descubrimiento afortunado, y no tardamos en sacar ventaja del hallazgo. Menos escrúpulos tuve para cortar el árbol y expulsar a sus atareadas moradoras, habida cuenta de que no hay invierno para el cual deban proveerse, y les sería fácil cuidar de sí mismas. La provisión de miel resultó muy escasa, y parecía haber sido acopiada principalmente para alimentar a sus crías. Sólo cuatro botellas logramos llenar. Su sabor resultó muy distinto al de la miel que tenemos en el norte, pues tiene un gusto ácido, picante, un tanto fermentado, que causa, cuando se ingiere pura, una asfixiante contracción de los músculos de la garganta. Antonio la mezcló con un poco de chicha de coyol, que, ya fermentada, produjo un delicioso, pero fuerte y muy embriagante liqueur.

En la tarde del octavo día, una vez que la luna hubo alcanzado su último cuarto, cargamos nuestro botecillo, y al caer la noche lentamente nos abrimos paso por el pequeño canal obstruido, hasta la laguna que se abría hacia el norte. Remamos vigorosamente por en medio, haciendo lo mejor posible para evitar que nos viesen desde la orilla. La noche estaba oscura, pero maravillosamente tranquila, y se podía oír claramente el batir de los tambores de los poblados en la costa oriental, por más que debían haber estado a una distancia de unas tres millas.

Abandoné el «Campamento del Tapir» con verdadero pesar. Los días habían pasado tranquilos, y había disfrutado de gran calma y contento, sensaciones que antes desconocía por completo. Por primera vez pude comprender el sentimiento de ganar fuerza cada día, que induce a los hombres, algunas veces a los más prósperos e inteligentes, a huir del mundanal ruido y a buscar en el más completo retiro la paz que sólo puede hallarse en el contacto directo con la naturaleza y en la comunión sincera con uno mismo.

XI: LAGUNAS DE LA COSTA DE LA MOSQUITIA

Como relaté anteriormente, a lo largo de la costa, saliendo del río Prinzapolka en dirección norte, como he dicho, se extiende una red de ríos y lagunas a una distancia de por lo menos ciento cincuenta millas, que termina cerca de Cabo Gracias. Estas lagunas son anchas y poco profundas, y están bordeadas por extensos pantanos. Por extraño que resulte decirlo, dondequiera que se encuentre terreno firme se presenta como una sabana arenosa, ondulante, con escasos árboles, salvo el pino rojo de largas agujas. Estas sabanas sólo son aptas para pastoreo, pues el suelo es demasiado magro y pobre para cultivarse, y no sirve para sembrar ningún producto básico, ni ninguno de los muchos vegetales suculentos que hay en los trópicos, excepto la yuca. La población de la Costa de la Mosquitia al norte del Prinzapolka, esparcida y rala, por lo general vive junto a las lagunas, y suelen elegir las sabanas para establecer sus villas, debido a que son esencialmente pescadores y subsisten a base de los productos del mar. En los islotes frente a la costa abundan las tortugas, y en los ríos, arroyuelos y lagunas pululan peces de casi todas las variedades conocidas en los trópicos. Los pocos vegetales que necesitan los obtienen tierra adentro, por las riberas de los ríos, donde las corrientes fluyen en sus depresiones antes de perderse en las bajas planicies costeras.

Las plantaciones en estos ríos pertenecen a los verdaderos indígenas, cuyo número aumenta hacia el interior, y ellos a su vez suministran a los zambos, o habitantes del litoral, no sólo vegetales, sino también varias clases de botes, a cambio de piezas de algodón, hachas, baratijas y otros artículos que traen los comerciantes forasteros. El carácter y los hábitos de estos indios son muy diferentes a los de los habitantes del litoral, que son borrachos, haraganes y viciosos, mientras que los indios son apacibles, laboriosos y morigerados. Las diferencias que he señalado entre los indígenas asentados en el Río Grande y los zambos que pueblan Wasswatla son las mismas por todas partes, excepto que cuanto más se adentra el viajero desde Bluefields hacia el norte, más viles y brutales se vuelven los zambos.

Al tratar de abrirme paso en el laberinto de aguas que teníamos por delante, mantuve en mente lo que siempre tenía, es decir, procuré penetrar tierra adentro en vez de buscar la costa. Así pues, cada vez que se presentaban dos o más canales, invariablemente tomaba el de adentro. Esta disposición muchas veces nos condujo a los ríos que fluyen del interior, pero su corriente nos permitía rectificar prontamente los errores.

Ningún incidente rompió la monotonía de nuestra primera noche después de haber salido del «Campamento del Tapir». Al alba remamos por la primera abertura que encontramos entre los manglares que ofreciese lugar para escondernos. Tuvimos las dificultades usuales de toparnos con árboles caídos y ramas colgantes, pero al romper el día habíamos logrado abrirnos paso hasta un lugar donde el riachuelo entraba en una especie de laguna secundaria, muy poco profunda y llena de isletas arenosas, parcialmente cubierta de pastos y plantas acuáticas. En un lugar de la orilla el terreno se elevaba unos cuantos pies, donde crecían cantidad de árboles, grandes y viejos, densamente cubiertos de lianas, y bajo ellos acampamos.

Tras una muy frugal comida, colgué mi hamaca entre los árboles y me eché a dormir. Desperté al mediodía y pasé el resto del día observando las diferentes formas de vida animal que encuentran refugio en estos aislados parajes. Me parecía como si todas las aves acuáticas del mundo se hubiesen congregado aquí, en un armonioso cónclave. Garzas de largas patas y cuellos recogidos, con sus picos amarillos reposados en el pecho, permanecían meditabundas, sostenidas en una sola pata. Bandadas del ibis blanco y escarlata correteaban afanosas por los espacios arenosos abiertos. Los anhingas o patos-aguja, de serpentino cuello y vista alerta, se posaban en los árboles de los alrededores, las únicas aves de todo aquel concierto que parecían notar nuestra intrusión. También había grullas y garzas espátulas, torpes y de chabacana apariencia (¡como ricachones payaseando!), y ocasionalmente un pequeño escuadrón de zarcetas de alas azules que nadaban graciosamente.

Por encima, unas cuantas lapas bullangueras buscaban refugio del calor de mediodía. Entre ellas descubrí, por primera vez, la variedad verde, una especie más modesta y, para mi gusto, mucho más bella que su prima de exaltados colores. Los grandes árboles a los que he aludido eran de la variedad conocida como ceiba, o árbol de algodón-seda. Estaban entonces en su floración, coronados con una profusión de flores de ricos y variados colores, aunque dominaba el carmesí brillante. Era todo un novedoso espectáculo ver un gigantesco árbol de cinco o seis pies de diámetro, y ochenta o noventa pies de alto, irradiando largas y gruesas ramas, y produciendo flores como un rosal —¡una especie de extravagante sombrerero! Visto desde abajo, las flores eran escasamente visibles, pero su fragancia era embriagadora, y el suelo estaba tapizado de sus bellas hojas y sus delicados pétalos. Pero visto de cerca, una ceiba en flor es una de las creaciones más espléndidas de la Naturaleza; un gigantesco ramillete que requiere el contraste de toda una selva en su verdor. Las flores son pronto reemplazadas por una multitud de bayas que crecen del tamaño y forma de un huevo de ganso. Cuando están maduras revientan, revelando un interior lleno de una fibra muy suave, como seda o algodón liviano, pegada como boya a las diminutas semillas, que luego flotan por doquier llevadas por los vientos. Este proceso se repite tres veces al año. No sé si este tipo de algodón haya sido manufacturado alguna vez, o si se aplica a algún propósito más útil que el de rellenar almohadas y colchones.

El tronco de la ceiba, sin embargo, es invaluable para los nativos. Su madera se trabaja fácilmente, y es además liviana y flotante, y no propensa a rajarse por estar expuesta al sol. Por estas razones, se usa principalmente para construir dories, pipantes y diferentes tipos de botes que se usan en la costa; aunque para canoas más pequeñas, muchas veces se prefiere el cedro y la caoba. Los botes de caoba, empero, son un poco más pesados, en tanto que el cedro tiende a rajarse. He visto dories hechos de un solo tronco de ceiba, en cuyo fondo cómodamente podría acostarse de través un hombre alto, y que tienen capacidad para transportar cincuenta personas.

Pero las ceibas de nuestro campamento, además de su propio verdor, cargaban una maraña de lianas o bejucos, de muchas variedades, y también numerosas plantas parásitas, entre ellas el pino silvestre o planta de lluvia, que nos fue de muchísima utilidad. Varias de estas plantas crecían en las principales bifurcaciones de las ramas, a una altura de cuatro a seis pies. Sus hojas son anchas y se ovillan como un rollo, formando reservorios donde la lluvia y el rocío se recogen y se retienen, a salvo del sol y del viento. Cada hoja contiene casi un cuarto de galón de agua que se mira clara y tentadora en su verde y translúcido cáliz. De no haber sido por la planta de lluvia, hubiéramos padecido frecuente sed entre aquellas lagunas salobres, donde el agua fresca es difícil de obtener:

Al caer la noche reanudamos nuestro furtivo curso hacia el norte, guiados por la consabida estrella polar, que aquí gira tan baja en el horizonte que apenas es visible por encima de los árboles. La larga y estrecha laguna se angostaba cada vez más, hasta quedar reducida a un solo canal, quizás de unas cien yardas de ancho, densamente bordeada de manglares, los que, alzados como una pared a ambos lados, nos impedían distinguir la índole del territorio situado detrás. No obstante, al pasar por algunos de los numerosos meandros, pude captar el vislumbre de colinas distantes y terrenos elevados hacia el interior. Pronto el canal empezó a enrumbarse al noreste, y había una corriente considerable en esa dirección. Me preocupaba que, no obstante toda mi cautela, hubiera perdido el rumbo hacia las lagunas y tomado alguna de las salidas al mar. Pese a todo continuamos navegando de modo rápido y sostenido, sin descubrir ninguna señal de habitantes en las riberas, hasta cerca del amanecer, cuando mis sospechas fueron confirmadas por un sonido monótono, que no me fue difícil reconocer como el batir del mar. Me sentí sumamente aliviado cuando el estrecho canal que atravesábamos se abrió de pronto en una bella laguna, la cual posteriormente confirmé que se llamaba Laguna de Tungla, hoy conocida como Laguna de Wounta. Es de forma triangular y se extiende hacia el noroeste.

Cansado de esquivar a los zambos, y puesto que el viento estaba soplando, determiné izar la vela y mantenernos osadamente en la laguna, asumiendo el riesgo de que nos reconocieran y nos persiguieran. Nunca hubo día más brillante en la tierra, y nuestro botecillo parecía competir para ganarle al viento. Haciendo acopio de confianza en nuestra velocidad, saqué mi caña de pescar y, colocando un trapo de algodón al anzuelo, lo dejé a la sirga tras el bote. Apenas había tocado el agua cuando fue atrapado por una especie de pez roca, que los ingleses residentes llaman pargo, y los miskitos cowatucker.

Tiene sólo unas diez o doce pulgadas de largo, pero es ancho y pesado. Antonio lo reconoció como uno de los mejores entre los peces pequeños, y yo continué el deporte de pescarlos hasta tener tantos, que pescar más hubiera sido un necio desperdicio. Encontré que son de dos variedades, el negro y el rojo, siendo este último el más sabroso. También cogí dos peces de una clase más grande, llamada barracouta, cada una de casi veinte pulgadas de largo, parecida a nuestro bluefish, e igualmente voraz, y su carne es firme y gustosa. No estoy seguro de que no haya sido un verdadero bluefish, aunque después pesqué algunos en la bahía de Honduras que tenían entre tres y cuatro pies de largo.

A fin de aprovechar a plenitud el beneficio de la brisa terrestre, nos mantuvimos del lado que da al mar; es decir, del lado oriental de la laguna. A medida que ésta se estrechaba nos fuimos arrimando a la orilla. Había observado algunas palmeras en ese mismo lado de la laguna, pero el terreno era tan bajo y tan enmarañado de vegetación que dudé si los árboles eran señal, como suelen ser, de que hubiese un poblado al pie. Mantuve, sin embargo, acuciosa vigilancia y el bote bien ceñido al viento, para deslizarnos sin ser notados. Apenas cuando estuvimos cerca de las palmeras advertí señales de habitación humana, y luego observé que había gran cantidad de canoas ancladas en una pequeña bahía, y aguzando la vista entre los árboles vi claramente un gran conjunto de chozas. Varios de los habitantes se movían entre las canoas. Observé también que nuestro bote había atraído la atención, y que varios hombres acudían presurosos a la orilla. Mi esperanza era que se contentaran con vernos de largo, y no fue poco mi disgusto cuando vi dos grandes botes salir del embarcadero. No nos detuvimos a especular sobre sus intenciones; más bien tendimos nuestra vela hasta el último pliegue, y cada uno tomó un canalete, con la determinación de obligar a nuestros perseguidores a una buena partida de caza, como nunca antes la hubo en la Costa de la Mosquitia. Eran las tres de la tarde, y confiaba en que no podrían darnos alcance, y, si lo lograsen, no sería antes de la noche, hora en que sería relativamente fácil eludirlos.

Nuestros perseguidores no tenían velas, pero sus botes eran más grandes, y con muchos hombres más acostumbrados al remo que Antonio o yo. Mientras hubo viento fuimos ganando distancia, pero al caer el sol menguó la brisa y nuestra vela se volvió inútil. Así que nos vimos obligados a arriarla y a valernos solamente de los canaletes. Esto dio a nuestros perseguidores nuevo brío, y oíamos sus gritos haciendo eco desde las orillas. Al caer la noche habían acortado su distancia a menos de la mitad de la que había al principio, y estaban tan cerca que casi podíamos distinguir sus palabras, pues en estas lagunas, cuando las noches son tranquilas, se pueden distinguir las voces a una milla de distancia. La laguna se estrechaba cada vez más, y era evidente que se iba angostando tanto como el canal por donde habíamos entrado. Eso nos era adverso, pues si bien al caer la oscuridad casi habíamos perdido de vista a los perseguidores,

¡PERSECUCIÓN!

nuestra seguridad dependía enteramente de lograr escabullirnos, sin ser notados, por algún arroyuelo estrecho. En vano nos esforzamos por descubrir tal escondite. Los manglares presentaban un frente oscuro e impenetrable.

Me vi forzado a reconocer que, pese a todos nuestros esfuerzos por evitarlo, nos íbamos a meter en otra contienda. Puse a un lado el canalete y saqué mi escopeta, y entonces sentí de nuevo el mismo escalofrío que precedió nuestro combate en Prinzapolka, y que ya he descrito. Tuve que esforzarme al máximo para evitar que se oyera el castañeteo de mis dientes. Tenía una singular y dolorosa sensación de llenura cerca del corazón. Tan acusadas eran todas esas manifestaciones que, a pesar del peligro, me sentí contento de que estuviera la noche tan oscura que mis compañeros no pudiesen notar mi debilidad. Pero pronto se me hincharon de sangre las venas de las sienes, y me punzaban con tensa agudeza, como vibra la cuerda de un arco; y los músculos se me pusieron rígidos y duros como hierro. ¡Estaba listo para la lucha sangrienta! ¡Sólo en dos ocasiones he sentido estas terribles sensaciones, y quiera Dios que no me vuelvan a atormentar los nervios nunca más!

Nuestros enemigos estaban ya tan cerca, que estaba yo a punto de disparar un tiro al azar, cuando con una reprimida exclamación de júbilo Antonio viró de súbito la canoa hacia un angosto arroyo, donde los manglares se abrían a ambos lados, como paredes. El pasaje medía escasamente veinte pies de ancho, que pronto se redujeron a diez o doce. Avanzamos por él rápidamente, quizás unos doscientos metros, cuando Antonio se detuvo para escuchar. Yo no oía nada, y le di orden de continuar, pero el sagaz indio dijo: «¡No!» e inclinándose con cuidado sobre la borda, sumergió la cabeza en el agua. Se estuvo así unos segundos; luego se incorporó exclamando: «¡Ahí vienen!» Nuevamente tomamos los canaletes e impulsamos el bote por el estrecho arroyuelo a una velocidad increíble.

Yo estaba tan ansioso por darles un balazo a nuestros perseguidores, que difícilmente comprendí lo que intentaba Antonio cuando se detuvo de pronto, me puso en las manos su canalete, e intercambiando unas cuantas palabras apresuradas con el muchacho paya, se puso cada uno un machete en la boca y saltaron al agua. Tuve la súbita sospecha de que me habían abandonado y por un momento me quedé inmóvil. Un momento después me llamaban desde la orilla, diciéndome: «¡Reme, reme!», y en ese mismo instante sonaron sus machetazos contra los troncos de los manglares. De inmediato comprendí que estaban talando árboles para cruzarlos a través del estrecho arroyo, y obstruirles el paso a nuestros perseguidores. Tiré a un lado el canalete y tomé de nuevo mi escopeta, decidido a proteger a mis leales amigos de cualquier peligro. Nunca me perdoné por aquella momentánea y poco generosa desconfianza que les tuve.

Nuestros perseguidores oyeron los golpes y, entendiendo sin duda lo que estaba sucediendo, dieron grandes gritos y redoblaron su velocidad. ¡Cüng, cüng! sonaban los machetes en la dura madera. ¡Oh, cómo deseaba oír el estrépito de los árboles al caer! Pronto uno de ellos empezó a crujir, otro machetazo y cayó el tronco, chapoteando en el agua que era un gusto. Otro crujido, un rápido crepitar de ramas, y otro chapoteo en el agua. Era nuestro turno para dar voces.

Di a Antonio y al muchacho paya un efusivo abrazo cuando, chorreando agua, volvieron a trepar a nuestro botecillo. Navegamos unas yardas aguas arriba del arroyo, nos detuvimos cerca de un banco lodoso, y aguardamos a nuestros perseguidores. «¡Vengan ahora — les grité— y ninguno de ustedes cruzará vivo esta burda barrera!»

El primer bote avanzó con osadía hacia los árboles caídos, pero la descarga de uno de los cañones de mi pistola lo hizo retroceder precipitadamente fuera de alcance. Pudimos distinguir una apurada conversación entre los ocupantes del primer bote y del segundo, cuando este último apareció. No duró mucho la conferencia, y al terminar, Antonio, mostrándose más alarmado que nunca antes, me asió del brazo y me explicó de prisa que el segundo bote se regresaba, y que el estrecho arroyo en que estábamos sin duda alguna se comunicaba con el canal principal por una segunda desembocadura. Mientras un bote nos bloqueaba el paso al frente, el segundo se aceleraba para asaltarnos por la retaguardia. Comprendí de inmediato el movimiento.

Las deliberaciones fueron breves, pues ahora nuestras vidas dependerían de mejorar nuestra celeridad. Navegamos aguas arriba con sigilo, a la mayor rapidez posible y atreviéndonos apenas a respirar. Tal como Antonio había conjeturado, el arroyo pronto torció su curso de vuelta hacia el estuario. Habíamos seguido nuestro curso quizás diez o quince minutos —que parecieron horas— cuando oímos que el segundo bote se aproximaba. De inmediato nos arrimamos a la orilla, buscando el escondrijo más oscuro que pudimos hallar. Apareció el bote, y los remeros, muy seguros del éxito de su treta, se esforzaban al máximo. Fue un momento de gran suspenso, y para nuestro inenarrable alivio, el bote pasó de largo sin descubrirnos. Volvimos a tomar los canaletes y aceleramos en nuestro curso; pero antes de entrar en el canal principal, mis compañeros treparon a los manglares que se inclinaban sobre la ribera, y en un abrir y cerrar de ojos habían derribado otros árboles a lo ancho del arroyo, para así encerrar por completo al bote que había intentado sorprendernos.

La artimaña fue exitosa; pronto salimos del arroyo, y habiéndose levantado una brisa marina favorable a nuestro curso, pudimos izar la vela y desafiar a los perseguidores. No volvimos a ver a nuestros entusiastas amigos de la Laguna de Tungla. Poco después de la medianoche llegamos a otra laguna más grande, llamada Laguna de Wawa, hoy laguna de Karata. Maltrechos y agotados tras casi dos días de vigilia, de arduo trabajo y de excitación, arrimamos nuestro bote a la orilla de una isleta que apareció, y lo arrastramos hacia los matorrales. Encendimos una fogata, cocinamos nuestros pescados y luego me eché a dormir en la canoa. Tenía plena confianza en que ya no nos perseguirían, pues estábamos muy lejos de la costa y en territorio de indios sin mestizaje, que, aun sin darse cuenta de las intenciones de los zambos, mantenían hacia ellos una actitud tan abiertamente hostil, que aquellos rara vez se aventuraban a entrar en ese territorio.

Me desperté cerca del mediodía, pero sofocado, con un sordo dolor de cabeza, una sensación de escalofrío, gran laxitud y falta completa de apetito. Si nuestro campamento hubiese estado en un sitio más favorable, no hubiera intentado moverme; pero la isla era pequeña, sin agua, y, peor aún, estaba demasiado cerca del canal que conducía a la Laguna Tungla para ser un deseable sitio de descanso. Así que nos embarcamos a mediodía, y cruzamos la laguna por la ribera occidental, donde el terreno parecía elevarse abruptamente y a lo lejos se veían altos montes azules. El sol brillaba nítido y el día era caluroso, pero mis escalofríos aumentaban por momentos, y menos de una hora después de haber abandonado la isla, yacía yo en el fondo de la canoa, envuelto en mi frazada, y sufriendo de fiebres palúdicas por primera vez en mi vida. El ataque duró dos horas cabales, seguido de un dolor de cabeza inaguantable y fiebre alta. Sentía además dolores sordos en la espalda y extremidades, que eran más difíciles de tolerar que otros más agudos.

A las cuatro de la tarde Antonio arrimó el bote a la orilla —pues yo estaba demasiado enfermo para dar instrucciones— donde un promontorio se proyectaba en la laguna, formando una pequeña bahía, con una playa lisa y arenosa. Una pequeña sabana, similar a la del «Campamento del Tapir», se extendía detrás del promontorio, cerca de cuyo centro, en el punto más alto que dominaba una bella vista de la laguna, crecía un solitario pinar. Aquí mis compañeros me llevaron en la hamaca y se dieron prisa en disponer nuestro campamento.

Al ocultarse el sol cesó mi fiebre, pero enseguida me sobrevino un sudor profuso y debilitante. Mientras tanto, Antonio había recogido bayas de una cierta especie, que los ingleses de las Indias Occidentales llaman physic-nut (Jatropha), según supe después, y que crece entre los matorrales bajos por toda la costa. Las preparó con presteza y me las administró. El preparado obró poderosamente como vomitivo y purgante. Cuando su efecto hubo cesado, caí dormido, y así estuve hasta la mañana, cuando me desperté débil, pero libre de dolores o de cualquier otro síntoma o malestar. Me congratulé por ello, lo mismo que a Antonio, pero él me desanimó bastante al explicarme que, por muy bien que pudiera sentirme ese día, de seguro al día siguiente iba a tener otra recurrencia de fiebre. Para mitigar la severidad de ésta, o para evitarla del todo, me ofreció un guacal con un líquido rojizo, que llamaba cinchona, y me dijo que me lo empinara hasta el fondo. ¡Santo cielo! Nunca olvidaré ese trago amargo, que él me instó a hacer pasar por mis reticentes labios cada dos horas de aquel aciago día de mi existencia. Ahora sé lo que bebí, pues mis experiencias en la Mosquitia me han acarreado una artera fiebre con escalofríos, que se vale de cualquier pretexto para recordarme que el medicamento y yo somos inseparables. Mirando mi copioso consumo de quinina, me he maravillado desde mi regreso de que el precio de esta droga no se haya duplicado. Hay quienes, en la sección comercial del periódico matutino, miran las cotizaciones del mercado, pero mi interés principal es el «precio del día» de la quinina. Y por no haber notado todavía ningún aumento considerable, empiezo a dudar del dogma de los economistas de que «el precio lo regula la demanda».

Antonio estaba en lo cierto. Al día siguiente, a las doce en punto, me volvieron los escalofríos, la fiebre, los dolores sordos y la sudoración, pero todo en una forma mitigada. Me escapé de las physic-nuts, pero al tercer día tuve que ingerir otra dosis de ese amargo líquido, que Antonio me dijo era una decocción de la corteza de las raíces de una especie de árbol de mangle. Nunca he sabido que la cinchona se encuentre en América Central; no obstante, ahí está, o algo que se le parece tanto en sabor y en efectos, hasta el punto de ser idéntico. Las raspaduras de la corteza se ponen en una botella de ron para hacer una especie de cordial o digestivo, del que, durante el resto de mi estadía en la Costa, tomé a diario una copa entera por la mañana y por la noche, con beneficiosos resultados.

Tuve tres recurrencias de la fiebre, pero el sol pasó el meridiano del sexto día sin que yo sufriese una acometida, gracias a las rudas pero eficaces «artes medicinales» de mis compañeros indios. La experiencia les había enseñado todo lo que hay que saber, creo yo, para el tratamiento de las dolencias indígenas. Las enfermedades exóticas o las epidemias son las únicas que acarrean muerte y desolación entre los aborígenes, que se llenan de espanto porque desconocen la naturaleza de esos males y sus remedios, lo que hace aumentar la mortandad. El tratamiento al que me sometí no sólo fue cabalmente correcto, sino que también la dieta fue perfecta. La única alimentación que me daban consistía en semillas de okra (que es nativa de la costa), sazonada con un caldo de piernas y alas de codorniz, y trocitos de carne seca de manatí. Sólo contravine las ideas de mis cerriles médicos en un respecto, a saber, en insistir que se me permitiera lavarme. Al parecer los indios creen que, durante el período de fiebre, el efecto del agua en el cuerpo, o en cualquiera de sus partes, es poco menos que mortal; noción singular que puede tener algún fundamento en la experiencia, si no en la razón. Los españoles, sabia o neciamente, abrigan el mismo prejuicio, y, más aún, cuando les acomete la fiebre, se confinan en cuartos oscuros. En dichas ocasiones sus personas son muy poco agradables a cualquiera de los sentidos.

Desde la abierta y aireada posición donde estaba nuestro campamento, como ya he dicho, teníamos una extensa y hermosa vista de la laguna. Mirábamos canoas, en diferentes ocasiones, bordeando la orilla occidental, y por el humo que se levantaba a intervalos nos satisfizo saber que existían varios poblados indios allí. Por lo tanto, tan pronto como me sentí recuperado de la fiebre —que fue precisamente a la una de la tarde del sexto día (pues esperaba la fiebre al mediodía y «no vino a tiempo»)— estaba listo para proseguir hacia los pueblos indígenas. Nuestra partida, empero, se atrasó dos días más, por un infortunado incidente que casi deja sin vida al muchacho paya, y a mí sin un valioso asistente; pues si Antonio era supremo en tierra, el muchacho paya era el líder en el agua. Yo siempre lo llamaba «almirante», al estilo miskito.

Parece que mientras se ocupaba de recoger leña, tomó una rama caída bajo la cual estaba enrollada una serpiente venenosa, conocida como tamagás (los ingleses la llaman tommy-goff, y los miskitos piuta-sura, o culebra venenosa). En cuanto puso él la mano en la rama, recibió una mordida en el brazo. El muchacho la mató, la asió por la cola y corrió hacia nuestro campamento. Yo estaba muy alarmado, pues su agitación era extrema; y su cara y todo su cuerpo tenían un color cenizo. Antonio no estaba cerca, y yo me sentía del todo perdido por no saber qué hacer, más que atarle una apretada ligadura en el brazo. Con todo, el muchacho mantuvo su presencia de ánimo, y desenvolviendo un misterioso atadillo donde guardaba su escasa vestimenta, sacó una baya casi del tamaño y apariencia de una castaña, que prontamente machacó y, mezclándola con agua, se la bebió toda. Para entonces Antonio había regresado, y al enterarse de la situación tomó su machete y se fue de prisa hacia el terreno bajo, a la orilla de la sabana. De allá volvió al cabo de una media hora, con una buena cantidad de alguna clase de raíz, cuyo nombre indígena no recuerdo. Tenía un fuerte olor a almizcle, como el de la verdadera civeta. La machacó y formó con ella una especie de cataplasma, que aplicó al brazo mordido, y le dio a beber al muchacho una infusión concentrada de la misma. Hecho esto, lo condujo a la playa, cavó un hoyo en la arena húmeda, y ahí le soterró el brazo hasta el hombro, apretando bien la arena a su alrededor. Pensé que era una forma de tratamiento drástico que podría ser buena para los indios, pero que de seguro podría matar a un hombre blanco. El muchacho permaneció la noche entera con su brazo soterrado, pero a la mañana siguiente, aunque un poco pálido y débil por los efectos de estos poderosos remedios, estaba tan bueno como siempre, y reasumió sus ocupaciones usuales. Solamente le quedó una leve cicatriz azulosa en el lugar de la mordida.

La tamagás (de la cual obtuve posteriormente un espécimen que ahora ocupa un puesto distinguido en la sección de reptiles de la Academia de Filadelfia) tiene una longitud de casi dos pies. Es de grosor como el pulgar de un hombre, la cabeza es grande y plana, y tiene en el cuello una protuberancia como la de la cobra; sus manchas forman anillos alternados de color negro y blanco opaco. Tiene fama de ser una de las serpientes más venenosas de los trópicos, en segundo término después de la bella pero mortífera coral.

XII: PARTIDA DEL CAMPAMENTO DE LA FIEBRE

Debido a nuestros infortunios en el refugio de la Laguna de Wawa, lo bauticé «Campamento de la Fiebre»; pues si bien no fue ahí donde la contraje, estoy seguro de que su posición, abierta y elevada, contribuyó a mi recuperación. La fiebre la causó más bien el excesivo esfuerzo y la exposición nocturna; pues la humedad de la noche en todas las costas bajas de los trópicos es incuestionablemente mortal, y el viajero no debe escatimar cuidados para evitarla. En la tarde del día que partimos del «Campamento de la Fiebre» penetramos a un gran arroyo, que desembocaba en la laguna procedente del noroeste, y sobre sus riberas estaban las villas indígenas, a juzgar por la dirección del humo que habíamos visto. No estábamos equivocados. Antes del anochecer llegamos a una villa que era mayor que la del Río Grande, pero en otros aspectos se parecía mucho, salvo que estaba junto a una gran sabana, y no al borde de una selva impenetrable. En el entorno había vastas plantaciones de yuca y de otros frutos y vegetales que crecían con gran exuberancia, lo que indica que el suelo de las sabanas del interior no tiene la aridez de aquellas cercanas a la costa. Esto se manifiesta aún más por la escasez de pinos, que sólo se ven en las crestas o en las ligeras elevaciones en que se diversifica la superficie de la sabana.

Nuestra aparición aquí causó la misma excitación que en los otros lugares que habíamos visitado, y la recepción fue casi la misma que tuvimos en el Río Grande. Sin embargo, en vez de que nos recibieran los hombres con sus varas, la bienvenida nos la dieron cinco ancianos, uno de los cuales desocupó su propia choza para alojarnos. Nadie aquí hablaba inglés ni español inteligible, pero la afinidad de su lenguaje con el del muchacho paya permitió darles a entender nuestras necesidades, y obtener nosotros toda información útil. Se nos trató con hospitalidad, pero con la mayor reserva, y durante toda la estadía un solo evento rompió la monotonía de la villa, y fue un matrimonio, por cierto muy ceremonioso.

Estos indios, debo explicar, se llaman towkas o toakas, y me parece que tienen todas las características generales y los hábitos de los kukras y woolwas. De hecho constituyen una sola familia, aunque muestran diferencias dialectales en su idioma.

Entre todos estos indios la poligamia es una excepción, mientras que entre los zambos es la regla. Son pocos los casos en que un hombre tiene más de una esposa, y en tales casos la de mayor edad no sólo es la cabeza de familia, sino que además ejerce una estricta supervisión sobre las demás. Los compromisos matrimoniales los arreglan los padres cuando los hijos son todavía muy pequeños. Los niños comprometidos llevan su marca correspondiente, de modo que cualquiera que esté familiarizado con esa costumbre puede siempre señalar quiénes son las parejas.

Indios toakas

Las marcas consisten en pequeñas bandas de algodón coloreado, que se llevan en el brazo, por arriba del codo, o en la pierna, por debajo de la rodilla, y son variadas en color y en número, de modo que en toda la villa no hay dos combinaciones iguales. Las combinaciones las deciden los ancianos, quienes procuran que no haya confusión. Las bandas se reemplazan de vez en cuando, a medida que se gastan y se decoloran. Muchachos y muchachas llevan también un collar de conchas o de cuentas de variados colores, al que cada año se le agrega una más. Cuando el collar del muchacho tiene

144

diez cuentas o conchitas, él recibe el nombre de muhasal, palabra que significa tres cosas, a saber: diez, todos los dedos de las manos, y medio hombre. Cuando las cuentas suman veinte, lo llaman ali, que también significa tres cosas, a saber: veinte, ambos dedos de las manos y los pies, y hombre entero; pues entonces se le considera efectivamente un hombre. Si su prometida ha alcanzado la edad de quince, la ceremonia matrimonial se lleva a cabo sin demora.

Durante mi estadía en la villa, un esbelto joven toaka fue convocado para agregar la cuenta final a su collar y asumir las obligaciones propias de la hombría. El evento fue precedido con la preparación de una canoa llena de vino de palma, mezclada con plátanos majados y un poco de miel, y que, para mayor disgusto de mi olfato, había estado fermentándose desde la fecha de mi arribo. El día fue señalado como fiesta general. Temprano por la mañana se reunieron todos los hombres de la villa, y con sus machetes rozaron minuciosamente hasta la última hoja de hierba o de pasto que había crecido dentro de un círculo, que quizás medía cien pies de diámetro, situado en el propio centro de la villa y marcado con una sucesión de piedras hundidas en el suelo. Luego apisonaron la tierra para dejarla lisa y compacta, tras lo cual procedieron a erigir una chozuela justo en el centro del área circular, sobre una gran piedra plana que estaba permanentemente plantada ahí. La choza tenía forma cónica y estaba totalmente cerrada, salvo por una abertura en la cúspide y otra en un costado, que miraba al este, la cual estaba provisionalmente cerrada con un petate de corteza de palma. Me asomé a ella sin dificultad, y vi apilada sobre la piedra una cantidad de ramitas secas de copal, cubiertas con la resina de la misma planta. La canoa llena de licor fue arrastrada hasta la orilla del círculo, y literalmente cubierta con guacalitos blancos del tamaño de una taza de café ordinaria.

Justo al mediodía, toda la gente de la aldea acudió sin orden a la choza del padre del novio. Yo me uní a la multitud. Allí se hallaba el «feliz mancebo» ataviado con sus mejores galas, recatadamente sentado sobre un fardo de objetos bien envueltos en un petate. Los viejos a los que me he referido formaron una fila frente a él, y el más anciano le dirigió unas breves palabras.

CHICHA DE COYOL.

Cuando hubo concluido le siguió otro, y así hasta que cada quien dijo lo que tenía que decir. Luego el joven se levantó en silencio, se echó a cuestas el motete y, precedido por los ancianos y seguido por su padre, se encaminó a la choza de la eventual desposada. Puso su carga frente a la puerta cerrada y se sentó sobre ella en silencio. Luego el padre llamó a la puerta; le abrió a medias una anciana, quien le preguntó qué quería, a lo que contestó algo que a ella no pareció satisfacerle. La puerta fue cerrada en sus narices, y el padre tomó asiento junto al hijo. Entonces uno de los ancianos llamó a la puerta, y obtuvo exactamente el mismo resultado; luego otro hizo lo mismo, y así sucesivamente. Pero la anciana seguía obstinada. El padre del novio probó de nuevo, pero las arpías no quisieron abrir la puerta. Entonces los ancianos celebraron, al parecer, un cónclave, al cabo del cual mandaron a traer un par de tambores (que, como ya he explicado, se hacen estirando un cuero crudo sobre un segmento de tronco hueco) y unas flautas rústicas. Estas últimas estaban hechas con trozos de carrizo y tenían la forma de la dulzaina, cada una con una boquilla y cuatro agujeros. El sonido era monótono y sin brillo, aunque no dejaba de ser melodioso.

Hicieron su aparición ciertos músicos y todos a una empezaron a tocar los instrumentos, interrumpiéndose a largos intervalos para entonar una especie de canto suplicatorio. Al cabo de una hora o más de esta relajante y más bien adormecedora música, se entreabrió la inexorable puerta, y una de las mujeres se asomó fingiendo gran timidez. Con ello los músicos redoblaron sus esfuerzos, y el novio se apresuró a desenvolver su motete. Contenía una variedad de artículos que supuestamente serían aceptables para los padres de la muchacha. Entre otras cosas había un machete, regalo nada desdeñable cuando se entiende que su costo por lo general equivale al de un dori grande, el cual requiere meses de trabajo duro para labrarlo del tronco bruto de una ceiba gigantesca. Del envoltorio sacó también una colorida sarta de cuentas de vidrio.

El padre del novio fue entregando todos esos artículos a las mujeres, uno por uno. Con cada regalo la puerta se iba abriendo un poco más, hasta que se ofrendó el petate, y entonces se abrió de par en par, revelando a la novia acicalada al máximo, sentada en un

146

taburete en el rincón más apartado de la choza. Las arpías fingían estar absortas en examinar los obsequios, y, aprovechando la ocasión, el novio se abalanzó al interior de la choza, para aparente horror y consternación de las mujeres; y, asiendo a la muchacha por la cintura, se la echó a cuestas como si fuera un costal, y salió al trote hacia el círculo místico en el centro de la villa. Las mujeres salieron tras él, como si quisieran atraparlo y rescatar a la muchacha, y daban gritos pidiendo ayuda, mientras la multitud se arremolinaba a la zaga. Pero el joven era muy veloz; llegó al círculo, y levantando el petate de la choza desapareció en su interior. Las mujeres no podían pasar el círculo; se detuvieron todas a la orilla e iniciaron un coro de gritos desesperados, mientras los hombres se agruparon dentro del redondel encantado, acuclillados en filas y mirando hacia fuera del círculo. Sólo los ancianos permanecieron de pie, y habiéndose les llevado un trozo de ocote encendido, uno de ellos se aproximó a la choza, levantó el petate que cubría la entrada, y entregó el fuego a la pareja, dirigiéndoles un breve discurso. A los pocos segundos, por la abertura en lo alto de la chozuela surgió en volutas un aromático humo, de lo que inferí que el copal había sido encendido. Qué sucedió luego, ¡estoy seguro de no tener noción alguna!

Al ver el humo, las ancianas se quedaron silenciosas y expectantes, pero al poco rato, al disiparse el humo, se alegraron de repente, y se «unieron de lleno» a las festividades, las que hasta ese momento, debo confesar, me habían parecido bastante lentas. Pero aquí debo explicar que, si bien el novio no tiene participación en la elección de su esposa, puede, sin embargo, si encuentra motivo para ello, tomarla en brazos y sacarla del círculo mientras el copal esté ardiendo, y de este modo la repudia para siempre, a plena luz del día y a la vista de toda la población. En tal caso, el asunto es minuciosamente investigado por los ancianos, y ¡ay del desdichado que por este acto público haya desacreditado sin motivo a una muchacha! ¡Ay, también, de la muchacha a quien se le compruebe que ha sido «repudiada» por razones bien fundadas! Sin embargo, si el copal arde quietamente, se supone que el novio está satisfecho y el matrimonio queda consumado.

En este caso, el copal se quemó de la manera más satisfactoria; los tambores y flautas entonaron un aire muy vigoroso, cuya música consistía en unas ocho notas, repetidas con diferentes grados de rapidez, a modo de darle variedad a la melodía. Los hombres se mantuvieron todos en sus lugares, mientras a mí me instalaron en un sitio de honor, junto a los ancianos. Las mujeres, que como ya he dicho, no podían entrar al círculo, empezaron a llenar los guacales en la canoa y los pasaban a los hombres, que estaban en cuclillas, empezando por los ancianos y los «distinguidos huéspedes», pues Antonio y mi indio paya fueron incluidos en nuestro grupo. Nadie pronunciaba palabra, pero las mujeres desplegaron la mayor actividad volviendo a llenar los guacales vacíos. Pronto descubrí que, de modo deliberado y con la mayor sangre fría, todo el mundo estaba en lo que el capitán Drummer llamaba el «borracho grande». Eso formaba parte de la función del día, y los indios se abocaron a ello del modo más ordenado y expedito. No perdieron tiempo en remilgos preliminares —como hubiera sido la práctica en países más civilizados— con lo que economizaron no sólo tiempo, sino también vino. Yo creo que no era por amor a la bebida que los toakas tomaban, pues su chicha tenía mal aspecto y peor sabor.

Con la cuarta ronda de guacales, algún grito ocasional delataba los efectos de la chicha en algunas de las cabezas más débiles. Los gritos se hicieron cada vez más frecuentes, y a veces se proferían con énfasis salvaje, lo que era bastante sorprendente. También los músicos se pusieron más animosos, y la excitación crecía conforme el sol se ocultaba, hasta que, incapaces ya de mantenerse quietos, todas las manos se alzaron y se unieron para danzar en torno al círculo, con un paso lento y oscilante, golpeando con los nudillos los guacales vacíos y juntándose a intervalos en una especie de estribillo, al final del cual todos los hombres golpeaban el fondo de su guacal contra el de su vecino. Luego, al aproximarse a la canoa, cada uno llenaba su guacal y se lo bebía de un solo trago, y seguía la danza, que se hacía más rápida con cada guacalada. Alcanzó el ritmo de trote, y luego de paso veloz, y por último llegó a ser una especie de galope, aunque todavía en perfecta sincronía. El estrépito de los guacales se hizo entonces tan rápido que era casi un continuo, y los movimientos eran tan raudos y complicados que al observarlos yo sentí esa clase de vértigo que se experimenta cuando se mira el fluir de una corriente que avanza a gran celeridad. Un movimiento así no se podía mantener por mucho tiempo, ni siquiera con la ayuda de la chicha, así que cada vez que un danzante se extenuaba, se salía de la fila y se echaba de bruces en el suelo. Al fin todos cayeron, excepto dos jóvenes, que parecían decididos a hacer, a su manera, lo que otros ágiles muchachos en otros países tratan de hacer a veces, a saber: competir bebiendo hasta caer redondos. Danzaban y bebían, y las mujeres aplaudían, e iban ambos tan a la par que era imposible saber cuál de ellos podría mantenerse en pie por más tiempo. En verdad, el uno parecía desesperar al otro, y, como movidos por un mismo impulso, arrojaron ambos sus guacales, y la contienda dejó de ser una prueba de resistencia para convertirse en una prueba de fortaleza: cada uno se abalanzó al cuello del otro, y se mordían las carnes como si fueran tigres.

Al instante se armó un gran alboroto, y aquellos de los hombres que podían tenerse en pie se arracimaron en torno a los contrincantes, en una confusa masa, gritando a todo pulmón, y era evidente que, tal como pensé, consideraban que aquella era una «pelea abierta». Pero no se lastimaron mucho, pues los ancianos —aunque estaban enfáticamente «mareados»— tuvieron la discreción de enviar a las mujeres a traer correas, y con ellas ataron a los jóvenes púgiles de pies y manos, y a rastras se los llevaron hacia la choza que había en el centro del círculo, junto a la cual los dejaron a que se apaciguaran como mejor pudieran, sin que nadie les prestara atención en lo más mínimo. «En verdad —exclamé para mis adentros— la sabiduría no conoce fronteras.»

La danza que he descrito se reanudaba a intervalos, hasta que entró la noche; entonces las mujeres trajeron una buena cantidad de astillas de pino, y cada uno de los hombres tomó la suya; las encendieron y luego los danzantes se encaminaron a la chozuela, donde cada quien desprendió una de las ramas con las que estaba construida, hasta que quedó al descubierto la pareja de recién casados, recatadamente sentados hombro a hombro. Una vez que la choza quedó derribada, el novio, sin decir palabra, tomó a la novia sobre sus espaldas, literalmente «echándose al hombre su responsabilidad», y escoltado por la procesión de hombres con sus antorchas, se enrumbó a la choza que de antemano se había construido para su alojamiento. Ese fue el broche de oro de la ceremonia, aunque algunos de los jóvenes más disipados se devolvieron a la canoa y siguieron tocando el tambor y la flauta y danzando hasta el amanecer. Al día siguiente todo el mundo llevó alguna clase de regalo a la pareja de recién casados, para que tuviesen un buen comienzo en el mundo, que les permitiera iniciar su vida en común en condiciones equiparables a lo mejor que había en la villa.

Sería difícil encontrar en la tierra cosa más bella que la sabana que se extiende, hasta donde alcanza la vista, detrás de la villa Toaka. A lo largo de las riberas de los ríos se alza una intrincada pared de verdor: ceibas gigantescas, plúmeas palmeras y los troncos serpentinos del matapalo, formando todos una urdimbre con las lianas que parecen cables (los tie-tie de los ingleses), y los tenaces zarcillos de miríadas de plantas trepadoras y floridas. A diferencia de las praderas monótonas y tediosas del Oeste, las sabanas muestran macizos de acacias con sus resinas aromáticas, entre ellas la goma arábiga de delicadas hojas, el palmito y grupos de umbrosos pinos, todo dispuesto en tan armonioso desorden y con tan admirable efecto pintoresco, que apenas podía yo creer que la mano de un artista no hubiera hecho lo suyo para realzar los esfuerzos de la naturaleza con el más venturoso de los ánimos.

Bajo el denso manto de la selva a la orilla del río, o entre los matorrales y las arboledas, hallan refugio el gamo y el venado, el conejo indio y la paca, que deambulan sin peligro por las sabanas, mordisqueando los tiernos pastos o persiguiéndose unos a otros con fingida alarma. Aquí también puede verse el pavón crestado de majestuoso andar, la rolliza y numerosa perdiz y la loca chachalaca (coquericot), además de incontables codornices, todas alimento apropiado para el hombre omnívoro, y tan rara vez perturbadas por él que no lo reconocen como su más peligroso enemigo. Al atardecer y a la mañana el aire se colma de loras ensordecedoras, lapas bullangueras y chocoyos parlanchines en raudo vuelo.

Me levantaba temprano todos los días, y, escopeta en mano, vagaba muy adentro por las sabanas, inhalando la frescura del aire matutino y dando caza a cualesquier presa que se mirara gorda, tierna y de algún modo aceptable para mi ahora fastidioso apetito. El pavón (que los miskitos llaman cossu) es una de las aves más hermosas del mundo. Es del tamaño de un pavo, pero sus patas son más fuertes y largas. Su plumaje es pardo oscuro o negro, de color ceniza en la nuca, y de un pardo rojizo en el pecho. En la cabeza tiene una cresta de plumas blancas con las puntas manchadas de negro, que eleva o disminuye a su antojo. Su carne es más blanca que la del pavo, aunque algo seca, por lo que requiere cocinarse de un modo distinto al que se acostumbra en el monte, para poder apreciar al máximo su calidad. Es fácil domesticarlo, al igual que la pava y la chachalaca. Esta última es dura cuando vieja, pero cuando es joven su carne es incomparable por su delicadeza y su sabor.

El animal que llaman conejo indio abunda mucho, y es una variedad del que en la América del Sur llaman agouti. Tiene casi el tamaño de un conejo, cuerpo rechoncho, hocico largo y más bien agudo; la nariz está dividida en la punta, y la mandíbula superior es más grande que la inferior. Las patas traseras son más largas que las delanteras, y cuenta solamente con tres dedos. El rabo es corto y apenas visible; mientras el cuerpo está cubierto de una pelambre hirsuta, reluciente, de color pardo rojizo, con motas oscuras. Se nutre de vegetales y al comer sostiene su alimento, como hace la ardilla. Tiene una viciosa propensión a roer y mordisquear cuanto halla a su alcance. Por esta razón es una molestia en las plantaciones, y, como es muy prolífico, es casi el único animal que los indios cazan sistemáticamente. Su carne es aceptable.

La gibeonita o cavia-paca, que a veces llaman conejo-cerdo, se parece mucho al conejillo de Indias, pero es un poco más grande. La testa es redonda; el hocico, corto y negro; la mandíbula superior, más grande que la inferior; el labio es partido, como el de la liebre; los orificios nasales son grandes y los bigotes largos; ojos pardos, grandes y prominentes; orejas cortas y sin pelo; cerviz gruesa; cuerpo rechoncho, más voluminoso por detrás que por delante, y cubierto de una pelambre áspera, corta, de color pardo oscuro, más intenso en el lomo. La garganta, el pecho, la parte interior de las extremidades y la barriga son de un color blanco sucio; y tiene a ambos costados cinco filas de manchas oscuras, colocadas juntas. Las patas son cortas, con cinco dedos y fuertes garras, y la cola es una mera proyección cónica. Su carne es peculiarmente rica y jugosa, y horneada en tierra haría las delicias de un epicúreo. Creo que no dejé pasar un día sin comer gibeonita al horno.

Entre los indios de la aldea, los huevos y la carne de la tortuga de río son los alimentos favoritos; y puesto que los consumen de continuo, pienso que manifiestan un debido aprecio por lo bueno. Hay dos variedades de esta tortuga, una llamada bocatoro (en miskito chouswat) y la otra jicate. Esta última rara vez mide más de dieciocho pulgadas de largo, pero su caparazón es muy grueso. Para cocinarla, simplemente se separa el caparazón inferior; se retiran las vísceras y se rellena la cavidad con yuca, trozos de plátano, grasa de manatí y condimentos varios; se envuelve en hojas de plátano, como ya he descrito, y se coloca lomo abajo, para hornearla bajo tierra. Siempre hay que ponerle un buen lecho de brasas para que quede bien cocinada; cuando se prepara como es debido, el resultado es un plato sumamente apetitoso y grato al paladar. Los muchachos indios traían literalmente cubetadas de huevos de estas tortugas, que recogían en las barras del río y en los arenales de la laguna. Son deliciosos cuando están bien frescos.

XIII: LAGUNA DE DAKURA

Tardamos muchos días en agotar los recursos de la villa toaka en lo que a aventuras se refiere. Una tarde soleada cargamos nuestro botecillo, y tras despedirnos de nuestros anfitriones, remamos río abajo, rumbo a Sandy Bay, que es, después de Bluefields, el principal asentamiento zambo en la costa. Una vez más, nuestro curso iba a través de la Laguna Wawa, que por un estrecho canal intricado o riachuelo conecta con una gran laguna hacia el norte llamada Duckwarra.

La noche era tranquila y bella. La luna creciente llenaba el aire con una luz tenue y etérea, relajante y apacible, y de tal modo fusionaba lo real con lo ideal, ¡que a veces imagino que tal vez todo haya sido un sueño! Si bien mis compañeros no compartían el influjo de la noche, al menos respetaban mi silencio, y así navegábamos sin ruido, salvo el continuo chapoteo de los remos y el suave oleaje del agua, que iba dejando a nuestro paso una estela de remolinos.

Al romper el día habíamos entrado a la laguna Duckwarra, la más grande que encontramos desde que partimos de Cayo Perlas. Tenía el mismo aspecto que todas las demás, y por no tener motivo para detenernos, navegamos directamente a través de ella y sólo paramos al mediodía en una de las numerosas isletas para prepararnos el desayuno y guarecernos del calor del meridiano. Esta isleta tenía quizás doscientas yardas de anchura, y en el centro una elevación de unos quince o veinte pies sobre el agua. Cerca de la cúspide crecían varias palmas vetustas, y llegando hasta ellas hallé entre sus raíces un pequeño túmulo, quizás de quince pies de diámetro en la base y cinco o seis pies de altura. Su regularidad atrajo mi atención, y me llevó a creer que era artificial. Llamé a Antonio, quien de inmediato dijo que era un cementerio de los «antiguos». Yo propuse que lo abriéramos, pero mis compañeros parecían reacios a perturbar el descanso de los muertos. No obstante, al ver que había empezado sin ellos, se unieron a la faena, y, ayudados de machetes y remos, pronto retiramos la tierra.

Cerca de la superficie original del sitio hallamos unos huesos, pero estaban tan deteriorados que se desintegraban al tocarlos. Al seguir excavando encontramos, junto a la cabeza del esqueleto, una rústica vasija que extrajimos sin gran daño. Con gran cuidado le sacamos la tierra, y vimos que contenía guijarros de calcedonia, perforados como para hacer un collar; un par de puntas de flecha de material similar; y un pequeño ornamento de lámina de oro muy delgada, que representaba una tosca figura humana, como se muestra en el grabado adjunto de tamaño original. A los pies del esqueleto hallamos otra burda vasija de barro, pero no contenía ninguna reliquia.

Antonio parecía muy interesado en la figurilla de oro, pero luego de escudriñarla minuciosamente me la regresó, diciendo que, si bien su propia gente en Yucatán solía hacer entierros bajo túmulos como ese y colocaba ídolos de oro junto al difunto, su manufactura era distinta de la que habíamos descubierto. «¡Ah! —continuó, con un fuego inusual en los ojos—, si viera usted las obras de nuestros ancestros. Aquellos hombres sagrados de la antigüedad eran dioses. Fue Kabul, el Señor de la Mano Poderosa, el que construyó sus templos, y puso en todos ellos el sello de su palma ensangrentada. Tendrá que ir conmigo al lago sagrado de los Itzá, donde nuestra gente se reúne para recibir las instrucciones del Señor de la Enseñanza, cuyo nombre es Votán Balam, y fue quien condujo allí a nuestros padres y ha prometido rescatarlos de sus tribulaciones.»

Se detuvo de pronto, como alarmado por lo que había dicho, besó su talismán, y volvió a ser el mismo muchacho indio silencioso, de mirada suave, que acataba con humildad mis órdenes. Salimos de la Laguna de Duckwarra por un riachuelo que la conecta con la Laguna de Sandy Bay, y al segundo día por la tarde, tras haber dejado el río Wawa, llegamos al asentamiento zambo que está en la ribera sur, a unas ocho millas del mar. Se encuentra en el extremo de una sabana que se eleva en dirección suroriental, y declina hacia el mar en una serie de acantilados, siendo el principal el llamado Bragman's Bluff, el más prominente punto de referencia en la costa.

El pueblo se parece algo a Bluefields y alberga unos quinientos habitantes, que imitan el «estilo inglés» en el modo de vestir y de vivir. Es de decir, muchos de ellos usan sombrero inglés, aun cuando no lleven más prenda de vestir que el toumou, o taparrabo. Los sombreros son de los estilos que se usaron treinta años atrás, y encima los llevan aplastados en una variedad de formas que son infinitamente ridículas, sobre todo cuando sus portadores adoptan poses de supuesta seriedad o dignidad. Un hombre desnudo no puede hacer en absoluto el ridículo, pues la naturaleza nunca expone sus creaturas a la humillación; pero los intentos en el arte de vestir al hombre de la Costa Mosquitia, debo confesar, son lamentables fracasos.

Antes de entrar a la villa, un percutir de tambores y esporádicos disparos de mosquetes nos anunciaron que había alguna clase de festejo o celebración. Al acercarnos divisé la bandera inglesa ondeando en lo alto de un bambú, al centro de un grupo de chozas. Miré en la playa un par de botes de construcción europea, de lo que inferí la presencia de un buque mercante en la costa, y que habíamos llegado a tiempo para presenciar una de las orgías que suelen tener lugar en tales ocasiones. Tenía yo mis recelos en cuanto a la probable recepción que nos darían en caso de que hubiesen llegado noticias de nuestros combates en Quamwatla, y no fue poca mi tranquilidad cuando miré indicios de la presencia de extranjeros.

La gente estaba tan absorta en su festejo que no advirtió nuestro arribo, pero al aproximarnos a la orilla disparé ambos cañones de mi escopeta, a modo de saludo. Un instante después un grupo de hombres había salido de las chozas y venía de prisa a la playa. Mientras tanto yo había sacado mi «Papel del Rey» y salté a tierra.

La muchedumbre que se agolpó a mi alrededor habría puesto en vergüenza al desarrapado ejército de Falstaff. El personaje más conspicuo vestía una camisa de cuadros rojos, no precisamente pulcra, y una deshilachada casaca de general británico, pero no llevaba calzado ni pantalón. En cuanto a prenda para cubrirse la cabeza, tampoco resultó tan agraciado como el capitán Drummer. En vez de un venerable chapeau como el que usaba el capitán con tanta dignidad, llevaba un vetusto y maltrecho tile, sombrero de copa redonda que alguna vez fue blanco y ahora lucía un tono dudoso, y, como al parecer lo habían usado repetidamente como asiento, estaba aplastado como un fuelle, y con el ala caída por delante del modo más ridículo.

El portador de tan imponente garbo había alcanzado el grado de «borracho grande», y su inglés, que en todo momento distaba mucho de ser bueno, era ahora sumamente incierto. Se acercó tambaleante, con gesto de abrazarme, palmoteándose el pecho con una mano y exclamando: «¡Yo ser General Slam, General Peter Slam!» Evadí el honor de la presentación haciéndome a un lado, y a resultas de ello, si Antonio no hubiese sujetado al General, éste de seguro habría caído a la laguna.

Hice un ostentoso despliegue de mi «Papel del Rey», y comencé a darle lectura ante el general; pero me hizo seña de no seguir, diciéndome: «Muy bien, muy bien, yo ser Peter Slam, el General.» Mientras tanto, habían llegado más espectadores, y mandaron a traer los tambores. Estos eran de fabricación inglesa y del tamaño más grande. Luego el general Slam insistió en escoltarme desde la playa, «al estilo de un caballero inglés», y tomándome del brazo con vacilante gesto, encabezó la procesión haciendo un desesperado esfuerzo por mantenerse erguido, tambaleándose de un lado a otro, como es práctica inmemorial entre borrachos.

El general era a todas luces el magnate de Sandy Bay (que los zambos llamaban Sanaby), y al llegar al centro de la villa donde tenía lugar la fiesta nos recibieron con un ¡Viva! exclamado «al estilo inglés». Miré que había una gran canoa llena de mishla, y a su alrededor la borrachera y la danza eran continuas. El general Slam me condujo sin demora a su propia casa o choza, donde se alojaban los comerciantes en cuyo honor se daba el festejo. Ahí estaban el capitán y el ayudante, y dos de la tripulación del London Belle, un buque mercante que había llegado poco antes a Cabo Gracias procedente de Jamaica. También había un inglés llamado H-, que vivía en el Cabo y parecía gozar aquí de una posición semejante a la de Mr. Bell en Bluefields. Todos estaban reclinados en camastros o en hamacas, y parecían estar en muy buenos términos de familiaridad con un grupo de muchachas muy acicaladas, en cuyos regazos descansaban sus cabezas, y cuya principal ocupación —en los intervalos en que no se dedicaban a coqueteos no demasiado delicados— era darles de beber una especie de aguardiente, compuesto de ron de Jamaica, jugo de caña y una variedad de frutas machacadas.

Todo el grupo estaba en el estado que técnicamente se llama «medio ahogados», y me dieron la bienvenida con esa gran liberalidad que es característica de su condición. Al general lo palmoteaban en la espalda y le decían: «Trae más muchachas, gran bandido, no te andes con rodeos.» De allí siguió que cada uno de los huéspedes se turnó para hundirle el sombrero hasta los ojos de un manotazo, a modo de broma, y luego el capitán inglés —un brutote de hombre— lo sacó de la choza a patadas, por pura jugarreta.

Tuve escaso tiempo para observar que la casa del general Slam no estaba del todo desprovista de muestras de civilización. A un lado había una mesa plegadiza y un aparador o armario probablemente rescatados de un naufragio. En este último había cantidad de vasos, licoreras, bandejas y otros enseres de uso cristiano; y en las paredes colgaban varias burdas litografías de chabacanos colores. Entre éstas noté —¡extraño contraste!— un retrato de Washington.

Mi escrutinio fue interrumpido por un gran tumulto cerca de la choza, y al momento media docena de zambos —que apestaban a su asqueroso mishla— entraron tambaleándose y arrastrando a un indio sin mestizaje, enteramente desnudo y con el cuerpo sangrando por varias partes, a causa de los golpes y raspones que le propinaron sus salvajes asaltantes. Los zambos lo empujaron hacia el capitán inglés exclamando: «¡Él, él!» El indio se mantuvo en total silencio, apretando sus delgados labios y los ojos fijos en el capitán. La conducta de este último estaba a la par de los pobres borrachos que habían traído a rastras al indio a la choza y quienes, vociferando una jerga ininteligible, blandían sus garrotes sobre la cabeza del indio, y otras veces aporreaban ferozmente el suelo frente a él.

«¡Este es el maldito bellaco, es él!», dijo el capitán, saltando de su camastro, y dándole al indio un terrible golpe en la cara, lo hizo caer. «¡Ya le enseñaré a respetar al Rey!» Acto seguido le propinó recias patadas al indio caído y aparentemente insensible.

Todo ese proceder me resultaba inexplicable, pero esa última brutalidad suscitó mi indignación. Sujeté al capitán por el cuello de la chaqueta y lo arrastré por toda la choza. «¿Pretende usted ser inglés —le dije— y sin embargo les da semejante ejemplo a estos salvajes? ¿Qué ha hecho este indio?»

«Ya le diré lo que ha hecho», más que decir, chilló el capitán en un incontrolable paroxismo de rabia; y tomando un cuchillo de la mesa se abalanzó contra mí con toda su fuerza. Enloquecido y borracho como él estaba, apenas tuve tiempo de hacerme a un lado para evadir el golpe. Al fallar el blanco, tropezó con el indio que estaba en el suelo, y cayó sobre el cuchillo, que se le clavó de lado a lado en el brazo izquierdo, justo debajo del hombro. Veloz como un rayo, el indio dio un salto, sacó de la herida el cuchillo, y al momento se lo hubiera clavado en el corazón al capitán, si yo no le hubiese sujetado el brazo. Me miró de frente, dejó caer el cuchillo, y cruzando los brazos permaneció de pie y callado.

Los compañeros del capitán, con la excepción de Mr. H-, estaban deseosos de seguir peleando, pero el revólver que yo llevaba al cinto les inspiró una saludable mesura.

Mientras tanto, le habían vendado la herida al capitán, y el indio se había retirado. Los zambos habían partido desde el momento en que me interpuse para atajar la violencia del mercader.

El motivo de tan brutal asalto era así de simple: los zambos que viven en el litoral les impiden a los indios el paso al mar, y valiéndose de su posición y de la ventaja de poseer armas de fuego, cometen contra los indígenas toda clase de extorsiones. De modo que si los indios van a los cayos en busca de tortugas, los zambos les exigen una cierta proporción de carey, que ellos llaman «la porción del Rey». Pero debido a que los comerciantes de Jamaica siempre mantienen al Rey y a los jefes en deuda con ellos, los caparazones acopiados van a parar directo a sus manos. En realidad, esta es la única forma en que logran mantener —muchas veces por intervención directa de ellos mismos— la autoridad nominal del supuesto Rey. Se argumentaba que el indio a quien el capitán había ultrajado, y que era un pescador muy experto, no había entregado la cuota que le correspondía; así pues, su falta de «respeto debido al Rey» consistía en no tener bastante carey para satisfacer la codicia del comerciante.

El general Peter Slam.

Tras este incidente en la casa del general Slam no era de mi agrado permanecer ahí por más tiempo, y por tanto salí a pasearme por la villa. El festival era para entonces un tremendo alboroto. En torno a la canoa de mishla había un variopinto grupo de hombres, mujeres y niños; unos de gorro rojo vestidos de levita, otros pavoneándose en mangas de camisa, otros más completamente desnudos. Algunos de los hombres no paraban de hacer ruido con sus flautas y tambores, mientras que otros, con sus mosquetes llenos de pólvora casi hasta la boca del cañón, hacían esporádicos disparos, momento en que todos a una exclamaban un «¡Viva!» al estilo inglés.

A poca distancia se hallaba una rústica valla hecha de palmas y estacas de pino, y tras ella una multitud de hombres que reían y gritaban hasta desternillarse. Al acercarme vi que solamente se admitían hombres detrás de la barrera. Allí, en medio de un gran círculo de espectadores había dos hombres vestidos de manera estrafalaria, ejecutando las más absurdas payasadas. En torno al cuello llevaban una especie de collar de madera, de donde pendía un fleco de hojas de palma que les llegaba casi a los pies. Sus penachos remataban en una alta y delgada franja de madera, pintada a modo de imitar la nariz del pez sierra, y tenían los rostros pintados de varios colores, como para cambiar por completo la expresión de su semblante. En cada mano sostenían un jícaro que contenía guijarros, y con ellos marcaban el ritmo de su danza, que era muy peculiar y ciertamente cómica. Primero se acercaban el uno al otro, y a modo de saludo inclinaban sus penachos con la mayor seriedad, luego retrocedían como cangrejos, entonando una copla que tenía ritmo y rima; pero hasta donde pude entender carecía de sentido.

Según Mr. H-, que más tarde me la tradujo, decía así:

Shovel-nosed shark.[17]
Grandmother, grandmother!
Shovel-nosed shark.
Grandmother.

Al cansarse los actores, otros tomaban su lugar, y agotaban su ingenuidad inventando variaciones grotescas y ridículas.

Al caer la noche, por todas partes se encendieron fuegos con rajas de pino, y siguió la borrachera y la danza, cada vez más ruidosas y grotescas conforme avanzaba la noche. Muchos cayeron de tan ebrios, y las mujeres se los llevaron; a los que peleaban, sus mujeres, con sabia previsión, les habían quitado y escondido las armas, y de este modo se veían obligados a resolver sus diferencias con los puños, al estilo inglés. Para mí, esos encuentros de boxeo eran la mar de divertidos. En vez de evadir los golpes, literalmente los intercambiaban. Primero, uno daba el golpe y se quedaba quieto,

---

[17] Tiburón nariz de pala, abuela, abuela, tiburón nariz de pala, abuela, abuela.

esperando igual respuesta de su oponente, alternando golpe tras golpe hasta que ambos quedaban satisfechos. Luego se tomaban a dúo un trago de mishla, al estilo inglés, y volvían a ser amigos.

Durante toda la noche me vi constantemente vigilado por una horrible vieja, que se movía entre los juerguistas como un espíritu macabro. Todo mundo le abría paso cuando se aproximaba, y nadie osaba dirigirle la palabra. Había algo casi fascinante en su repulsivo aspecto. Tenía el cabello largo, enmarañado y apelmazado; la piel tan arrugada y marchita que se le adhería a los huesos como si fuera una momia. Las uñas eran largas y negras, de modo que sus manos parecían las garras de alguna impura ave. Tenía los ojos inyectados de sangre, pero brillantes e intensos, y me miraba fijamente, como una bestia feroz mira a su presa. Por dondequiera que yo iba me seguía los pasos, incluso detrás de la barrera que ocultaba a los danzantes enmascarados, donde no se permitía la entrada a ninguna mujer.

Estuve entre los juerguistas hasta que sus payasadas dejaron de ser divertidas y se volvieron francamente brutales. Finalmente, los miembros de ambos sexos se entregaron al más vulgar y desvergonzado desenfreno, tal que jamás he sabido que se atribuyese ni siquiera a los salvajes más bestiales.

Disgustado y asqueado me alejé de la escena y bajé a la ribera, pues luego de lo ocurrido en la choza de Slam, prefería dormir en mi bote antes que confiarme a la protección del comerciante herido. Así pues, nos alejamos de la orilla unos centenares de pies y ahí echamos ancla para pasar la noche. Me envolví en mi frazada, y sin importar la ruidosa diversión de la aldea, las salvajes carcajadas y los gritos coléricos, el percutir de los tambores y los disparos de mosquetes, pronto me quedé dormido.

Era después de medianoche: la luna se había ocultado; las fogatas de la villa ardían tenues; los danzantes, embrutecidos y exhaustos, sólo de vez en cuando interrumpían la calma con un espasmódico alarido; entonces me despertó Antonio, y me puso los dedos en los labios para que guardase silencio. No obstante, me levanté alarmado, pues me había perturbado el sueño la imagen de la vieja flaca y harapienta que me había seguido toda la noche con sus ojos de víbora. Para mi sorpresa, se trataba del indio a quien había rescatado de la violencia del mercader borracho, y ahora estaba agazapado en el fondo del bote. Por medio del paya, le había explicado a Antonio que corríamos gran peligro, pues la vieja que me había perseguido era una poderosa sukia, cuyas órdenes eran siempre obedecidas por los supersticiosos zambos. Instigada por el inconforme mercader, ella había ordenado que nos diesen muerte, y ahora sus secuaces planeaban la manera de lograrlo. Nuestra seguridad, urgió el indio, dependía de que partiésemos de inmediato; dicho esto, y como aliviado de una carga, se lanzó por la borda sin un ruido y se fue nadando hacia la orilla.

Salir de Sandy Bay no me causaba el menor disgusto, así que sin pérdida de tiempo izamos la gran piedra que nos servía de ancla y emprendimos viaje. Por la mañana ya estábamos lejos de la laguna, en el canal que de ella sale hacia Wano Sound, unas quince millas al norte de Sandy Bay, y la mitad de eso hacia Cabo Gracias. Llegamos al canal a eso de las diez de la mañana, y nos detuvimos a desayunar en una angosta y arenosa punta de playa, donde unos árboles que había en la orilla nos dieron sombra y leña. El día estaba excesivamente caluroso, y aguardamos la noche para proseguir nuestro viaje. Por la tarde se nos unió Mr. H-, que al darse cuenta de las intenciones del mercader había querido alertarnos, pero vio que ya habíamos partido. Indignado por la traición, había abandonado al brutal capitán y estaba decidido a regresar al Cabo.

Me explicó que el peligro había sido peor de lo que habíamos supuesto. La vieja sukia poseía sobre los zambos más poder que el Rey o el jefe del lugar, y sus órdenes no se discutían ni se desatendían jamás. El abuelo del actual Rey —nos dijo— había sido asesinado por órdenes de ella, lo mismo que una tía abuela del monarca; y aunque los principales cómplices fueron ejecutados, el Rey no se había atrevido a llevar a la temida sukia ante la justicia. No obstante, la había obligado a abandonar Cabo Gracias, por temor de que durante la visita de algún buque de guerra inglés fuese castigada por complicidad en el asesinato de una pareja de ingleses, llamados Collins y Pollard, que habían sido macheteados algunos años antes mientras pescaban tortugas en los cayos de la costa.

Otro motivo de su partida había sido la llegada de una sukia más poderosa y menos maligna, la que —según afirmó él— poseía el don de la profecía y conocimiento de las cosas del pasado y del porvenir.

La describió como una joven que vivía de una manera muy misteriosa, muy aguas arriba del río del Cabo, entre las montañas. Nadie sabía quién era, ni de dónde procedía, ni tampoco la vieron más de una vez; aunque él la había consultado en varias ocasiones por mediación de otros. Me divirtió mucho la seriedad con que H- narraba ejemplos del poder de esta sukia en cuanto a enfermedades y conocimiento de eventos, y me resultó inevitable pensar que, por haber vivido tantos años en la costa, se había contagiado de las supersticiones populares. Sin embargo, no había duda de su sinceridad, y por consiguiente, me abstuve de ridiculizar sus cuentos.

—Ya verá usted y escuchará por sí mismo —añadió él— y luego podrá juzgar mejor si he sido engañado como un niño por los tontos malabares de una mujer indígena. Estas personas han heredado de sus ancestros muchos poderes misteriosos y maravillosos; e incluso las sukias novicias pueden desafiar la ponzoña de las serpientes y los efectos del fuego. Las llamas y las balas de las escopetas no pueden nada contra ellas.

Encontré que H- era un hombre de considerable inteligencia. Me dio mucha información sobre la costa y sus habitantes; y en fin, antes de embarcarnos ya nos habíamos hecho amigos cercanos, y acepté su invitación a alojarme en su casa durante mi estadía en el Cabo.

Varias veces he aludido a la repugnante bebida mishla, que es el brebaje universal de los zambos para ponerse un "borracho grande." Nunca presencié el nauseabundo proceso de su elaboración, pero la describió muy gráficamente Roberts, un comerciante de la costa que veinte años atrás presenció el "inicio y progreso" de una gran orgía en Sandy Bay:

"Se hacían preparativos para una gran fiesta con mishla. A ese propósito participó toda la población. La mayoría se dedicó a recoger piñas, plátanos y yuca para el licor favorito. El jugo exprimido de la piña es en sí una bebida agradable y gustosa. La mishla de plátanos y bananos es también agradable y nutritiva; la de yuca y maíz es más embriagante, pero su preparación requiere un proceso sumamente asqueroso. La raíz de la yuca, después de pelada y majada, se hierve hasta alcanzar la misma consistencia que tiene cuando es para alimento. Después se saca del fuego y se deja enfriar. Luego todas las mujeres, viejas y jóvenes, se acercan a la olla, provistas de grandes guacales, y comienzan el ataque a la yuca; la mastican hasta que adquiere la consistencia de una pasta gruesa, y escupen los bocados en los guacales, hasta que están llenos. Luego se vierten los guacales en la canoa, que han llevado hasta allí para ese propósito, y la llenan a un tercio de su capacidad. Después se toma otra porción de yuca y se machaca en una especie de mortero de madera, hasta que tiene la consistencia de una masa, que luego se deslíe en agua fría, y se le agrega una cantidad de maíz nativo, a medio cocer y masticado. Se vierte todo en la canoa, se llena con agua, y la mezcla se revuelve bien con un remo. En el curso de pocas horas alcanza un alto y detestable estado de fermentación. Cabe señalar que este licor se aprecia más —o menos— según sea el estado de salud, la edad y la constitución de las masticadoras. Cuando los jefes invitan a una mishla privada, confían la masticación a sus propias esposas y muchachas."

Una vez fermentada, la mishla tiene una apariencia cremosa, y es entonces cuando resulta más embriagante. La bebedera no cesa en tanto se pueda exprimir una gota de los residuos de materia pútrida que quedan después de que se termina el líquido.

XIV: CABO GRACIAS

El cabo de Gracias a Dios fue colonizado por Cristobal Colón, cuando al cabo de un extenuante viaje, dio "gracias a Dios" por el feliz descubrimiento de esta punta, situada en el extremo noreste de América Central. Aquí desemboca el gran río del Cabo, o río Wanks, formando una bahía grande pero poco profunda. En tiempos pasados, esta era el refugio favorito de los bucaneros, cuando la Tierra Firme española evocaba vagas nociones de inagotables riquezas, relatos de ponderosos galeones cargados de oro, y las bárbaras aventuras de Drake, Morgan y El Olonés. También en este sitio, hace muchos años, naufragó un gran barco que iba rumbo a Cuba, cargado de esclavos negros. Los negros lograron llegar a la costa, se mezclaron con los nativos y, con la posterior adición de gente venida de Jamaica y del interior, dieron origen al pueblo que se conoce como indios miskitos. Apoyados por los piratas y por los gobernadores de Jamaica con el propósito de hostigar a los españoles, se fueron extendiendo hacia el sur, hasta Bluefields, y en una ocasión emprendieron una guerra contra los indígenas —a quienes habían desplazado— a fin de obtener prisioneros para venderlos en las islas en calidad de esclavos.

Con la supresión del tráfico de esclavos y la consiguiente invasión de los semi-civilizados caribes por el norte, el asentamiento miskito del Cabo ha mermado gradualmente; hoy no cuenta más de doscientos habitantes. La aldea está situada en la orilla suroccidental de la bahía, no lejos de su entrada y al lado de una extensa sabana arenosa.

Entre la costa y la aldea hay una franja de espesos matorrales, de unas trescientas o cuatrocientas yardas de anchura, interrumpida por numerosos senderos estrechos, difíciles de transitar, pues los nativos son demasiado perezosos para rozar la maleza y las ramas que obstruyen el paso. La aldea en sí es miserable, sucia, infestada de cerdos hambrientos y de perros flacos y sarnosos. Las chozas son de lo más burdo; en su mayoría no sirven para guarecerse de las lluvias. Al tiempo de mi visita, las únicas casas que mostraban algún asomo de comodidad eran la "Casa del Rey," otra que pertenecía a un alemán llamado Boucher, y la de mi nuevo amigo H-. Esta última era de tablas y techo de madera, pero considerando mis experiencias de los dos meses anteriores con la arquitectura miskita, me parecía todo un palacio. En verdad Mr. H- nos hizo sentir muy cómodos. Además de los numerosos productos nativos del país, disponía de un abundante suministro de artículos importados. Como comerciante, había establecido por muchos años cierto tráfico con los indios del río Wanks, que le suministraban pieles de venado, zarzaparrilla y caoba, y con los zambos comerciaba caparazones de tortuga. Y cualesquiera que haya sido la autoridad nominal antes habida en el Cabo, era bastante obvio que ahora Mr. H- era el gobernador de facto.

Perfectamente ambientado en el país, H- no tenía grandes ambiciones ulteriores; hizo varios intentos, aunque no muy exitosos, por introducir la industria y mejorar las condiciones de los nativos. Por un tiempo mantuvo cierta cantidad de ganado en la sabana, pues aunque el suelo es demasiado pobre para la siembra, ofrece buenos y abundantes pastos; pero los zambos sacrificaron los animales para comérselos, por lo que decidió vender el resto a los buques mercantes. Actualmente ha recomenzado la introducción de ganado, con mejor resultado, e incluso tiene algunas mulas y caballos. Da lástima ver esas bestias, pues por carecer de los cuidados apropiados se les han metido las garrapatas en las orejas, de modo que no sólo las tienen gachas, sino que en algunos casos se les caen por completo.

Los zambos tienen una costumbre singular, ciertamente poco propicia para la crianza de ganado, que Mr. H- no había logrado suprimir del todo. Cada vez que a un nativo se le juzga culpable de adulterio, la parte ofendida se dirige a la sabana y mata varias reses, sin importar a quién pertenezcan. El deber de pagarlas recae en el adúltero, y eso constituye el castigo por su delito. Casi todos los zambos en el Cabo hablan un poco de inglés, y cada vez que pasaba frente a sus chozas me saludaban con un: "Buenas, señor; ¡déme aguardiente!" De hecho, su devoción por el trago y sus hábitos de falta de provisión son la causa de que estén menguando en número, y pronto llegarán a la total extinción. Cerca del asentamiento existen varios lugares donde podrían cultivar muchas de las cosas que necesitan para su sustento, sin embargo, para obtener sus vegetales dependen principalmente de los indios del río.

Hay en la sabana algunos animales de presa, pero en la franja de tierra que separa la bahía del mar, que llaman isla de San Pío, abundan los venados. Esta isla está curiosamente diversificada con parcelas alternas de sabanas, matorrales y pantanos, que ofrecen numerosos escondites para los animales salvajes. Sin embargo, los venados solamente son cazados por los pocos blancos que viven en el Cabo, que han encontrado una manera fácil y novedosa de procurarse el sustento. Los venados no huyen del ganado; pacen juntos en las sabanas. Mr. H- había entrenado a una de sus vacas favoritas, que obedecía a las riendas atadas a sus cuernos como obedece una cabalgadura al freno. Cuando salía de caza, todo el tiempo mantenía a la vaca entre él y los venados; de este modo no tenía la menor dificultad para acercarse a las presas lo bastante para matarlas de un tiro de pistola. Si había más de una, el resto no se espantaba con el disparo; solamente alzaban azoradas las orejas, y de ese modo le daban ocasión de hacer otro disparo, si así lo deseaba. En repetidas ocasiones presencié este modo de cazar de reducido esfuerzo, y vi que H- y su vaca nunca fallaban en su objetivo.

Cazando venados *

Hablando del tema de presas, puedo decir que en San Pío abundan los pájaros y las aves acuáticas. Entre ellas hay dos variedades de chorlito, además de innumerables zarapitos, patos y zarcetas. La zarceta de ala verde y la de ala azul eran mis grandes favoritas, por estar siempre en buena condición. No obstante, no hay manera de obtenerlas sin exponerse a los mosquitos bocones, que a incontables millones infestan la isla. Los europeos residentes están siempre surtidos de tortugas, que compran a un precio que varía entre cuatro a ocho yardas de tela de Osnaberg, equivalente a uno o dos dólares, según el tamaño de la tortuga. También se consiguen aquí dos clases de ostras: unas llamadas "ostras de banco," que son como las que obtuve en la Laguna de Perlas, y las pequeñas ostras de manglar. Estas últimas son casi del tamaño de una moneda de medio dólar, y se adhieren a las raíces de los mangles. Abrirlas es tan difícil, que cabe preguntarse si un hombre hambriento no desfallecería antes de poder abrir las suficientes para saciar su hambre, si tuviese que abrirlas por sí mismo. ¡Unos cuantos cientos de ellas, con la ayuda de un par de indios para abrirlas, constituyen apenas un moderado —aunque excelente— almuerzo!

La bahía y el río bullen de peces de las variedades que he enumerado, muy comunes en la costa. En tiempo calmo, se pescan en grandes cantidades con redes de cerco. Estas redes de cerco pertenecen a los extranjeros, pero quienes las arrastran son los nativos (¡cuando tienen hambre!) que reciben la mitad de lo atrapado.

Mr. H- estaba algo molesto por mi incredulidad sobre las sukias, y fiel a su promesa, persuadió a una de ellas a que nos diera una muestra de sus poderes. El lugar fue el recinto que había en la parte trasera de la casa de H-, al caer la tarde. La sukia se presentó sin acompañantes, portando una vara de bambú larga y gruesa, y por toda vestimenta el viejísimo tournou. Su fealdad no era tanta como la de su hermana de Sandy Bay, y entró a la casa como un espectro, sin proferir palabra. H- cortó una pieza de calicó y se la entregó en pago. Ella la recibió en total silencio, se encaminó al patio y la dobló cuidadosamente en el suelo.

Mientras tanto se había encendido un fuego con astillas y ramas de pino, que ya estaba ardiendo. Sin ningún titubeo, la sukia caminó hacia el fuego y se detuvo en el mero centro. Las llamas elevaban sus bífidas lenguas de fuego hasta llegarle a la cintura; las brasas debajo y alrededor de sus desnudos pies se ennegrecían y parecían extinguirse; mientras el tournou que llevaba atado a la cintura crepitaba y se ajaba a causa del calor. Y allí se estuvo, inmóvil, al parecer tan insensible como una estatua de hierro, hasta que las llamaradas cesaron.

Entonces se puso a caminar alrededor de las brasas ardientes, musitando para sí palabras ininteligibles. De pronto se detuvo, y poniendo su pie sobre la vara de bambú, la quebró por la mitad, sacando de la parte que tenía en la mano una gran serpiente tamagás, que de inmediato se enrolló, aplanó la cabeza y sacó la lengua en actitud de desafío y ataque. La sukia extendió su mano y la serpiente se le enrolló en la muñeca con la rapidez de un rayo. Allí se estuvo colgada, meciéndose y retorciéndose en nudos y volutas, mientras ella reasumía su marcha musitando en torno a las brasas.

Después de un rato, y con la misma brusquedad que había marcado todos sus movimientos anteriores, sacudió a la serpiente, le desbarató la cabeza en el suelo con el talón, y recogiendo la tela que se le había dado, se alejó sin haber intercambiado palabra con ninguno de los presentes.

Mr. H- me dirigió una mirada triunfante y me preguntó qué decía ahora. ¿Hubo algún engaño en lo que había visto? Sólo logré convencerlo de que yo era un hombre perversamente obstinado, pues sugerí que la sukia probablemente conocía algún antídoto para el veneno de la serpiente, y que su resistencia al fuego no era más asombrosa que la de los malabaristas, "maestros del fuego" y de otros vagabundos que no se jactan de poseer poderes sobrenaturales.

—Bueno —dijo él, en tono de irritada decepción—, ¿pueden sus malabaristas y maestros del fuego decir el pasado y predecir el futuro? Cuando a usted le revelan sus pensamientos más íntimos y cuando los espíritus de sus amigos muertos le traen a la memoria escenas e incidentes que sólo fueron conocidos por ellos, por usted y por Dios —y su voz se hacía profunda y severa—, ¿de qué hipótesis se vale para explicar tales cosas? Yo, en cambio, puedo dar fe de que son ciertas. Usted puede reírse de lo que dice son trucos vulgares de la vieja bruja que se acaba de ir, pero yo puedo llevarlo adonde su incrédula lengua del asombro se le pegará al paladar; y los secretos más íntimos de su corazón le serán revelados, y sentirá que se encuentra cara a cara con los muertos invisibles.

Nunca he sentido el deseo de ridiculizar las opiniones ajenas, por muy absurdas que sean, cuando se expresan con sinceridad; y había algo en la manera reverente de mi anfitrión que me convenció de que era sincero en lo que decía. Así pues, cambié la conversación, con la promesa de que iríamos a visitar a la vieja extraña a quien él atribuía tan misteriosos poderes.

Antonio había presenciado atentamente todos los trucos de la sukia, y me expresó el gran desdén que sentía por sus fingimientos. Tales exhibiciones —dijo— son sólo para chiquillos ociosos, y no hay que confundirlas con los asombrosos poderes de los oráculos, por los cuales el "Señor de la Enseñanza y los Espíritus de los Hombres Sagrados" se comunicaban con los mortales. Le hablé de la misteriosa mujer que vivía en las montañas, superior a todas las sukias.

**Las llamas elevaban sus bífidas lenguas de fuego
hasta llegarle a la cintura.**

Nunca he sentido el deseo de ridiculizar las opiniones ajenas, por muy absurdas que sean, cuando se expresan con sinceridad; y había algo en la manera reverente de mi anfitrión que me convenció de que era sincero en lo que decía. Así pues, cambié la conversación, con la promesa de que iríamos a visitar a la vieja extraña a quien él atribuía tan misteriosos poderes.

Antonio había presenciado atentamente todos los trucos de la sukia, y me expresó el gran desdén que sentía por sus fingimientos. Tales exhibiciones —dijo— son sólo para chiquillos ociosos, y no hay que confundirlas con los asombrosos poderes de los oráculos, por los cuales el "Señor de la Enseñanza y los Espíritus de los Hombres Sagrados" se comunicaban con los mortales. Le hablé de la misteriosa mujer que vivía en las montañas, superior a todas las sukias.

—Ella es de nuestra gente —respondió entusiasmado— y su nombre es Hoxom Bal, que significa Madre de los Tigres. Fue para buscarla que yo me fui de la Ciudad Sagrada de los Itzá, sin más guía que mi Señor que nunca miente. Y ahora su alma entrará en nuestros hermanos de las montañas, y ellos serán tigres tras las huellas de nuestros opresores.

La figura del muchacho indio se había agrandado mientras hablaba; sus suaves miembros se anudaban por la contracción de los músculos; sus ojos llameaban, y su tenue voz se hizo firme, clara y ominosa. Pero esto duró sólo un instante; y mientras yo escuchaba el gran secreto que latía en su pecho, él se detuvo en seco, se dio la vuelta y se alejó; pero pude ver que apretaba su talismán contra su pecho.

Los sukias de la Costa son usualmente mujeres, aunque a veces los hombres asumen su poder y autoridad. La preparación para el oficio implica mortificaciones tan rigurosas, como jamás la Iglesia las exigió de sus devotos más fanáticos. Los candidatos se recluyen durante meses en las selvas, evitando ver el rostro de sus semejantes, y allí, sin ninguna arma ni medio de defensa, lidian con el hambre, con los elementos y con las bestias feroces. De ese modo sellan su pacto con los poderes misteriosos que rigen la tierra, las aguas, el aire y el fuego; y regresan a las villas, con su gente, investidos con todos los terrores que la superstición atribuye a todos aquellos que parecen estar exentos de las leyes naturales.

Estos sukias son los "doctores" de la costa, y dicen curar enfermedades; pero sus recetas por lo general son más extravagantes que benéficas. A veces ordenan al afectado por la fiebre que vaya a playa abierta, y allí espere su curación, bajo el calor abrasador del sol que cae a plomo. Tienen además un gusto salvaje por la sangre; y las heridas y las escarificaciones del cuerpo están entre sus remedios favoritos.

Puedo agregar que los miskitos no tienen idea alguna de un ser supremo benevolente; pero guardan mucha reverencia a un espíritu maligno que llaman Wulasha, y a un fantasma de las aguas llamado Lewire. Suponen que Wulasha[18] toma parte de todas las ganancias que los sukias obtienen por sus servicios; astutamente se hace pagar de antemano su mitad del precio estipulado, y el pago del resto depende en gran medida del éxito del sukia.

El infanticidio forma parte de las costumbres comunes en la costa, toda vez que la criatura nace con algún defecto físico. En consecuencia, no se conocen personas con deformidades naturales. La castidad, según he mencionado en varias ocasiones, no se considera una virtud, y por ser común la poligamia, el número de esposas que tenga un hombre depende sólo de las circunstancias. Físicamente, los miskitos tienen gran preponderancia de sangre negra, y sus supersticiones y hábitos son más africanos que americanos. Padecen mucho de afecciones sifilíticas, a resultas de las desenfrenadas relaciones licenciosas con los piratas de antaño, y luego con los comerciantes (que en su carácter apenas se distinguen de los piratas). Estas afecciones, bajo la forma de bulpis con manchas rojas, blancas y escamosas han llegado a ser un padecimiento generalizado que afecta a toda la población, y que debilita sobremanera la constitución física de la gente, volviéndola mortalmente propensa a todas las enfermedades epidémicas. Esta es una de las poderosas causas de la

---

[18] Puedo agregar que los miskitos no tienen idea alguna de un ser supremo benevolente; pero guardan mucha reverencia a un espíritu maligno que llaman Wulasha, y a un fantasma de las aguas llamado Lewire1. Suponen que Wulasha toma parte de todas las ganancias que los sukias obtienen por sus servicios; astutamente se hace pagar de antemano su mitad del precio estipulado, y el pago del resto depende en gran medida del éxito del sukia.

rápida disminución de la población, y que pronto resultará en la total extinción de los zambos.

Sus artes están limitadas al muy estrecho rango de sus necesidades, y son en extremo burdas. Su mayor pericia la muestran en los dories, canoas y pipantes que los indios traen del interior, rudamente labradas a fin de dar al comprador ocasión de exigir su propio gusto en el acabado final. Por ser esencialmente pescadores, en el agua se sienten a sus anchas y manejan los botes con gran destreza. Su idioma tiene una leve afinidad con la lengua caribe, pero ha degenerado en una especie de jerga, en la cual el indígena, el inglés, el español y el africano-jamaiquino forman una rara mezcolanza. Cuentan por veintenas, es decir, tomando como base el conjunto de los dedos de las manos y los pies, y hacen proezas cuando llegan a cifras elevadas. Así, para expresar treinta y siete, dicen iwanaiska-kumi-pura-matawalsip-pura-matlalkabe-pura-kumi, que literalmente significa veinte y uno y diez y seis y uno, es decir, 20 + 1 + 10 + 6 + 1. Computan los días por dormidas, los meses por lunas, y los años por la suma de trece lunas.

En conjunto, hay poco que se pueda elogiar en el carácter de los miskitos. Su vicio principal es la embriaguez, que ha desdibujado todos sus mejores rasgos. Sin religión ni idea alguna de gobierno, son caprichosos, indolentes, imprevisores, traicioneros y dados al robo. Todos los intentos por mejorar sus condiciones han sido lamentables fracasos, y es probable que ya hubieran desaparecido de la tierra sin dejar rastro, si no fuera porque conviene a los intereses del gobierno británico utilizarlos como pantalla de su política expansionista, misma que los ingleses siempre niegan, pero es una característica inseparable y notoria.

En la villa del Cabo hay un suburbio cerca del río, que se llama Pullen-town. Allí presencié una curiosa ceremonia, un Sikro, o Festival de los Muertos. Este festival se lleva a cabo en el primer aniversario de la muerte de cualquier miembro importante de la familia, y solamente participan en él los parientes y amigos del difunto. Como en todo festejo, el principal elemento es la chicha, que todos beben profusamente. Varones y mujeres visten una especie de túnica fantasiosamente pintada en negro y blanco, hecha de la corteza del árbol del hule, y llevan los rostros veteados con pintura roja y amarilla (achiote). La música se ejecuta a dos grandes flautas de sonido lastimero y zumbón, y un acompañamiento vocal bajo y monótono. La danza consiste en caminar en círculo durante cierto tiempo; luego los parientes cercanos del difunto se dejan caer de bruces en el suelo, llamando a gritos al desaparecido y rascando la tierra con las manos. Luego se levantan y recomienzan la marcha y repiten sus postraciones y lamentos. No pude obtener ninguna explicación satisfactoria de esta práctica. "Así lo hacían nuestros ancestros" fue la única razón que me dieron.

Habíamos estado en el Cabo casi una semana, cuando Mr. H- recibió información de que las noticias de nuestra aventura en Quamwatla habían llegado a Sandy Bay, y que el vengativo comerciante había despachado por mar un veloz dory hacia Bluefields, a fin de obtener órdenes para nuestro "arresto y castigo." Esta noticia la trajo por la noche el mismo indio a quien protegí de la brutalidad del mercader, y de esta forma quería manifestar su gratitud. Yo ya le había explicado con toda franqueza a Mr. H- las circunstancias de nuestra huida, y él justificó plenamente todo cuanto hicimos. Más aún, puesto que el comerciante podría valerse del incidente como pretexto para seguirnos fastidiando, H- aprobó el plan —que por otras razones yo había ideado— de explorar el río Wanks y acompañar a mi muchacho paya hasta los refugios de su tribu, en las selvas vírgenes situadas entre este río y la bahía de Honduras. Tomando este curso podría llegar de nuevo al mar, más allá de la jurisdicción de los zambos, hasta el distrito ocupado por los caribes, no lejos del antiguo puerto español de Trujillo. Además, el insulso escenario de las lagunas se había vuelto poco atractivo, y yo anhelaba ver montañas y escuchar el fluir de los ríos. La famosa mujer sukia vivía asimismo en uno de los tributarios del curso inferior del río, y según ese plan podríamos visitarla sin apartarnos mucho de nuestro rumbo.

En cumplimiento de su promesa, Mr. H- se alistó para acompañarnos hasta el refugio de la misteriosa vidente, y nos embarcamos dos días después, con su pipante como guía. La bahía se conecta en su extremidad norte con el río, por medio de un riachuelo lo bastante profundo para admitir el paso de canoas. A su desembocadura llegamos al gran Wanks, que es un río ancho y majestuoso, con una corriente muy débil en sus tramos bajos, pero mana un imponente caudal en la estación lluviosa. Tiene amplia capacidad de navegación a lo largo de casi cien millas, aunque hay en la desembocadura una barra mala y variable, que forma una insuperable barrera para la entrada de navíos. Poco se sabe de este río, excepto que nace a unas treinta o cuarenta millas del Pacífico, y que en su curso superior fluye entre altas montañas, y está obstruido por cataratas y bajíos.

Durante el día avanzamos rápidamente, pues el río más parece un estuario que una corriente. Las riberas, por cien yardas o más, están densamente flanqueadas por matorrales, pero más allá de esta franja selvática se abre una sucesión ininterrumpida de sabanas arenosas. No hallamos indicios de habitantes, excepto algunas chozas desperdigadas a grandes intervalos, en sitios donde el suelo es lo bastante fértil para cultivarlo. No obstante, nos topamos con unos indios que bajaban con sus canoas para llevarlas a vender en el Cabo; nos miraron pasar con curiosidad y en silencio.

Cerca del anochecer acampamos en un lugar donde la orilla de la sabana penetra en los matorrales y desciende abruptamente al río, formando una especie de remolino o caleta, que parece hecha a propósito para sitio de parada. Mr. H- llamaba a este acantilado Iguana Point, por la cantidad de iguanas que hay allí. Abundan por toda la costa en las partes elevadas, pero nunca había visto iguanas tan grandes como esas. Es difícil imaginar reptiles más feos: grandes, descomunales, arrugadas lagartijas de pescuezo hinchado y ojos como de serpiente. Parecía que nos tomaban por intrusos insolentes, y al aproximarnos se alejaron a desgano, contoneándose con reprimido enojo. Pero la ley de las compensaciones se aplica a las iguanas, como a todo lo demás, pues si bien son los reptiles más feos del mundo, su carne es de lo mejor que hay para comer. Así pues, nuestros hombres sacrificaron tres o cuatro de las más grandes, escogiendo aquellas que parecían estar más cargadas de huevos. En ese entonces no había logrado yo vencer mi repugnancia hasta el punto de atreverme a probarlas, pero alentado por H- hice el intento. Los primeros bocados me resultaron muy cuesta arriba, pero hallé su carne en verdad tan tierna, que antes de terminar el almuerzo ya había logrado olvidar mis prejuicios. Los huevos son especialmente deliciosos, mejores aún que los de tortuga. Cabe decir, en crédito de la fea iguana, que en lo que atañe a su propia alimentación es tan delicada como el colibrí o la ardilla, pues se nutre esencialmente de flores y retoños. Suele vérseles en las ramas de los grandes árboles que se inclinan sobre el agua, mirando con curiosa gravedad a los viajeros que pasan. Sus principales enemigos son las serpientes, las que, no obstante, suelen llevar la peor parte en sus ataques, pues las iguanas poseen afilados dientes y poderosas mandíbulas. Entre las variedades de menor tamaño hay unas de un verde vivísimo. Se les puede ver por centenares en las ramas y troncos caídos al borde de los ríos. Observan quietas la canoa que se acerca, y de súbito salen disparadas, caminando literalmente sobre el agua, tan veloces que parecieran verdes saetas que pasan de largo. En la lengua de los nativos se les conoce con el nombre genérico de kalcamuk.

Al adentrarme a poca distancia de nuestro campamento, poco antes de la cena, miré un animal que avanzaba con paso incierto; al principio pensé que era una iguana, pero de inmediato me percaté de mi error. Parecía buscar la manera de salir huyendo, pero con tanta torpeza, que en vez de dispararle me le acerqué a toda prisa y le atajé el paso. Al intentar eludirme me pasó tan de cerca que lo detuve con el pie. Al instante se enrolló hasta formar una bola, como un gran caracol, o más bien, como una de esas curiosas formaciones coralinas que parecen una bola de queso y que los marineros llaman "huevos de mar." Luego vi que era un armadillo, ese pequeño aventurero acorazado de la selva, que al igual que la zarigüeya finge estar muerto cuando se siente "acorralado" o "en aprietos." Le di vuelta y, tomándolo por la breve cola, me lo llevé al campamento. Resultó ser de la variedad conocida como "armadillo de tres bandas." Tenía un color cremoso, cubierto de escamas hexagonales. Después vi otras variedades más grandes, con ocho y nueve bandas. La carne del armadillo es blanca, jugosa y tierna, y muy estimada como uno de los manjares más exquisitos.

XV: RÍO BOCAY

Al segundo día de nuestra partida de Cabo Gracias, llegamos a un afluente considerable llamado Bocay, que entra en el río Wanks procedente del suroeste. Era en las orillas de este río, a unas diez o quince millas de su confluencia, donde residía la famosa sukia. Dirigimos nuestros botes río arriba. El agua era clara y fluía rauda. No tardamos mucho en dejar la franja de la sabana que por ambos lados flanquea al río del Cabo, a lo largo de unas cincuenta millas arriba de su desembocadura. Más allá de este punto aparecieron densas selvas primitivas con árboles gigantescos, entre los cuales la caoba era conspicua. Las orillas también se volvieron altas y firmes, y presentaban ocasionales promontorios rocosos en cuyo derredor el agua formaba oscuros remolinos. Era evidente que habíamos entrado en la región montañosa del continente, y nos encontrábamos al pie de una de las estribaciones de la primitiva cadena de cordilleras.

En algunos lugares el río fluía estrechado por altos cerros, de laderas escarpadas y rocosas, donde la corriente era rápida y pujante; sólo podíamos remontarnos con el esfuerzo vigoroso de los remeros. A esos raudales sucedían bellos intervalos de terreno plano, lugares que invitaban a establecer campamentos. Pasamos por dos o tres rincones bellos y acogedores, donde había muchos claros con pintorescas chozas indígenas. Con la salvedad de alguna palmera ocasional, o un aislado macizo de plátanos que colgaban de la orilla, adonde las cepas fueron acarreadas por el agua, no había nada de tropical en el aspecto de la naturaleza, a no ser, quizás, el gran tamaño de los árboles de la selva y la variedad de plantas parásitas que los cubrían.

Nuestro avance a contracorriente era comparativamente lento y laborioso. Era avanzada ya la noche cuando el fulgor de los fuegos en la orilla y el ladrido de los perros nos anunciaron la proximidad de la villa india de Bocay, hacia donde nos dirigíamos. Llegamos ahí a buena hora, y nos recibieron con mucha ceremonia los ancianos del lugar, quienes parecían saber de antemano que llegaríamos. De momento pensé que, siendo Mr. H- tan previsor, les había anunciado nuestra visita, pero luego supe que nada les había dicho al respecto.

Se nos asignó una choza vacía, y comenzamos a colgar las hamacas y a preparar nuestra cena. Apenas habíamos terminado de comer cuando hubo un movimiento repentino entre los indios, que se apiñaron como abejas en nuestra puerta, y prontamente abrieron paso para alguien que se acercaba. Un momento después se presentó una vieja; se detuvo en el umbral y nos miró en silencio. En porte y vestimenta difería mucho del resto de la gente. Atada a la frente llevaba una ancha banda de algodón, en la cual se trenzaban plumas de ave de vivísimos colores. Esa banda le ceñía el cabello, que le caía por la espalda como un manto, casi hasta el suelo. Atado a la cintura llevaba un faldellín de pieles de tigre y calzaba sandalias del mismo material. En las muñecas y tobillos usaba anchas bandas de plumas, como las que circundaban su cabeza.

Sus ojos pronto se fijaron en Antonio, quien había interrumpido su trabajo y avanzado a la puerta al llegar ella. Se miraron como reconociéndose y se dijeron algunas palabras apresuradas, incomprensibles para nosotros. De súbito la vieja dio la vuelta y se alejó. Miré inquisitivamente al joven indio, cuyos ojos brillaron otra vez con esa misteriosa inteligencia que tantas veces he mencionado.

El indio se acercó presuroso a mi lado y me susurró en español: "La Madre de los Tigres nos espera." Luego, con paso nervioso, se enrumbó a la puerta. Hice una seña a H- y fuimos tras él. Los indios se apartaron a los lados; salimos, y apenas pudimos mantener el veloz paso del muchacho indio. Avanzaba como si estuviese familiarizado con el entorno; pasó de largo por chozas abiertas y se adentró en la selva oscura. Noté que seguía una luz, no como la de una llama, sino de una brasa ardiendo, que en un momento parecía estar cerca y al siguiente, distante. El sendero, aunque estrecho, era llano y ascendía abruptamente. Por media hora mantuvimos el mismo paso veloz, y cuando la arboleda comenzó a hacerse rala pude ver que salíamos de la oscura floresta hacia un espacio comparativamente abierto, donde se recortaban sutilmente los gráciles penachos de las palmeras contra el cielo estrellado. Allí se detuvo la luz que nos servía de guía, y al llegar a ella encontramos a la misma vieja que nos había visitado en la villa, portando una tea para guiarnos. Nos hizo seña de que guardáramos silencio y avanzó despacio, con visible cautela.

Al cabo de unos minutos de caminata nos topamos con lo que a la tenue luz parecía una construcción de piedra, y en seguida otra más grande. Observé que ambas estaban parcialmente en ruinas, pues por los umbrales abiertos podían verse las estrellas en el horizonte. Nuestra guía siguió de largo sin detenerse y nos condujo a una chozuela de cañas que había detrás de las ruinas. La puerta estaba abierta, y la luz de adentro se reflejaba en el suelo tersamente apisonado, formando una ancha columna inamovible. Al momento de entrar quedé casi cegado por el resplandor de las antorchas de pino que había en cada rincón. Me sobresaltó también un feroz rugido y la aparición súbita de un animal salvaje a nuestros pies. Retrocedí alarmado, y mi sobresalto no disminuyó cuando, al recuperar la visión, vi justo frente a nosotros, como si fuese el guardián de la morada, un gran tigre que nos miraba fijo y barría lentamente el suelo con su larga cola, como preparándose para saltarnos directo a la garganta.

La fiera, empero, se nos interpuso sólo un momento. Bastó una palabra y un ademán de la vieja para hacerla recular al rincón de la choza, donde se echó en silencio. Miré en torno, pero salvo un tosco tambor indio situado al centro del terso piso de tierra, y unos bloques de piedra plantados junto a las paredes a manera de asientos, no había en la choza otros enseres, ni ornamento alguno. Pero en un extremo del recinto, sentada sobre una piel de tigre, estaba una mujer cuya figura y ademanes reconocí enseguida como la extraordinaria sukia a la que de tan lejos habíamos venido a visitar. Era joven, ciertamente no mayor de veinte años, alta y perfectamente formada. Vestía una piel de tigre, lo mismo que la vieja que había hecho de mensajera, pero la banda que le ceñía la frente, lo mismo que sus pulseras y ajorcas, eran de oro.

Se levantó al entrar nosotros, y con una leve sonrisa de reconocimiento a Mr. H-, nos dijo unas palabras de bienvenida. Yo esperaba encontrarme con una descarada timadora de fingidos poderes sobrenaturales, cuyo primer esfuerzo estaría encaminado a engatusar la imaginación de los visitantes.

La madre de los tigres.

Me sorprendió hallar que, después de todo, la "Madre de los Tigres" era sólo una tímida muchacha indígena. Al principio sus miradas parecían recelosas, pues posaba sus ojos en los nuestros de modo inquisitivo. De pronto volvió la vista hacia la puerta abierta, emitió una exclamación que era una mezcla de sorpresa y júbilo, y avanzó resuelta hacia Antonio. Se miraron en silencio, e intercambiaron una rápida señal y una sola palabra; luego ella se dio la vuelta, y Antonio se retiró a un rincón, donde permaneció inmóvil como una estatua, observando cada movimiento con la mayor atención.

En cuanto la sukia volvió a su asiento, se llevó las manos a la frente, y mantuvo la mirada fija en el suelo frente a ella. Nunca había visto un rostro humano con una expresión de mayor concentración. Pasaron unos cinco minutos en total silencio, cuando un súbito chasquido, como de una cuerda de violín al reventarse, condujo nuestra atención al tosco tambor que se hallaba en el centro de la choza. En seguida se oyó una serie de ruidos crepitantes, como descargas de chispas eléctricas. Parecían producirse irregularmente al principio, pero, a medida que escuchaba, descubrí que tenían una relación armoniosa, como si fuesen acompañamiento a una sencilla melodía. Las vibraciones del tambor eran claramente visibles, y parecían describir un movimiento circular sobre el suelo, de izquierda a derecha. Los sonidos se detuvieron tan repentinamente como habían comenzado, y la sukia, levantando la cabeza, dijo solemnemente: "Los espíritus de tus padres han venido a la montaña. Yo no los conozco; tú tienes que hablar con ellos."

Titubeo para contar lo que presencié esa noche en la tosca choza de la sukia, por temor a que mi testimonio exponga al ridículo tanto mi narrativa como mi persona, y se preste a injustos reclamos. Si mi propósito fuese elaborar una historia impactante, sería fácil invocar el auxilio de una gran maquinación e investir de portentoso significado las comunicaciones que nos fueron dadas esa noche. Pero eso sería tan ajeno a la verdad como repugnante a mis sentimientos, pues si hubiera cualquier asomo de ligereza en este recuento de mis aventuras en la selva, aquellos que me conocen pueden dar fe de mi respeto por todas aquellas cosas que son de naturaleza sagrada o que están vinculadas a los elementos más enigmáticos de nuestra existencia.

Sólo puedo decir que, salvo por el modo un tanto melodramático en que fuimos conducidos al monte por la mensajera de la sukia, y el incidente del tigre domado, nada ocurrió durante nuestra visita que pareciera preparado para tal efecto, o que estuviera visiblemente fuera del curso ordinario de las cosas. Es cierto que yo estaba algo desconcertado, por no decir impresionado, con el perfecto entendimiento o la relación que parecía existir entre la sukia y Antonio. Sin embargo, esta relación quedó cabalmente aclarada por lo que sucedió a continuación. Entre la clase gobernante y sacerdotal de las naciones semi-civilizadas de América ha existido siempre un vínculo misterioso, o una organización secreta, que no se ha destruido pese a todos los desastres acaecidos. Es a la existencia de ese vínculo que podemos atribuir esos movimientos simultáneos de los aborígenes de México, América Central y Perú, que más de una vez han amenazado derrocar por completo el poder español.

Era pasada la medianoche cuando H- y yo dejamos el santuario de la sukia, con una visión nueva y más profunda de los misterios de nuestra existencia presente y futura, y con una apreciación más noble y plena de las grandes realidades que han de seguir al advenimiento de cada alma al universo, y de las cuales la Tierra es apenas la iniciación. La luna había asomado, y ahora plateaba con su luz serena todos los objetos, revelando que nos hallábamos en un angosto terraplén de la montaña, de cara al oriente, desde donde dominábamos un vasto panorama del bosque y la sabana, limitado sólo por el distante mar. Justo frente a la choza de la que habíamos salido se erguía una de las estructuras en ruinas que he mencionado. A la clara luz de la luna pude percibir que estaba construida de grandes piedras, dispuestas con absoluta regularidad y labradas por todas partes con extrañas figuras, que si no eran idénticas se parecían mucho a aquellas dibujadas por Catherwood y que nos han llegado a ser tan conocidas.

La construcción original parecía haber tenido dos pisos, pero los muros superiores se habían derrumbado, y el suelo estaba cubierto de escombros sobre los cuales crecían lianas rastreras, como queriendo ocultar los ripios de la mirada de los hombres. Al alejarnos de ahí, y a una distancia considerable de las ruinas, se alzaba una gran piedra rudamente esculpida en forma de figura humana. Miraba al oriente, como para captar los primeros rayos de la mañana, y le daba de lleno la luz de la luna. Para mi sorpresa, sus rasgos eran la exacta contraparte de los que aparecían en el talismán de Antonio. No había duda: era el rígido pero gentil semblante del "Señor que nunca miente".

Santuario de la *sukia*

La construcción original parecía haber tenido dos pisos, pero los muros superiores se habían derrumbado, y el suelo estaba cubierto de escombros sobre los cuales crecían lianas rastreras, como queriendo ocultar los ripios de la mirada de los hombres. Al alejarnos de ahí, y a una distancia considerable de las ruinas, se alzaba una gran piedra rudamente esculpida en forma de figura humana. Miraba al oriente, como para captar los primeros rayos de la mañana, y le daba de lleno la luz de la luna. Para mi sorpresa, sus rasgos eran la exacta contraparte de los que aparecían en el talismán de Antonio. No había duda: era el rígido pero gentil semblante del "Señor que nunca miente".

Seguíamos en silencio a la guía, que nos había llevado hasta la montaña por el estrecho sendero que conducía a la villa. Con un ademán nos indicó la dirección que debíamos seguir, y se alejó sin pronunciar palabra. Iba yo tan absorto en mis reflexiones que sólo cuando llegamos a nuestro campamento noté la ausencia de Antonio.

Se había quedado allá en la choza, pero cuando desperté a la mañana siguiente ya estaba de vuelta, y se ocupaba de alistar nuestra partida. "¡Todo está bien con nuestros hermanos de las montañas!", fue su pronta respuesta a mi mirada inquisitiva. A partir de ese día, parecía dominado por la idea de regresar cuanto antes a su gente. Fue mucho después que descubrí la profunda significación de la visita del joven cacique de los Itzá a la vidente india del río Bocay. Desde entonces el español, aunque esté atrincherado en un cerco de bayonetas, suele temblar cuando escucha el rugir del tigre en la quietud de la noche, delatando la proximidad de aquellos hombres agraviados, cuyos brazos incansables, armados por la memoria de tres siglos de opresión, amenazan ahora con exterminar la raza de los conquistadores.

Nuestro descenso por el río Bocay fue más rápido que el ascenso, y al mediodía habíamos llegado al gran río. Mi ruta iba en una dirección, y la de Mr. H- en otra, pero no queríamos separarnos, y al cabo acordó acompañarnos hasta nuestro primer sitio de parada y pernoctar ahí con nosotros para volver al día siguiente al Cabo. Eran apenas las cuatro cuando llegamos al punto designado, notable por ser el punto donde terminan las sábanas. Más allá, se elevan las riberas del río y el terreno se yergue en cerros y altas montañas, densamente cubiertas por la gigantesca selva primigenia. Nuestros compañeros indios prontamente nos ofrecieron abundantes pescados, de los que proliferan en el río; y, en cuanto a vegetales, hay en las orillas bajas una profusión de bananos y plátanos, que crecen de las cepas arrastradas por el río desde el interior del país y depositadas aquí durante sus inundaciones.

En cierta ocasión Mr. H- remontó el río hasta llegar a su fuente, situada en el elevado distrito minero de Nueva Segovia, en el extremo noroeste de Nicaragua. El ascenso le tomó veinte días. Me contó que en muchos lugares el cauce se ve interrumpido por cataratas y rápidos difíciles de remontar, por lo que hay que arrastrar los botes para rodearlos. En otros sitios el río queda estrechado entre rocosos paredones verticales, y el agua corre con tal ímpetu que fueron necesarios muchos intentos y tuvieron que hacer un gran esfuerzo para pasar los botes.

Contaba H- que en Nueva Segovia hay una considerable población de indios civilizados, cuya principal ocupación es lavar el oro que se encuentra en las aguas de río arriba. Según describía, su modo de vida es una curiosa ilustración de la influencia de los sacerdotes católicos, que están esparcidos en varios lugares y ejercen un poder casi ilimitado sobre los sencillos nativos. La naturaleza de su relación, así como sus costumbres, quedaron bien ilustradas por un incidente que aconteció durante su visita, y yo trataré de relatarlo apegándome lo más posible a sus palabras. El lector debe tener en mente que la historia me la contó en fragmentos, mientras H- daba vigorosas fumadas a su gran puro, y que me he tomado la libertad de empezar al inicio del relato, y no al final.

UN CUENTO DEL RÍO WANKS

"En nuestra decimonovena noche de viaje desde el Cabo —me relató H.—, tras un agotador día de navegar, a ratos con remos y a ratos con pértigas, llegamos a Pantasma, frontera extrema del asentamiento segoviano en el río. Mientras nos acercábamos a la orilla, alegres ante el prospecto de refugio y descanso que la villa nos brindaría, nos sorprendió oír música de flautas y tambores; por un momento tuvimos la grata impresión de que la gente, sabiendo de algún modo de nuestra llegada, había decidido darnos así la bienvenida. Sin embargo, pronto vimos que los músicos tocaban para un hombre blanco, cuyo atuendo combinaba de raro modo la moda civilizada y lo salvaje. Nos miró con curiosidad por unos momentos, luego propinó a los músicos más cercanos un vigoroso puntapié, corrió hacia el río y nos recibió con un cordial abrazo. Haciendo una docena de preguntas a la vez, se presentó a sí mismo como un inglés que se hallaba en una maldita encrucijada, ¡y cuya ambición más inmediata e importante era que fuésemos todos a su rancho a beber algo! Nuestra primera impresión fue que el hombre estaba loco de remate; pero nos desengañamos al llegar a su casa, que encontramos profusamente abastecida de comestibles, y donde no tardamos en sentirnos cabalmente a nuestras anchas. Quizás lo que bebíamos tuvo algo que ver con eso, pero lo cierto es que casi nos morimos de risa oyendo el recuento de las aventuras de nuestro anfitrión en América

Central, y en especial los pormenores de su llegada a Pantasma y cómo había llegado a tener una escolta de músicos.

"Su nombre, según dijo, era Harry F-. Era hijo de un mercader londinense muy acaudalado. Como suele suceder con los hijos de tales padres, había asistido a la escuela cuando joven, y cuando tuvo edad pasó a formar parte de la empresa de su padre, donde, por ser el probable sucesor del jefe, se le consideraba —al menos así lo creía él— como un personaje importante, por encima de cualquier tarea. Mostraba, no obstante, especial predilección por el departamento de empaques, en razón de que se conectaba con una bóveda donde él había establecido una sala de fumar, y ahí pasaba el día inventando planes de diversión para la noche, acompañado de selectos licores y habanos de calidad."

"Al llegar a la mayoría de edad, su padre juzgó prudente separarlo de sus amistades, para que adquiriese cierta experiencia en los rigores de la vida. Como tenía varios amigos en Belice, lo equipó para su viaje de aventura, que le costó dos mil quinientos dólares, dotándolo de casi todo artículo inútil que se pudiese encontrar: los cuales, por su brillo y colorido, se suponía, atraerían fácilmente la atención de la gente de los trópicos, que se encandila con tanta facilidad. Llegó, pues, a Belice lleno de brillantes expectativas. Uno de sus esquemas preferidos era vender su bisutería en los pueblos del interior, con una ganancia de cuatrocientos por ciento, y tras pagar los gastos y pérdidas, regresar de inmediato a Londres, con una ganancia neta de cinco mil dólares. Así que se marchó a Guatemala y allí expuso su tentadora mercancía, pero tuvo poco éxito, y al cabo de dos años que fueron de mal en peor, se encontraba en el pueblo indio donde lo descubrimos: una misión católica a cargo de un reverendo padre educado en León, que había pasado la mayor parte de su sencilla vida, que por entonces sobrepasaba los setenta años, entre los sencillos indios a quienes gobernaba. Cuando Harry llegó por primera vez a Fantasma, se dirigió a la choza más cercana, donde, con la habitual hospitalidad, se le brindó un cuarto donde colgar su hamaca, en tanto que su valija fue ubicada en un rincón. Dicha valija contenía el remanente de lo traído de Londres, ahora reducido a un pequeñísimo surtido. De sus triunfos como comerciante Harry nos habló con mucha franqueza: "El más difícil lote de chucherías que haya visto en mi vida; algunas no valían ni para regalarlas, y las que vendí tuve que fiárselas a gente tan pobre que nunca me pagó. Así que dejé que un hombre escogiera cuanto le viniera en gana a cambio de mil dólares en efectivo; con eso pagué mis gastos en Guatemala, hasta que me cansé de estar allá y vine a parar aquí.

"Tras colgar su hamaca en su nuevo aposento, Harry salió a recorrer la villa y le hizo una visita al padre, quien se mostró encantado de verlo, como suele ocurrir siempre con los padres, y lo llevó a conocer su iglesia, que era tan grande como la sala de estar de un apartamento urbano, y luego le ofreció una opípara cena de pescado y tortuga. Harry no había probado comida tan suntuosa en largo tiempo; y cuando el buen padre trajo un canuto de bambú, que contenía casi un galón de ron bastante pasable, y le sirvió de él un vaso, Harry sintió que había caído en manos de un buen samaritano. Mientras duró esa hospitalidad, él no procuró cambio alguno. En el colmo de su gratitud, dio en visitar todas las chozas de la aldea y abrumó a los habitantes regalándoles los artículos que no había podido mercadear en otros lugares. A cambio, ellos le daban parte de la pesca de la mañana, o parte de una tortuga, y así se mantenía abastecido. Pero a los pocos días los tiempos cambiaron. Su amigo el padre dejó de ofrecerle el canuto de bambú, y al mismo tiempo empezó a exhortarle a que se arrepintiera y aceptara la verdadera iglesia. Su anfitrión también dejó de pescar más peces que los que consumían su esposa y sus tres niños desnudos.

"Harry fumaba y meditaba largamente sobre el asunto. Bien podría él subirles el precio a unos pantalones, pero, ¡luego, cuando eso se acabara? Primera vez en su vida que se veía obligado a reflexionar en serio sobre el modo de procurarse su próxima comida. Probó naranjas, bananos y piñas, pero seguía con hambre. En cuanto a pescar, nunca en su vida había atrapado un pez, y una tortuga bajo sus pies estaría perfectamente a salvo. Su situación se hacía desesperada. Y como tales casos requieren remedios igualmente desesperados, Harry se dirigió al padre para preguntarle cuál era la mejor manera de llegar a León, distante unas doscientas millas más allá de las montañas."

"La visita al reverendo tuvo lugar en un momento afortunado, pues en retribución por unos cueros, zarzaparrilla y bálsamo que le había enviado a su colega el sacerdote de Choluteca, que es un gran pueblo en el Pacífico, el padre había recibido, entre otros lujos, un suministro del contenido de los canutos de bambú. Esta provisión ya había hecho lo suyo a favor del buen humor del padre, y había añadido a su gorda corpulencia y a su rubicundo rostro un brillo poco común. El padre recibió a Harry con mucha calidez, y señalándole el canuto abierto, le dijo que se sirviera, cosa que Harry hizo sin reserva. Harry expuso su predicamento en su mejor español, que era muy malo, y el santo padre escuchaba y respondía. A la mañana siguiente, nuestro héroe se despertó sorprendido de hallarse todavía en la casa del padre, donde había dormido en una hamaca. A su lado había un canuto de bambú vacío, y tenía una vaga idea de haber hecho un pacto con el sacerdote, gracias al cual sería liberado de su incómoda situación actual y podría llegar a León de la mejor manera. Pero cómo era el trato, no se acordaba. Sólo remotamente recordaba que el padre había insistido en iniciarlo en alguna clase de misterio, o algo así, a lo que él había asentido de todo corazón, para gran júbilo del padre, quien al instante le había dado un animoso abrazo y se había puesto a enseñarle la señal de la cruz. Por su parte, el respetable padre se despertó con una sensación por completo distinta, pues se sentía exaltado ante la idea de que él, por cuarenta años el pobre pastor de una miserable comunidad indígena pudiera al fin rescatar el alma de un hereje de las garras del archienemigo. Daba gracias de su elocuencia, por haberle permitido sumar un ser inmortal a la verdadera iglesia, y sobre todo, el alma de un hombre blanco, cuyo valor era mayor que el de toda una comunidad de salvajes.

¡Era un milagro, así lo creía, de su patrona, Santa Leocadia! Y así, sin más tardanza, dio comienzo a su misión redentora. Harry demostró ser buen discípulo; y luego de liar un montón de puros de la tabaquera del sacerdote, este procedió a explicarle lo que se requería de él según las premisas. La boca de Harry se abrió cuan grande era, y el puro se le vino al suelo sin que él le prestara atención, al anunciarle el padre su intención de administrarle cuanto antes el rito del bautizo.

"Para cuando el padre hubo terminado sus explicaciones, Harry ya había tomado una decisión; y, pues no había mirones de quien cuidarse, dejaría que el padre hiciera su voluntad, o, como contó después, "que se saliera con la suya".

"Por varios días el padre y él trabajaron duro. Estudiaba con esmero los diferentes responsos y oraciones que le dictaba; se persignaba en la debida forma y en los sitios correctos; y con la ayuda del canuto de bambú, al segundo día fue declarado en estado de esperanza, y se le anunció que al día siguiente tendría lugar el acto final de su salvación. El sol declinaba ya cuando Harry, ataviado en sus mejores prendas, se dirigió a la casa del padre. Le sorprendió bastante hallar tanta gente reunida, pues no se le había consultado nada sobre los preparativos, e ignoraba que todos los nativos de la vecindad habían recibido aviso de la ceremonia en que él tendría parte tan importante. Habían acudido todos, hombres, mujeres y niños, vestidos con muy pocas, pero muy limpias ropas de algodón blanco. Le abrieron paso para que entrara a la casa del padre, al que encontró engalanado con su vestimenta sacerdotal. Se le informó que estaban todos listos para acudir a su casa y escoltarlo a la iglesia, pero ya que estaba allí, la procesión se formaría sin tardanza. Harry obedeció sin chistar las instrucciones del padre, tuvo una callada entrevista con el canuto de bambú, y se aprestó. La procesión la encabezaban cuatro alcaldes de diferentes aldeas, cada uno con su bastón de mando, una larga vara con remate de oro. Luego venía la música, compuesta por tres ejecutantes de toscos clarinetes, hechos de largas cañas de carrizo, y tres tamborileros. Los tambores eran grandes guacales con tímpano de piel de mono. Después seguían Harry y el reverendo padre, luego la gente del poblado y los 'invitados especiales', seis en fondo, y un ciento por todos. Cuando nuestro héroe ocupó su lugar en la procesión, el sacerdote le echó sobre los hombros un poncho de seis pies de largo, gayamente decorado con colas de lapa, brillantes plumos de pájaros exóticos y sartas de caracolillos de río, que a cada paso sonaban; y así arrancó la procesión. Fueron primero a la choza de Harry, pasaron de largo y se enrumbaron a la iglesia; pudo mirar la cola de la procesión saliendo de la vecindad de la casa del padre. Según es costumbre en las procesiones de los grandes festejos religiosos, la comitiva venía cantando y danzando, y todos se veían muy felices. Harry estaba contento en sus adentros de que no hubiera ningún hombre blanco mirando, y no pudo menos que reírse para su coleto por todo el alboroto que estaba causando. A su debido tiempo llegaron a la iglesia, y las acostumbradas ceremonias del bautizo se llevaron a cabo, seguidas de una danza sobre la hierba; y no digamos nada de las generosas libaciones de los canutos de bambú del padre. El sacerdote despidió temprano a la congregación y se retiró, sin recordar haber tenido un día tan glorioso ni tan agotador en todos sus años, ¡y eso que él era el más viejo de los habitantes!"

"Harry se encaminó a su hamaca, se lió un puro, reflexionó sobre los eventos del día, y se preguntaba si ahora la Iglesia estaría obligada a procurarle su pescado y sus etcéteras; pero se quedó dormido antes de llegar a conclusión alguna. Al despertar por la mañana, fue abordado por varios vecinos que se hallaban a la puerta, pidiéndole que aceptara los regalos que habían traído, a lo que, por supuesto accedió, sin saber que es costumbre enviar algo a todo aldeano cada vez que en su familia hay un bautizo, una boda, o una muerte. Por ser esta ocasión tan señalada, todo el mundo se mostraba muy complaciente y generoso, y en un santiamén Harry se encontró abastecido de provisiones para largo tiempo: más pescado del que podría comer en meses; tortugas, pollos, cerdos, huevos, montones de frutas de todas clases, yuca, animales salvajes y, en verdad, todo cuanto fuese comestible. Envió gran parte de sus regalos como ofrenda a la iglesia, y regresó a su hamaca y a su puro, mientras su anfitriona se ponía a cocinar con alegre presteza.

"Avanzada la tarde se dirigió a la casa del padre, pero apenas había salido de su choza cuando se sorprendió de verse seguido por los músicos de la aldea, con el clarinete a la cabeza y el tambor a la zaga, tocando desatinadamente lo mejor que podían. Y así sucedió por varias semanas, pues de ese modo procuraba el sacerdote hacer honor al nuevo discípulo de su fe.

"Fue en uno de esos ceremoniosos paseos –continuó H.– que nos aparecimos en Pantasma, para gran asombro y júbilo de Harry. Nos mofamos de él por su enfático modo de despedir a sus amigos músicos, pero él estaba demasiado encantado para enojarse con nuestras bromas, y envió de inmediato por el padre, quien trajo consigo su canuto de bambú, y con él nos alegramos hasta que se puso el sol. Nos quedamos todos dormidos cuando el reverendo padre dio lectura a la fe de bautismo de Harry, cuidadosamente escrita con letra menuda en cinco páginas de apretados renglones."

—¿Y qué fue del converso? —pregunté.

—¡Ah! Se devolvió con nosotros; y ese oporto añejo que probaron ustedes en el Cabo es una de las muchas pruebas de agradecimiento que he recibido de él, ya que finalmente regresó a Londres para gozar de la herencia de sus padres.

XVI: REMONTANDO EL RÍO DEL CABO

Por los tres días que siguieron a la partida de H- mantuvimos nuestro trayecto remontando el gran río del Cabo. La corriente crecía conforme avanzábamos, y en el cauce empezaron a aparecer grandes rocas de cuarzo y granito. También el valle del río se angostaba al punto de merecer el nombre de garganta. A veces ocurría que, por varias millas continuas, íbamos confinados entre altas montañas, cuyas cimas áridas y abruptas se erguían hasta mitad del cielo, interponiendo barreras infranqueables a las nubes cargadas de vapor que los vientos alisios del noreste acumulan sobre los declives orientales, donde se precipitan en lluvias casi incesantes. La noche y la tormenta se nos vinieron encima en uno de esos gigantescos riscos montañosos. Los truenos parecían rodar sobre los picos de granito; los rayos fulguraban cuesta abajo por las hendidas laderas, y se reflejaban en las oscuras aguas del torrencial río. El habitante de latitudes septentrionales difícilmente comprendería descripción alguna de una tormenta tropical. Decir que el trueno es incesante, no infundiría en su mente el terror de estos prolongados retumbos que parecen originarse en el horizonte, encresparse hacia el cenit con creciente ímpetu, acallarse por un momento y luego estallar sobre tierra con cegador destello, y el concentrado estrépito que hace estremecerse las montañas hasta sus cimientos. No de una sola dirección, sino de todos los puntos cardinales los elementos parecen reunirse en un feroz encuentro, y el trueno estalla y los rayos destellan por un centenar de grietas en el lóbrego cielo. Tan intensa y cegadora es la chispa eléctrica, que por varias horas después de una fuerte tormenta he tenido esporádicos ataques de ceguera, acompañados de intensos dolores en los ojos. Me di cuenta de que a mis compañeros indios les afecta del mismo modo, y que, para evitar consecuencias dañinas, siempre que hay tormenta se cubren los ojos con pañuelos empapados en agua. Cabe mencionar aquí que los indios abrigan muchos prejuicios sobre la electricidad, lo mismo que sobre el efecto de los rayos de la luna. Jamás duermen con el rostro expuesto a su luz, y tampoco pescan en las noches cuando está sobre el horizonte. En tales ocasiones buscan siempre la sombra más densa para levantar ahí el campamento. Sostienen que quien se expone a sus rayos sufre la distorsión de sus rasgos físicos, y el inmediato empeoramiento de heridas y moretones donde reciben la luz de la luna. Después me di cuenta de que los cortadores de caoba en la costa norte no talan nunca sus árboles en ciertos períodos de la luna, pues afirman que la madera que se corta en esos días no sólo se hiende o se raja fácilmente, sino que también es más propensa a pudrirse. Los indios tienen la misma noción en cuanto al efecto de la luz de luna en los hombres y animales, y la fundamentan en el hecho de que los animales por sí mismos procuran siempre resguardarse de la luna cuando eligen sus guaridas nocturnas.

Habíamos ya remontado el río desde el Cabo por cinco días cabales, y según mis cálculos habíamos avanzado ciento veinte millas. El indio paya conocía a la perfección el río, pues varias veces había bajado por él con gente de su villa en sus visitas semestrales a la costa. Me contó que en esas visitas habían llevado liquidámbar, unos cuantos cueros de venado, un poco de achiote y zarzaparrilla, y a su regreso habían traído puntas de hierro para sus flechas, cuchillos, machetes y unos cuantos artículos ornamentales.

Embarcadero en el Tirolas

En la noche del quinto día acampamos en la desembocadura del Tirolas, una corriente considerable que entra en el Wanks procedente del norte, y por éste seguimos rumbo a la mañana siguiente. El avance era ahora lento y fatigoso, debido a la rapidez de la corriente y a las numerosas rocas y árboles caídos que obstruían el cauce. El río serpenteaba entre cerros, que aumentaban de altura a medida que nos internábamos, hasta que descubrimos que nos aproximábamos a la gran cordillera de montañas que atraviesa el país del suroeste al noreste y constituye la "división" o parteaguas, según supe después, entre el valle del río del Cabo y las corrientes que fluyen hacia el norte, con rumbo a la bahía de Honduras. Hora tras hora nos acercábamos a esta gran barrera, que presentaba un empinado frente, al parecer inaccesible. Me sentí muy consternado cuando el indio paya me dijo que la villa de su gente quedaba más allá de esta cordillera, y que nos veríamos obligados a escalarla para llegar a ella. Con todo, no había más alternativa que seguir adelante, así que no me preocupé más, aunque no dejaba de pensar cómo haríamos para escalar esas vertiginosas cumbres, que parecían más y más abruptas conforme nos aproximábamos a ellas.

A la segunda noche después de dejar el gran río llegamos al embarcadero del Tirolas, un sitio donde dos raudas corrientes saltan sobre lechos rocosos para unirse en una plácida poza de aguas claras, situada en la propia base de las montañas. Era un lugar de incomparable belleza. La poza tenía quizás cien yardas de anchura, y en algunos lugares veinte a treinta pies de profundidad. Sin embargo, era tan límpida que se veía con absoluta nitidez todo guijarro en el lecho y todo pez que nadara en su cristalina profundidad. A un lado se erguían enormes peñones grises de granito, cubiertos de lianas y sombreados por grandes árboles de extendida copa, cuyas ramas, tupidas de cerúleas hojas y de las flores de innumerables plantas aéreas, proyectaban sobre el agua sombras anchas y oscuras. Al otro lado había una tersa playa de arena, completamente guarecida del sol por grandes árboles, bajo los cuales estaban encalladas unas canoas, bien protegidas de la intemperie por toscas enramadas de palma. Estas canoas pertenecían a los indios paya, que las empleaban para viajar al Cabo. Un poco más abajo del río había palmares y grandes parcelas de banano y plátano que parecían haber sido cultivados con esmero por los indios durante sus visitas a este pintoresco embarcadero.

Los oblicuos rayos del atardecer caían sobre una mitad de la poza, donde los rizos del agua se sucedían lanzando sus destellos a la playa, mientras que en la otra parte las rocas y la floresta proyectaban sus sombras oscuras y frías. Y cuando nuestra canoa surgió de su seno transparente, no pude dejar de secundar el grito de júbilo del muchacho paya. También "El Moro" sacudió sus vistosas alas y parloteó de regocijo. Unos cuantos remazos vigorosos y nuestra canoa descansó la mitad de su cuerpo sobre la arenosa playa, las afiladas piedrecillas raspando gratamente bajo su quilla. Al menos por el momento ya había tenido yo bastante de lagunas y ríos. Una nueva emoción me aguardaba entre las cumbres vertiginosas y las soledades incólumes de la montaña. Adiós dije, pues, a la constreñida canoa y a la interminable sucesión de riberas bajas y enmarañadas. ¡Qué bello es sentirse con el cuerpo libre y el pecho abierto a la naturaleza!

Con alegre presteza mis compañeros y yo pusimos manos a la obra de erigir nuestro campamento en la limpia arena seca. Después Antonio vino cargado de dorados racimos de plátanos, mientras la lanza del muchacho paya se hundía en las claras aguas de la poza con infalible destreza. El fuego que empezaba a arder, el murmullo de los torrentes de las montañas, el distante rugido de la feroz pantera, la satisfacción de haber cumplido sin mayor percance una ardua empresa, las grandes expectativas de nuevas aventuras, y la consciencia de ser el primer hombre blanco que se aventuraba en estos ignotos confines; todo ello se sumaba al contagioso júbilo de mis fieles compañeros, y se combinaba para dar el más entusiasta giro y ribete al gozo de la noche. En mis horas oscuras su recuerdo acude a mi alma como un rayo de sol que hiende un cielo nublado, "un gozo para siempre." Benditos recuerdos que nos permiten vivir una y otra vez los deleites del pasado, y dan inagotable solaz a una mente dichosa.

Esa noche hice formal regalo de la canoa y sus enseres al muchacho paya, y seleccionamos aquellos artículos que nos eran indispensables, dejando lo demás para que los indios lo enviaran después, cuando llegáramos a la villa. Mi intención era emprender viaje en la madrugada del día siguiente; pero en la mañana desperté con un pie tan inflamado y adolorido que no podía ponerme la bota ni caminar, salvo con gran dificultad. La causa era al parecer nimia. Durante el día anterior, el agua en el Tirolas era tan poco profunda que muchas veces fue necesario salir de la canoa y aligerarla, a fin de pasar los diferentes rápidos. Así que me quité las botas y me metí en el agua con los pies descalzos. Recuerdo haber tropezado con un canto rodado, que se deslizó y me lesionó el tobillo. La lesión, empero, era tan leve que no pensé más en ella. Pero por esta nimiedad tenía ahora el pie y el tobillo hinchados a casi el doble de su tamaño, lo que, al menos por el momento, hacía imposible continuar el viaje. En los trópicos es común que de causas leves resulten consecuencias graves. He sabido que el tétanos puede sobrevenir a causa de una heridita del tamaño de un garbanzo, que se hace al tratar de abrir la cápsula en que está envuelta la nigua o chigoe, insecto que se introduce en la planta del pie.

De inmediato se requirieron las destrezas de mis compañeros. Hicieron una cataplasma de plátanos maduros horneados al rescoldo, amasada con aceite de coco, y me la aplicaron caliente en la parte afectada. Hecho esto, arrastraron la canoa y construyeron sobre ella una techumbre provisional, para protegerme de la intemperie, en caso de que empeorase el clima. Pasé toda la noche quejándome, pues el dolor era muy agudo y la hinchazón se extendía cada vez más arriba, hasta alcanzar la rodilla. Las cataplasmas no tuvieron efecto perceptible. En tales circunstancias, decidí enviar al joven paya a su villa, en busca de ayuda. Me dijo que distaba unos cinco días, pero que a marchas forzadas podría llegar en cuatro. Se resistía a dejarme, pero al día siguiente, como no mejoraba mi pie, obedeció mis órdenes y emprendió la marcha, llevando consigo sólo un poco de carne seca, su lanza y su arco.

Antonio redobló sus atenciones, y yo ciertamente las necesitaba. El dolor no me dejaba dormir, y me puse irritable y febril. Una madre no hubiera sido más constante, más paciente ni más solícita a mis necesidades que aquel fiel muchacho indio. Recurrió a todos sus sencillos remedios, y aun así la pierna empeoraba, y muy a su pesar se fue convenciendo de que el caso se le iba de las manos. Cuando el dolor me daba tregua y él me creía dormido, lo miraba consultar su talismán con inequívoca ansiedad. De algún modo parecía reconfortado por el talismán, y se ponía más animoso.

Al tercer día apareció una supuración en el tobillo, y el dolor y la hinchazón disminuyeron. A la mañana siguiente escarbé la herida, y para mi sorpresa, extraje una esquirla de la piedra que había sido la causa de todos mis males. A partir de ese momento empecé a mejorar, y pronto pude moverme sin dificultad. Me entretuve pescando en el río, donde había grandes cantidades de un vigoroso pez, cuyo tamaño variaba de diez a dieciséis pulgadas de longitud, de color rojizo y muy voraces. Hacia el atardecer, cuando las moscas pululaban cerca de la superficie, los peces saltaban como truchas, y mantenían la poza bullente con sus ágiles saltos en pos de sus presas. Inventando señuelos, mejoré la escasa experiencia que había tenido en la pesca con mosca, y Antonio se sorprendió al conocer este artilugio, nuevo para él, de las artes piscatorias. Estos peces, y algún ocasional pavo salvaje, este último de carne dura e insípida, eran casi nuestro único alimento. Los patos, zarapitos y chorlitos, tan comunes en la vecindad de las lagunas, eran aquí desconocidos, y en vano aguzamos el oído a la espera del canto de la chachalaca. Sin embargo, había cantidad de aves canoras y otras de vistoso plumaje, pero no eran buenas para comerse. Miré algunos búhos, y de vez en cuando un gran gavilán se posaba gravemente entre los árboles que pendían sobre la poza. También había ardillas grises merodeando entre las ramas, por encima de nuestras cabezas, pero el follaje era tan tupido que pude cobrar un solo espécimen. En una ocasión un tropel de monos se desplazó por la copa de los árboles rumbo a robar plátanos, pero una descarga de perdigones, que mató a dos de ellos, bastó para disuadirlos de hacer una segunda visita. Eran de una variedad pequeña, cuerpo negro, cara blanca y bigotudos como el leopardo. Antonio cocinó uno de ellos en la arena; pero se parecía tanto a un bebé chamuscado que una vez vi que sacaban de un incendio en la calle Ann, que no me atreví a probar bocado. Y así fue que mi indio gozó a sus anchas el monopolio del mono.

Pero el incidente más excitante de nuestra estadía en las riberas del Tirolas fue uno que no puedo recordar sin que me venga un ataque de risa, si bien en aquel momento no me pareció tan divertido. Entre los animales salvajes más comunes en América Central está el pecarí, que a veces llaman "cerdo mexicano", pero se le conoce mejor con el nombre español de saíno. Hay otro animal algo parecido al pecarí, supuestamente es el cerdo común que se hizo salvaje; lo llaman jabalí los españoles, y waree los miskitos. Si este último no es originario de estas tierras, ciertamente ha proliferado mucho, pues pulula en todas las regiones densamente arboladas del país. Se parece mucho al jabalí de Europa, y aunque de menor tamaño, parece ser igual de feroz. Andan en manadas, y no son muy exigentes en cuanto a su alimento, pues engullen con apetito culebras y reptiles de toda clase. Tienen además un sano gusto por las frutas, en especial por los plátanos y bananos, y serían un verdadero azote para las plantaciones si pudiesen quebrar los vástagos que tienen frutas. Incapaces de hacer esto, no obstante, visitan regularmente las plantaciones, con la esperanza de hallar una cepa derribada y darse un festín con los racimos caídos.

Tras estas revelaciones sobre el carácter y costumbres de estos animales, el lector estará mejor calificado para apreciar el incidente que contaré aquí. Era una tarde agradable; yo había salido a pasear con mi escopeta, rumbo al platanar; me detenía de vez en cuando para escuchar el aflautado canto de algún pájaro oculto, o para contemplar una colorida lagartija, refulgente entre las grises piedras. Y así, paseando despreocupado, atrajo repentinamente mi atención un ruido peculiar, como si algún animal, o más bien muchos animales, estuviesen comiendo. Me detuve y miré por todas partes para descubrir la causa, y al cabo mis ojos se posaron en lo que de pronto creí que era un cerdo de muy tentadoras proporciones. Se movía despacioso, con el hocico pegado al suelo, como buscando qué comer. Sin quitarle los ojos de encima levanté con cuidado la escopeta y disparé. Estaba cargada con perdigones, y aunque el animal cayó, se levantó de inmediato y emprendió la huida. Naturalmente, fui tras él, con la intención de terminar el trabajo con mi cuchillo, pero no había dado diez pasos cuando todo a mi alrededor, troncos, piedras y arbustos, parecían haberse convertido en cerdos. Por todas partes asomaban cerdos, con los lomos erizados y unos colmillos de aterradora longitud.

Al instante comprendí el peligro en que me hallaba; a duras penas tuve tiempo para treparme a un árbol, menudo y frágil, cuando ya ellos estaban al pie. Nunca olvidaré la maligna mirada de sus ojillos como cuentas de collar, cuando rondaban la percha en que me hallaba y que en vano intentaban morderme los talones. Aunque me sentía muy a salvo, discretamente trepé más arriba, y firmemente posado en mi asiento, tomé revancha disparando una descarga de perdigones a la cara del más feroz de mis asaltantes. Este insulto sólo valió para excitar más a los animales, que en torno al árbol rechinaban los dientes y echaban espumarajo, en un perfecto paroxismo de rabia porcina.

Enseguida cargué con balas los dos cañones de mi escopeta, y deliberadamente les disparé otros dos tiros a la cabeza, matándolos en el acto, con la vana idea de que así dispersaría a la manada. Pero nunca hubo hombre más equivocado. Los sobrevivientes olisquearon por un momento a sus compañeros muertos y luego renovaron su feroz asedio a mi posición. ¡Algunos se sentaron en sus cuartos traseros, como para hacerme saber que intentaban esperarme y que no tenían ninguna prisa! Volví a cargar la escopeta y atiné a matar dos de los más corpulentos y malignos. Pero aun así, no dieron señal de retirada. Al contrario, parecía como si del propio suelo brotaran más refuerzos, y que mis acechadores a cada momento fuesen más numerosos.

No puedo decir cuánto pudo haber durado, pero Antonio, alarmado por mis repetidos disparos, se apresuró a rescatarme. Tan luego mis asaltantes vieron su figura morena, se abalanzaron contra él con vehemente prisa. Él los evadió trepándose a una roca, y entonces dio comienzo la más extraordinaria y peligrosa contienda. Nunca un batallón de soldados veteranos atacó a un enemigo con más perseverancia que aquellos cerdos salvajes. El indio no llevaba más arma que una lanza, pero con cada lanzazo abatía un cerdo. Alarmado por temor de que terminaran venciéndolo, aclamé sus triunfos y mantuve fuego cerrado para distraerlos. Me avergüenza decir cuántos fueron los cerdos que matamos; baste agregar que fue mucho después de oscurecer que las bestias se decidieron a partir sin devorarnos. Y fue con una rotunda sensación de alivio que los oímos retirarse, hasta que el último gruñido se perdió a lo lejos.

Hubo un momento en que las probabilidades estuvieron claramente en contra nuestra, y no parecía imposible que el artista y sus aventuras pudiesen llegar a un lastimoso y nada poético fin. Pero la suerte nos favoreció, y mi fiel escopeta cuelga ahora sobre mi mesa entre colmillos de jabalí, triunfales trofeos de aquella cruenta arena. En vez de que nos comieran, nos los comimos, y en eso consiste la diferencia; pero en lo sucesivo fui siempre muy cauteloso con los waree.

Fiel a su promesa, al anochecer del décimo día el muchacho paya llegó a nuestro campamento, anunciándose con un gran grito de júbilo. Sus amigos venían a la zaga, y dijo que llegarían en la tarde siguiente. Estos eran cinco hombres, sobrios y silenciosos. Levantaron su campamento aparte, y en vano procuré entablar conversación con ellos. Exhibieron gran acierto en empacar nuestros enseres en sacos de arpillera, que luego cargaron a la espalda sujetándolos con bandas que se ceñían a la frente. No usaban más ropa que el tournou, a menos que las sandalias de cuero de tapir y el sombrero de ala angosta, tejido de corteza de palma, formen parte de lo que se denomina ropa. Además del saco de arpillera, llevaba cada uno un peculiar machete, corto y de hoja curva como un cuchillo de jardinería, y sólo uno o dos de ellos portaba arco.

Fue con verdadero pesar que dejé nuestro campamento al lado de la lucida poza y abandoné mi antigua y ya familiar canoa, en cuyos lados grabé, como genuino Yankee[19], mi nombre y las fechas de mis aventuras. Más de una vez me volví a mirar atrás cuando nos alejábamos por el sendero boscoso que conduce a las montañas. Los indios iban al frente, y Antonio y yo a la retaguardia. "El Moro", posado sobre el bulto más alto, chillaba y sacudía sus alas, y cada tanto bajaba a darle un travieso mordisco en la oreja al indio que lo cargaba. Cada vez que lograba cumplir esta su hazaña se ponía sumamente feliz y contento. A falta de mejor diversión, a veces se colgaba de la arpillera con una sola pata, y así se estaba, como pájaro muerto, con las alas caídas y la cabeza colgando, para después trepar de pronto otra vez a su percha, dando gritos de triunfo. ¡Vaya pájaro curioso y retozón ese tal Moro!

En el primer día de viaje, nuestro curso siguió una línea casi paralela a la base de las montañas, a través de una densa floresta enmarañada. Cruzamos innumerables riachuelos angostos y rápidos, con sus aguas límpidas brillando sobre un lecho de variopintos guijarros de cuarzo, pues estábamos bordeando una de las grandes cordilleras de rocas primigenias que forman el núcleo del continente. Mi largo confinamiento en la canoa había contribuido a inhabilitarme para hacer esfuerzos grandes, pues mucho antes del anochecer ya me sentía harto agotado, y de buen grado me hubiese vuelto al campamento. Pero los indios iban tan tranquilos con sus cargas, que no quise revelarles mi flaca resistencia y seguí caminando sin proferir queja. Por la tarde nuestro sendero empezó a ascender; gradualmente surgimos de los tupidos bosques enmarañados a una floresta comparativamente abierta que, a su vez, daba lugar a ralas alamedas de pinos y robles, entre los cuales acampamos para pernoctar.

---

[19] En español se aplica este término a todos los ciudadanos anglosajones de los Estados Unidos, no así en Estados Unidos, donde se usa exclusivamente para llamar a los ciudadanos del norte del país.

Desde nuestra elevada posición podía ver el panorama que habíamos atravesado durante el día. Era esa estación del año en que la erythrina se cubre con su manto de capullos escarlatas y la ceiba se viste de llamaradas, en esplendoroso contraste contra el verde predominante. Parecía como si la naturaleza celebrase un gran día de fiesta entre aquellas soledades primigenias, y se engalanaba sólo para refocilarse en la sensación de su propia belleza. Pero mientras la vegetación era lozana y exuberante en el valle, tras nosotros las montañas se erguían severas, altivas y desnudas. Los oscuros pinos, aferrados a sus laderas, en vano intentaban cubrir su pétreo ceño. Dondequiera que una pequeña saliente rocosa albergaba un exiguo lecho de tierra, allí la hierba de montaña y la sensitiva de amarantinas flores se arraigaban como pensamientos bondadosos en el corazón del hombre duro y mundano. De los robles retorcidos y aun de los perennes pinos colgaban grandes festones de musgo gris, que se mecían tristemente con el viento. Y cuando, al caer la noche, me eché junto a la hoguera, bajo sus sombras, me parecían murmurar con voz suave y doliente a la brisa que pasaba, la que, cargada de los perfumes del valle, se elevaba con tersas alas para llevar al cielo su tributo de incienso.

Rompió la mañana, pero era oscura y sombría; y aunque reanudamos la marcha siguiendo un curso diagonal por la ladera de la montaña, nos vimos obligados a detenernos antes del mediodía a buscar refugio bajo un alero de enormes rocas, a causa de la lluvia menuda y fría que empezaba a caer pesadamente, con amagos de convertirse en un prolongado temporal. Las nubes corrían a baja altitud y avanzaban inexorables por todo alrededor en densas y sombrías masas, ocultando a nuestros ojos cuanto había, excepto los pinos y los enclenques robles, con su ropaje monástico y gris, ahora saturado y pesado de humedad. Pusimos nuestros escasos bienes a resguardo bajo las rocas. Encendimos un fuego, no menos por su calor que por hacernos compañía. La retozona llama y el fulgor de sus brasas reavivaron mi decaído espíritu y me ayudaron a reconciliarme con el confinamiento que el temporal de seguro nos impondría. Me es fácil entender que el fuego haya sido para el hombre primitivo emblema de pureza y de poder, y que se haya convertido en símbolo del espíritu y de aquellas esencias invisibles que habitan el universo.

Dios se envolvió en llamas en el Sinaí; en lenguas de fuego descendió el Espíritu sobre los discípulos en Jerusalén; un fuego eterno ardía en los altares de la virginal Vesta y en la Pirotea persa; al fuego se entregaban los sacrificios propiciatorios, y por la ordalía del fuego se manifestaba la pureza y la inocencia. Entre los indios americanos se profesaba al fuego especial reverencia. Los indios Delaware y los iroqueses celebraban festivales en su honor, y lo consideraban el padre primigenio de las naciones indígenas. Los cherokee cumplían sus devociones al "grande, benéfico, supremo y sagrado Espíritu del Fuego", cuyo hogar estaba en los cielos, y moraba también en la tierra, en los corazones de los "impolutos". Y aun los toscos indios que se apretujaban conmigo bajo las rocas protectoras en el corazón de la jungla, jamás daban comienzo a su frugal comida sin antes lanzar una pequeña porción de ella al fuego, como ofrenda al protector Espíritu de la Vida, al cual sirve de símbolo.

El temporal duró tres días, que fueron de lluvia casi incesante. Hacía tanto frío, que para confortarnos fue necesario mantener constante un gran fuego. Al cabo de esos tres días las nubes empezaron a disiparse y el sol penetró en los desfiladeros, dispersando las acuosas legiones. Pero las rocas estaban resbalosas por la humedad; y la tierra, doquiera que se encontraba entre rocas, estaba empapada e inestable, haciendo nuestro avance desagradable y peligroso. Así pues, permanecimos hasta la mañana del cuarto día, cuando reanudamos nuestra marcha.

XVII: CRESTA DE LAS MONTAÑAS

Durante día y medio continuamos nuestro ascenso, ora bordeando vertiginosos precipicios, ora escabulléndonos con cautela bajo las rocas que se proyectaban amenazantes en la ceja de las montañas. Ya no podían distinguirse los relieves del gran valle que habíamos remontado. Las que habíamos considerado montañas se reducían ahora a meras ondulaciones, como pliegues de una pieza de seda caída por descuido al suelo. Ya no había asidero para los pinos, ahora suplantados por arbustos de escasa altura que hundían sus raíces en las grietas y se adherían como lianas a los costados de las rocas.

Finalmente, para mi gran gozo, llegamos a la cresta de la montaña. Por el norte, sin embargo, descendía en una serie de anchos peldaños o terrazas, cada vez más bajos, hasta que en la borrosa distancia terminaba en las vastas planicies aluviales que bordean la bahía de Honduras, cuyas aguas podían distinguirse como un cordón de plata en el horizonte.

El aire era frío en estas altas mesetas, y sólo los ásperos pastos de montaña y las distintas formas de cactos hallaban arraigo en su suelo escaso y estéril. Estos cactos eran numerosos y singulares. Algunos aparecían sobre el suelo cual simples y estriadas esferas, circundadas de espinas, con un penacho de flores carmesí en el centro; otros eran meros prismas articulados en macizos enmarañados y erizados de púas; pero la variedad que en México se conoce como nopal era la más abundante y crecía al tamaño de un árbol.

Pocas como eran esas formas de vida vegetal, los animales y los pájaros eran aún más escasos. De vez en cuando un venado nos contemplaba de lejos, y unos animalillos parecidos al perro de las praderas del oeste se escondían a toda prisa en su agujero al acercarnos a su solitario refugio. En algunos lugares las rocas de cuarzo desintegradas aparecían en la superficie por largos tramos, reflejando los rayos del sol que parecían derramarse con inusitada y cegadora brillantez desde un cielo sin nubes. Me resultaba difícil captar el abrupto cambio de una región de lagunas, donde la sobrecargada tierra se sofocaba bajo las florestas pletóricas de vida y el aire era agobiante por el empalagoso aroma de miríadas de flores, con esta adusta región surcada de rocas, donde la naturaleza parecía paralizada y el silencio reinaba sempiterno.

Era un curioso espectáculo esa cuadrilla nuestra que avanzaba de prisa por aquellas arideces montañosas, o se apiñaba al caer la noche en torno a un escaso fuego donde ardía la leña que, con sabia previsión, el muchacho paya había depositado ahí a su regreso al Tirolas. Al descender de terraza en terraza, llegamos otra vez a una región de pinos y robles, que a su vez daban lugar a florestas de otras variedades de árboles, interrumpidas por sabanas o franjas de terreno abierto. Pronto llegamos a un arroyo que, según noté, habíamos seguido todo el tiempo. Resultó ser un afluente del gran río Patuca, en cuyas riberas se encuentra la villa paya y lleva el musical nombre de Guayambre.

Cuando acampamos por la noche, el muchacho paya tomó un guacal, y haciéndome señas de que lo siguiese, me condujo corriente abajo por el riachuelo a una estrecha franja de arena. Sacando un poco de arena con su guacal y llenándolo después con agua, lo estuvo revolviendo de modo que fluyera sobre el borde un liviano y constante flujo de esta mezcla de arena y agua. Continuó con esta operación hasta que la arena casi se terminó, y luego volvió a llenar el guacal. Conforme repetía este proceso una y otra vez, lo iba haciendo con mayor esmero, balanceando el guacal muy diestramente, y deteniéndose ocasionalmente para sacar unas pepitas que, por su peso, no habían sido llevadas por el agua.

De inmediato comprendí que ese era el modo primitivo de lavar oro, así que no me sorprendí mucho cuando, terminado el proceso, el indio paya me mostró un menudo poso de granos de oro en el fondo del guacal, cuyo peso equivalía a algo así como un cuarto de onza. Dijo después que todas las corrientes que fluyen montaña abajo hacia el norte llevaban oro en sus arenas, y que su gente solía lavar arena a fin de obtener los medios para comprar, de los españoles de Olancho y de los comerciantes que visitaban la costa, los artículos de manufactura civilizada que pudieran necesitar.[20]

Al octavo día de salir de nuestro campamento en el Tirolas, tras una fatigosa marcha entre cerros tupidos de bosques, siguiendo en su mayor parte el cauce del Guayambre, ahora crecido a caudal considerable, llegamos a la villa de los payas. Digo villa pues en realidad eso era, ¡aunque sólo consistía en una única casa! Esta era una sólida estructura de cuarenta pasos de longitud y diez de anchura, sostenida por robustos postes y techada con hojas de palma. El frente y los extremos eran abiertos, pero en la parte trasera se extendía una serie de pequeños aposentos, separados entre sí por mamparas hechas de corteza de palmera, la que se raja y se aplana para usarla a manera de tablas. Esos aposentos eran los dormitorios o apartamentos privados de las parejas y de las muchachas. Los lugares para los muchachos estaban en tarimas elevadas, cerca del techo. Una fila de piedras firmemente asentadas en la tierra definía el perímetro del edificio.

Dentro de ese perímetro el suelo formaba un terraplén de un pie o poco más de altura, para preservar la edificación seca y a salvo de las lluvias. Su ubicación había sido sabiamente elegida, sobre una especie de terraza o peldaño de una colina que se erguía detrás, cubierta de

---

[20] Todo el distrito del país situado en la vertiente norte de las montañas que rodean el valle del río Wanks, en esa misma dirección, goza de gran celebridad por sus ricos yacimientos de oro. Raro es el arroyo en cuyas arenas no se encuentra una generosa porción de ese precioso metal. Sin embargo, por extraño que parezca, el lavado lo hacen casi en exclusiva los indios, quienes sólo procuran la cantidad justa para cubrir sus parcas necesidades. En el valle de Olancho, entre los indios subyugados, o cristianizados, como les llaman, las mujeres lavan oro sólo por unas cuantas horas los domingos por la mañana. Con lo que obtienen se van a los pueblos, asisten a misa y hacen sus menudas compras, dedicándose el resto de la semana al pleno disfrute del dolce far niente. N. del A.

espesa vegetación, mientras que por el frente formaba un declive que bajaba hasta la corriente, que se precipitaba fragorosa entre las rocas, y más allá se arremolinaba y burbujeaba en oscuras pozas a la sombra de los árboles. El suelo circundante estaba firme y tersamente apisonado, y allí deambulaban pavones domesticados, irguiendo y abatiendo muy solemnes sus crestas, mientras en el interior de la estructura, y sobre el techo de la misma, numerosas loras y lapas se perseguían contoneándose y emitían recios y discordantes graznidos. Había también algunos cerdos y patos, todos tan a sus anchas bajo el mismo techo como los desnudos bebés indios con quienes convivían en términos de perfecta igualdad.

Mi guía se había adelantado y había vuelto para encontrarnos en compañía de dos ancianos, que eran los síndicos del asentamiento, quienes tocaron reverentes mi rodilla con su frente, a modo de saludo. No profirieron más que una sola palabra, que supuse fue de bienvenida, y luego nos condujeron en silencio hasta la casa, en uno de cuyos extremos se había cercado recientemente un espacio, que contenía dos nuevos camastros donde depositaron mis enseres, y acto seguido me indicaron que ese sería mi aposento particular.

Estos últimos sucesos habían ocurrido con tal velocidad que antes de darme cuenta ya estaba yo instalado en mi nuevo dormitorio. Nuestra llegada evidentemente se había preparado con antelación, pues casi de inmediato las mujeres nos trajeron unos bollitos calientes de pan hecho con yuca molida, horneados al rescoldo, además de una carne de warree en caldillo, tan tierna y sabrosa que bien se hubiera ganado las alabanzas de un paladar más exigente que el mío. Gocé mi opípara comida, para patente satisfacción de mi fiel paya, que mantuvo los guacales bien colmados de manjares.

Como he dicho ya, los indios de América Central difieren grandemente de sus fieros congéneres de nuestro país, no menos en sus modos de vida que en el conjunto de sus relaciones sociales y civiles. Esta comunidad paya ofrecía un ejemplo de una organización puramente patriarcal, donde se reconoce el más alto grado de autoridad a la paternidad y a la edad. Todas las noches se reunían los ancianos, portando cada uno su tea encendida, en un pequeño círculo de piedras que había en un rincón de la casa, donde deliberaban los asuntos de la comunidad y establecían las tareas para el día siguiente.

En esas conferencias no se permitía la participación de las mujeres ni de los hombres jóvenes. Todas las tareas de la comunidad se desempeñaban en común, y todos por igual compartían los resultados. En uno o dos de los recintos que he descrito se alojaban unos ancianos tullidos, a quienes se les trataba con todo el cuidado y la ternura con que se trata a los niños. Según mis cuentas, en el establecimiento vivían unas ciento cuarenta personas de todas las edades, entre jóvenes y adultos, de las cuales treinta y cinco eran hombres adultos.

En su figura los payas son idénticos a los twalcas y los woolwas, excepto que los payas son más musculosos, tal vez debido a que tienen un clima más frío y un trabajo más duro. Las mujeres son menos tímidas; quizás por su modo de vida más sociable. Igual que las de la costa, andan con el torso desnudo; sólo visten un faldellín de algodón a rayas que les llega a las rodillas. Llevan todas el cabello partido a la mitad, sujetado por una banda de algodón bien ceñida a la frente. Están siempre ocupadas. Unas se acuclillan en el suelo a hilar el algodón nativo, que todos los indios cultivan en pequeñas cantidades, y otras lo tejen en el telar. Ambos procedimientos son rústicos pero ingeniosos. El huso consiste en una esferilla de madera recia atravesada por un delgado astil. En su apariencia general semeja un gran trompo o peonza. Su extremo inferior descansa en un guacal, para impedir que se voltee. Se sujeta al huso una porción de algodón y se va retorciendo entre el pulgar y el índice. Mientras está en movimiento, el hilo se va sacando cuidadosamente de un cúmulo de algodón que la hilandera sostiene en su regazo. Cuando se detiene, el hilo se enrolla en el huso, y se repite el procedimiento. El proceso de tejer es ciertamente sencillo, pero tras varios fallidos intentos, me veo obligado a confesar mi incapacidad para describirlo de un modo inteligible.

La principal ocupación de las mujeres consiste en moler el maíz para las tortillas y preparar la yuca. Para tales fines había una serie de piedras planas colocadas sobre bloques, que se designan con el vocablo mexicano de metlatl. Estas piedras son algo cóncavas en la superficie superior, donde cabe un rodillo de piedra que se maneja con la mano. Con esto se muele prontamente el maíz hasta lograr una consistencia fina. Con esa masa de maíz se forman luego las tortillas, que se cuecen pronto en anchos carnales de barro puestos sobre fuego vivo. Las tortillas hay que comerlas cuando están calientes, porque tienen mejor gusto, pues ya frías se ponen duras e insípidas. Sobre estas piedras las mujeres muelen también tallos de la caña de azúcar indígena, para extraerle el jugo, que después se mezcla con cacao silvestre pulverizado y se deja fermentar; lo que constituye una grata y estimulante bebida que llaman ulung.

Todas las mañanas las muchachas bajaban a bañarse al río.

Lo hacían sin asomos de fingida modestia; pero las madres y las mujeres de edad buscaban siempre un sitio recoleto donde estar a salvo de miradas ajenas. Sólo cuando estaban bañándose se portaban juguetonas las muchachas. Se arrojaban agua al rostro las unas a las otras, y buscaban la manera de tironear a sus compañeras por debajo del agua, en aquellas profundas pozas donde nadaban como han de nadar las sirenas, como si hubiesen nacido en el agua. Fuera de esas ocasiones, se portaban tan recatadas y distantes como las más melindrosas damiselas de Nueva Inglaterra.

Los payas son en verdad un pueblo previsor. Si bien en la inmediata vecindad de sus aposentos no había indicios de plantaciones, en varios puntos de los alrededores donde hubiese parcelas de tierra fértil cultivaban caña de azúcar, plátano, ayote, maíz, yuca y mandioca, protegido todo con cercas y atendido con el mayor esmero. De cada viga de la casa pendían racimos de plátanos y bananas, enormes yucas, y varios tipos de carne seca, sobre todo de warree; y, bien empacadas en las tarimas debajo del techo, había unas pacas de zarzaparrilla, que luego supe que acostumbraban a llevar a la costa con propósitos de trueque.

Estos indios payas, como he apuntado ya, son eminentemente agrícolas, y si bien muchas veces se dedican a la caza, no es ese su principal medio de subsistencia, ni lo hacen por una fantasiosa noción de emoción o aventura, sino de un modo directo y sin miramientos que es justo lo opuesto de lo que se llama "deporte." Tuve una demostración de su manera de pescar que echó por tierra todas mis anteriores nociones sobre esa materia, y me hizo ver con meridiana claridad que los peces, aun siendo criaturas de sangre fría, no están exentos de intoxicarse, siempre y cuando se les incite a ello del modo apropiado.

Mi muchacho paya, quien era incansable en sus inventos para entretenerme e interesarme, un día concibió una brillante idea: se apresuró a comunicarla a los ancianos, quienes sostuvieron al respecto un serio monéxico o consejo. Resolvieron que se haría una gran demostración de pesca, con el doble fin de divertir al extranjero y abastecerse de suministros. La resolución tomada por la noche se llevó a efecto a la mañana siguiente.

Mientras una parte de los hombres bajaron al río para construir ahí un encañizado provisional de ramas, otros acopiaron gran cantidad de una especie de bejuco llamado bequipe, que es común en los bosques, crece vigoroso, está lleno de jugo y emite un punzante olor. Estos bejucos los cortaron en tramos, los majaron entre dos piedras y los pusieron en grandes ollas de barro, donde los dejaron macerándose a fuego lento.

Yo observé todas las operaciones con curioso interés. A media tarde ya estaba todo listo. Las ollas que contenían la poción las cargaron a hombros y todos nos encaminamos al río. A una distancia de un cuarto de milla había unos hombres metidos en la corriente, golpeando el agua con grandes varas, a modo de concentrar los peces en dirección de los encañizados. Allí se vaciaron simultáneamente las ollas, cuyo contenido tiñó el agua de un color parduzco. Hasta ese momento los diferentes preparativos me habían intrigado mucho, pero entonces descubrí que el propósito de la poción era envenenar, o más bien intoxicar, a los peces, lo que fue bien logrado, pues cuando bajamos por el río una gran cantidad de peces surgía del agua, luchando por salir a la superficie y esforzándose vanamente por nadar a contracorriente, que los arrastraba hacia los encañizados.

A cada momento eran más numerosos, hasta que todo el caudal bullía de peces. Algunos estaban muy aturdidos e iban sin remedio a la deriva, mientras otros hacían espasmódicos esfuerzos por resistir el poderoso influjo del bequipe. Tarde o temprano, empero, también flotaron a la deriva, moviendo débilmente sus colas, como queriendo expresar que se rendían del todo.

El encañizado se había construido al pie de una gran poza, que estaba literalmente cubierta de peces aturdidos. Eran de muchas variedades, y los indios apostados ahí se ocupaban ya de escoger los más grandes y mejores, arrojando los otros por encima del enrejado a que recuperasen sin prisas sus sentidos en las aguas claras de abajo. En cuanto fueron lanzados los pescados sobre la arena, las mujeres se encargaron de ellos. Los limpiaron en el acto con prodigiosa destreza. Después los llevaron a casa, los frotaron con sal y los pusieron a ahumar sobre el fuego, según la manera que he descrito, que es costumbre de los zambos en la Laguna de Cayo Perlas.

Naturalmente, yo pensaba que una poción tan poderosa como para alterar el agua de un gran río dañaría los peces al punto de no servir éstos para alimento. Pero ese no es el caso. El efecto al parecer es precisamente una intoxicación temporal, y los peces que quedan en el agua pronto se recuperan de su influencia.

El tiempo pasaba grato entre los hospitalarios payas y me trataron con tan ceremoniosa deferencia y respeto, que empecé a pensar que podría ocurrirme peor fortuna que la de convertirme en miembro de esta pacífica y próspera comunidad a orillas del Guayambre. En realidad estaba especulando sobre la posibilidad de promover a una de las náyades morenas, a la que miraba todas las mañanas retozando en el río, para que ocupara el camastro vacante en mi aposento. ¿Acaso el hecho de que hubiese dos camastros no entrañaba esa delicada sugerencia por parte de los payas, cuyas ideas de hospitalidad no eran tan limitadas como las mías? El pensamiento de que ellos me creyeran duro de entendimiento y lento para responder a una insinuación, crecía en mí con cada nueva y más íntima contemplación de las náyades, y empecé a considerar seriamente la idea de presentar una formal proposición sobre el asunto ante el monexico. Pero el destino de los hombres muchas veces depende de circunstancias nimias, y si no hubiese detectado una sombra de profunda ansiedad en el rostro de Antonio, ¡me habría convertido en un patriarca del reino de los payas! ¿Quién sabe?

En los primeros días de nuestro arribo a la villa de los payas, me sorprendió observar a Antonio en acuciosa consulta con los ancianos en el monéxico nocturno. Parecía estar profundamente interesado en sus palabras, y yo imaginaba que a cada día se iban poniendo más pensativos. Pero cualesquiera que haya sido el propósito que Antonio tenía en mente, parece haberse cumplido.

Así pues, un atardecer lo llamé aparte y le anuncié que estaba yo listo para partir. Me tomó de la mano, la apretó contra su corazón y dijo con mucha emoción: «El rugido del tigre se oye fuerte en la montaña, y los hijos de los Hombres Sagrados están a la espera junto al lago de los Itzá.»

Comprendí el significado latente de estas poéticas palabras, pues ya conocía a Antonio lo bastante para darme cuenta de que su ausencia de Yucatán estaba de algún modo conectada con un movimiento concertado de los aborígenes, y que ahora se cernía alguna crisis que lo atraía de modo irresistible a su tierra natal. Resuelto a no ser motivo de que se demorase una hora sin necesidad, y un tanto arrepentido de haberlo retenido por tan largo tiempo —pues su apego y gratitud eran demasiado reales para permitirle abandonarme en medio de la selva— en el acto comuniqué a los ancianos mi intención de partir. Tomaron la noticia con seria deliberación, de la que resultó que despacharon unos hombres al amanecer del día siguiente, a fin de preparar una canoa para nuestro descenso por el río Patuca. Descubrí que las canoas no se mantenían en el Guayambre, por dos razones: primero, porque su curso es sinuoso, y segundo y principal, porque su curso atraviesa los asentamientos de los españoles en Olancho, con quienes los indios evitan toda relación que no sea estrictamente necesaria. Por tanto, guardan sus botes a medio día de distancia, más allá de una serranía, sobre un gran tributario del Patuca, el río Amakwás.

En verdad creo que habría sido un huésped bienvenido entre mis amigos payas, por el tiempo que yo hubiera querido permanecer allí. No obstante, no me urgieron a quedarme, sino que se apresuraron a ayudarme a partir, como si mis sugerencias se tomasen como órdenes.

Durante el día se despacharon al bote gran cantidad de provisiones, y por la noche el monéxico eligió a dos hombres, además de mi antiguo compañero el muchacho paya, para que nos acompañaran a la costa. Oscura la mañana emprendimos la partida, sin causar el menor disturbio en el asentamiento. Los ancianos que dos semanas antes habían salido a encontrarnos eran ahora nuestra única compañía; iban a la cabeza con grandes teas para alumbrarnos el camino; al apuntar la mañana, empero, volvieron a tocar con su frente mis rodillas y se regresaron, dejándonos proseguir el viaje a solas.

Llegamos a Amakwás por la tarde, y allí encontramos un bote, dos veces el tamaño de la canoa en la que habíamos surcado las lagunas, con todo listo para partir de inmediato. Se aprovisionó un espacio cerca del centro, cubierto con hojas de palma para protegerme del sol, y todo prometía un grado de holgura y comodidad de que no había gozado en mis viajes precedentes.

Nos embarcamos de inmediato y rápidamente descendimos corriente abajo; los indios apenas usaban sus remos para dirigir el bote y alejarlo de las rocas que obstruían la ruta. El agua era maravillosamente clara, revelando en todas partes el lecho con absoluta nitidez. Las riberas estaban cubiertas por la densa floresta, donde la mirada se detenía en las majestuosas formas de los árboles de caoba, con su enorme follaje que se alzaba muy por encima de todo lo demás, o en los aún más altos y gráciles penachos de la palmera real. La vegetación parecía tener una vida más vigorosa, pero menos superflua que en la Costa de la Mosquitia; es decir, asumía formas más compactas y definidas, probablemente a causa de la comparativa ausencia de selvas, no menos que por las peculiaridades del suelo.

Había algo excitante en nuestro raudo curso; y el rumor de las aguas, murmurando aquí sobre un lecho de guijarros y acullá bramando al romperse sobre las rocas que obstruían el paso, me recordaba mi distante hogar en Nueva Inglaterra, y me traía a la memoria las horas felices que pasé en la sola compañía de sus alegres arroyos de montaña. Al fin y al cabo, era con la vara de mis experiencias juveniles que yo medía mis gozos actuales; y sólo raras veces, aun encontrándome en el más dichoso de los ánimos, la comparación favorecía a estos últimos. Los sentidos pierden su agudeza con los años, y la memoria se atiborra de acontecimientos, y ello impide apreciar con la misma viveza —o registrar con la misma hondura— las experiencias de la mediana edad, y a fin de cuentas, la felicidad pura estriba más que nada en la recordación del pasado remoto.

Tan pronto como las sombras de la noche empezaron a cernirse sobre el estrecho valle del Amakwás, nos detuvimos a armar campamento, manteniendo toda la noche una gran fogata, no menos por su alegre influencia que por protegernos de los feroces tigres negros o pumas que abundan sobre este flanco de las montañas. Oíamos sus rugidos, ora cercanos, ora distantes, a los que respondían los monos con sus chillidos alarmados y ansiosos, tan parecidos a los gritos de los humanos cuando se hallan afligidos, que más de una vez me hicieron despertar sobresaltado. Esas caricaturas de la humanidad parecen abundar más aquí que allá por la costa, y a menudo veíamos grandes manadas de ellos en los árboles que bordean las riberas, desde donde contemplaban muy serios nuestro paso. En ocasiones alguno de ellos, más osado que el resto, se desplazaba por una rama o un bejuco, nos rezongaba con vehemencia por un momento, y luego trepaba de prisa otra vez a lo alto, como alarmado por su propia audacia.

Al segundo día la corriente del Amakwás se volvió más suave, y justo antes del anochecer salimos de sus aguas y entramos en el Patuca, grande y comparativamente majestuoso. Nuestro curso río abajo no fue tan rápido. En algunos lugares la corriente era tan leve que teníamos que usar los remos; mientras que en otras partes se requería gran cautela para conducir a salvo nuestro bote sobre los numerosos chiflones o raudales que interrumpían nuestro paso. Pero éstos, si bien eran difíciles y en algunos casos peligrosos, resultaron insignificantes en comparación con lo que llaman "El Portal del Infierno." Varias veces mi muchacho paya se había referido a éste, diciendo que era infinitamente más temible que cualquiera de los pasos que habíamos encontrado hasta entonces, y que posiblemente excitase mi alarma.

Llegamos a él al día siguiente de haber entrado al Patuca. A medida que avanzábamos, los cerros comenzaban a aproximarse entre sí, y grandes peñascos cercaban el río por ambos lados. También en medio de la avenida se alzaban enormes masas de piedra que se habían desprendido, en torno a las cuales el agua se arremolinaba y formaba hondos y oscuros torbellinos que se tragaban los troncos de los árboles arrancados y despedazados, cuyas ramas se habían desgajado mucho antes por el rudo contacto con las rocas, sólo para devolverlas desde lo profundo, más allá. La velocidad de nuestro bote aumentaba, y empecé a sentirme aprehensivo al ver la acelerada corriente y las riberas rocosas. Y esa sensación no disminuyó cuando los hombres comenzaron a atar con correas a los lados del bote los varios artículos que llevábamos, pues tal precaución entrañaba la posibilidad de que nos volcásemos. Antonio me pidió que me desvistiera, y así lo hice, en prevención de la peor contingencia.

Mientras tanto la corriente se estrechaba cada vez más, y las rocas se alzaban cada vez más por encima de nuestras cabezas. El agua ya no se deslizaba ni rozaba las orillas, sino que, oscura y vítrea, se disparaba por la estrecha garganta con un leve sonido sibilante, más atemorizante que su previa turbulencia. Involuntariamente contuve la respiración, asiéndome con firmeza a ambos lados del bote, y vigilando ansioso las oscuras siluetas de los indios que, en silencio y con semblante impasible, conducían la frágil tablilla de la que dependían nuestras vidas. Y allá íbamos deslizándonos entre desfiladeros tan altos y empinados que impedían el paso de la luz del sol y nos envolvían en una oscuridad crepuscular. Miré hacia arriba, y a una altura que daba vértigo alcancé a ver una estrecha franja de cielo, como una hendidura en lo alto de una profunda caverna. Un escalofrío me corrió por el cuerpo, y pude entender muy bien por qué a este paso se le llamaba la "Boca del Infierno." ¡Ha de haber sido un hombre muy osado el que se aventuró por vez primera entre sus hórridas fauces!

Di un gran suspiro de alivio cuando el abismo empezó a ensancharse y la corriente a disminuir su violencia. Pero fue probablemente entonces cuando estuvimos en el mayor peligro, pues el lecho del río estaba lleno de rocas angulosas que se habían precipitado desde el cañón y se amontonaban en loco desorden. Un mal golpe de uno solo de los remos habría bastado para lanzar sobre esas rocas nuestro frágil bote, destrozándolo en mil añicos.

Antes del anochecer, empero, ya habíamos pasado por completo los rápidos, y navegábamos quietamente sobre la tersa y profunda cuenca del río, con las burbujas en la superficie y los ribetes de blanca espuma retenidos en las orillas como únicos indicios de la conmoción que rugía arriba.

Hay muchas leyendas relacionadas con el "Portal del Infierno." Los indios se imaginan que en su seno mora un poderoso espíritu, y que a veces puede vérsele cruzando raudo los recodos más sombríos en la figura de una gran ave. Esa noche, cada uno de los payas vertió en la corriente una parte de su ración de chicha, como ofrenda de gratitud al espíritu del río. Ésta, y las ofrendas que se hacen al fuego, fueron los únicos ritos religiosos que presencié mientras estuve en su país; mas no debe inferirse de ello que no tengan otras formas religiosas, pues son precisamente esas otras las que con más celo ocultan de la mirada ajena.

A medida que proseguíamos río abajo y entrábamos a los aluviones de la costa, tanto el río como sus orillas sufrieron un completo cambio: las riberas se volvieron comparativamente bajas, y por largos tramos era frecuente verlas cubiertas por completo de frondosas palmas, sin el alivio de otra variedad alguna de árboles. Piedras y troncos desgajados obstruían el cauce, y aquí y allá aparecían barras de arena, donde los horrorosos lagartos se tendían al sol, conscientes de estar a salvo. Ocasionalmente observábamos promontorios o crestas de sabanas, como las que se ven en la Costa de la Mosquitia, donde crecían pinos y acacias. Pero la índole general del país era  la de un ancho aluvión, en algunos sitios tan bajo que se inundaba durante las lluvias, de suelo fértil y apto para el cultivo de todas las especies tropicales.

Al séptimo día de haber salido de la villa de los payas, llegamos a un punto donde el río se bifurca formando un delta. El canal principal se dirige directo al mar y el otro conduce a una gran laguna, llamada Brus por los españoles, donde los caribes de la costa tienen sus asentamientos. Tomamos este último y los indios manejaban sus remos con renovado brío, como ansiosos de ponerle fin a nuestra tediosa travesía.

XVIII: LLEGADA A BRUS

Aunque en previas ocasiones habíamos anclado nuestro bote al anochecer; sin embargo, esa noche los indios decidieron continuar el viaje. El río aquí era ancho y sereno, sus riberas bajas y tropicales. Bajo la agonizante luz del día, la brisa marina se impuso, fresca y penetrante, desde el océano. Las luciérnagas chispeaban como estrellas a lo largo de la orilla, y sólo el halcón nocturno, lanzándose en picada sobre su presa, alteraba el sosiego de la noche con las ráfagas de sus alas.

La noche avanzaba y el continuo chapoteo de los remos me indujo al sueño, del que me despertó el retumbo de los tambores y el sonido de un jolgorio. Me levanté de un salto, recordando vagamente las orgías en Sandy Bay, pero esos recuerdos pronto se disiparon y me percaté de que ya habíamos atravesado la Laguna de Brus y nos acercábamos a su costa norte, donde está situado el poblado caribe. Había muchas luces y fogatas, y se oían gritos y carcajadas de los varios grupos reunidos a su alrededor. Percibí en el acto que celebraban alguna clase de festejo, y vacilé un poco antes de decidirme a desembarcar. Pero me tranquilizó la conducta de los indios, que remaban hacia la playa con la mayor confianza. Antes de que el bote tocara la arena, alguien desde la costa nos saludó en una lengua que no entendí. Enseguida se repitió el saludo en otro dialecto, al que mi muchacho paya respondió con algunas palabras de explicación. «¡Adelante, amigo!» fue la pronta respuesta del que hablaba, que entró al agua y nos ayudó a arrastrar la canoa.

Me adelanté a tientas y salté a tierra, donde de inmediato se dirigió a mí la misma voz que nos había saludado, diciendo: «¡Muy bienvenido a Brus!» Mi primera impresión fue que me había topado con europeos, pero luego vi que mi nuevo amigo era un indio puro. Vestía pantalón y chaqueta blancos, con un ceñidor a la cintura, y en general daba la impresión de ser un buen hombre. En el acto me invitó a su casa, y de camino a ella me explicó que el pueblo estaba en plena festividad, celebrada anualmente en ocasión del retorno de los cortadores de caoba, que volvían de varios campos, unos localizados en la costa y otros en los alrededores de Belice. Nos dijo que al día siguiente esperaban la llegada de otro gran grupo, y que entonces los festejos alcanzarían su apogeo.

En el ínterin habíamos llegado a la casa de nuestro nuevo amigo, cuya espontánea hospitalidad acepté sin vacilaciones. Estaba vacía, pues todo el mundo se ocupaba de la festividad. Nuestro anfitrión atizó las brasas de una fogata, que ardían bajo un cobertizo al frente de la choza, y salió de prisa a llamar a su familia.

Mientras esperaba su regreso, sonreía pensando en los modales fáciles y libres que había yo adquirido desde que salí de Jamaica, que me permitían sentirme en casa en cualquier circunstancia y con toda clase de gente. Nada de cartas de presentación entregadas con vacilación y recibidas con recelo. ¡Y después la feliz emoción del azar de no saber si nuestra bienvenida tomaría la forma de un balazo o de un desayuno! Tales cosas bastarían para contarle a mi amigo Sly, pensé para mis adentros, y caí en una ensoñación de la que sólo desperté al regresar mi anfitrión, acompañado por una de sus esposas, una linda y bien vestida caribeña, con el cabello pulcramente trenzado en lo alto de la cabeza y adornado con flores. Aunque ya era pasada la medianoche, ella insistió en prepararnos algo de comer, y luego regresó a tomar parte en las danzas y celebraciones que se estaban llevando a cabo en el centro de la aldea.

Habría acompañado a mi anfitrión allá también, de no haber sido por un incidente que, al menos por esa noche, disipó mi ociosa curiosidad. Mientras me ocupaba en disponer mi equipaje personal en nuestros nuevos aposentos, había observado que mi compañero paya se mantenía de pie, aparte, y me miraba con expresión pensativa y severa. Varias veces estuve a punto de hablarle, y tantas otras mi atención se distrajo por otras circunstancias. Finalmente, empero, me volví a buscarlo, pero ya no estaba. Indagué con Antonio qué había sido de él, pero no pudo darme respuesta, y él mismo, un tanto preocupado, se dirigió al escenario del festejo, pensando que acaso podría estar allí. Regresó con paso apresurado a informarme que ni el indio paya ni sus compañeros se hallaban por ninguna parte. Nos fuimos apurados a la playa, al sitio donde habíamos dejado el bote, pero éste también había desaparecido.

Acaso sonría el lector cuando digo que agucé la mirada para escudriñar la oscuridad y captar aunque fuese un atisbo de mi muchacho paya, y que lloré cuando emprendí el regreso a la villa. Y al día siguiente, cuando desenvolví mi exiguo guardarropa y rodó por el suelo un canuto de bambú pesado de polvo de oro, sentí que no solamente había perdido un amigo, sino que bajo el moreno pecho de aquel muchacho indio sin instrucción latía un corazón capaz de la más delicada generosidad. ¡Puedes estar seguro, mi fiel amigo, allá en tu remoto hogar de la montaña, que tu regalo nunca será deshonrado! ¡Lavado de las virginales arenas y forjado en el símbolo de nuestra santa fe, descansa sobre un corazón tan constante como el vuestro propio, y grabado con la sola palabra "FIDELIDAD" lo heredaré a mis hijos, como prueba de que la Fe y la Amistad son flores celestiales, perennes en todo clima!

Los caribes (quienes pronuncian su propio nombre "caribis"), aquellos Dyacks de las Antillas, siempre habían estado asociados en mi mente con todo lo que era salvaje en carácter y costumbres, y me dejó atónito descubrir que en verdad poseían considerables rasgos de civilización. No obstante, hay que notar que aquí son un pueblo intruso, y que primero y último han tenido una gran asociación con los blancos. Ocupan ahora la costa desde la vecindad del puerto de Trujillo hasta la Laguna de Caratasca, donde han expulsado gradualmente a los zambos o miskitos. Su lugar original fue San Vicente, una de las llamadas Islas de Sotavento, de donde fueron deportados en masa por los ingleses en 1798, y desembarcaron en la isla de Roatán, en aquel entonces deshabitada, en la bahía de Honduras. Su situación allí era poco satisfactoria, y aceptaron con entusiasmo la invitación de las autoridades españolas para trasladarse a tierra firme.

Se les asignaron posiciones en la vecindad de Trujillo, desde donde se han extendido prontamente hacia el este. Han establecido sus asentamientos o poblados a lo largo de la costa, por lo general cerca de la desembocadura de los diferentes ríos que la bañan. Estos establecimientos nunca son grandes, pero siempre son nítidos y bien abastecidos de provisiones, en especial vegetales, que se cultivan con sumo esmero y son de alta perfección. Cosechan arroz, yuca, caña de azúcar, un poco de algodón, plátanos, ayotes, naranjas, mangos y toda variedad de frutas indígenas; además, tienen abundancia de cerdos, patos, pavos y aves de corral. De todo esto exportan cantidades considerables a Trujillo y aun a Belice, que dista varios centenares de millas.

Las diferencias físicas que existían entre ellos en San Vicente todavía hoy son notorias. La mayoría son indios puros, no grandes, pero musculosos, de piel cobriza y cabello largo y liso. A estos se les conoce como caribes rojos o amarillos. Otros son muy oscuros, de cabello rizado, y revelan sin lugar a dudas una gran mezcla de sangre negra, y se les llama caribes negros. Son más altos que los caribes rojos y bien proporcionados. Contrastan con estos últimos también en su carácter; pues son más vehementes y volubles. Los caribes puros son constantes, hacendosos, tranquilos y ordenados. Todos profesan la religión católica, aunque observan muy pocos de sus ritos, excepto cuando visitan los poblados españoles, donde escrupulosamente llevan a bautizar a todos sus niños.

Fue una grata sorpresa despertarme a la mañana siguiente de nuestro arribo a Brus y hallar una taza de café esperando mis atenciones, bien servida en una taza de porcelana. Y al levantarme me sorprendió más aún ver la mesa bien puesta con un níveo mantel, en el principal aposento de la casa, donde mi anfitrión me dio la bienvenida con un genuino "good morning." Le manifesté mi sorpresa por su conocimiento del idioma inglés, lo que pareció halagarle, así que me repitió el mismo saludo en español, francés criollo, caribeño y miskito. Le dije, pues, que era un "políglota perambulante," cosa que no entendió, pero esbozó una sonrisa ante el comentario.

Tuve entonces ocasión de hacer mis observaciones sobre la aldea de Brus y su gente. El pueblo está situado en una lengua de tierra estrecha y arenosa, entre el mar y la laguna. Esta franja tiene un magnífico palmar de cocotales, entre los que hay algunos árboles de tamaño gigantesco y tupido follaje, que yo supongo deben estar emparentados con la higuera de la India, pues de ellos brotan numerosos tallos o troncos que echan raíz en el suelo y sirven de sostén a las ramas, que se extienden a gran amplitud. Las instalaciones de mi anfitrión, incluida su casa y las chozas de sus varias esposas, estaban construidas bajo un solo árbol que tenía treinta y cinco troncos distintos, además del tallo central o vástago. Hacia el mar había también un cinturón de árboles misceláneos, a fin de romper los vientos que soplan del norte, que de otro modo destruirían de seguro los palmares. Toda la maleza, empero, había sido cuidadosamente rozada, así que desde todos los puntos de la villa podía verse tanto el mar como la laguna. El propósito de tal roza era el muy encomiable de permitir la libre circulación del aire; una muestra de saludable sabiduría, respaldada por la precaución adicional de construir las chozas abiertas solamente a la brisa marina, y cerradas a los aires miasmáticos que en ocasiones soplan del lado terrestre.

Nada podía ser más bello que los palmares, con sus gráciles columnas naturales y sus arcadas siempre verdes, a cuya sombra se levantaban las pintorescas chozas de la aldea. Estas eran todas bien construidas, con paredes y piso, con sus mamparas de palma de repollo, y techadas con ramas del mismo árbol. Sobre este particular puedo repetir lo que acaso ya se ha observado muchas veces, que la palma, en todas sus variedades, es una maravilla de utilidad económica para los moradores de los trópicos. No sólo les procura formas de encantadora belleza, sino que les provee alimento, bebida y refugio. Una variedad produce excelentes sustitutos del pan y la levadura; otra, azúcar y vino; una tercera, aceite y vinagre; una cuarta, leche y cera; una quinta, resina y fruta; una sexta, medicamentos y utensilios; una séptima, armas, jarcias, sombreros y vestimenta; y una octava, habitaciones y muebles.

Las plantaciones de la aldea, con excepción de algunas parcelas de banano y caña de azúcar al borde de la laguna, estaban situadas en las islas de la orilla sur de la laguna. Las que están en la isla son las más exuberantes, siendo la razón principal que están bien resguardadas de las bestias salvajes, las que ocasionalmente cometen grandes depredaciones en el maíz, el arroz y los campos de yuca.

Durante mi estadía visité muchas veces una de las islas más cercanas a la aldea, donde mi anfitrión tenía sus plantaciones. Era un lugar delicioso, cubierto de la más exuberante proliferación de frutas y vegetales. Es fácil entender por qué la eligieron los ingleses para sentar ahí sus reales cuando intentaban establecerse en la costa, durante la gran guerra con España. Una trinchera y un parapeto parcialmente derruidos, unos cuantos cañones de hierro medio sepultos en el suelo, en la parte más alta de la isla, y una o dos grandes calderas de hierro, probablemente destinadas a la elaboración de azúcar, eran los únicos vestigios de sus antiguas instalaciones.

En la laguna abundan los peces y las aves acuáticas, y hay algunas sabanas, a una considerable distancia del Patuca, y en las otras corrientes que fluyen a la laguna, muy pobladas de venados. Al parecer sólo los caribes cazan venados ocasionalmente, más que nada por sus pieles, que se exportan en grandes cantidades.

Como he dicho ya, llegamos a Brus durante el carnaval anual, que se celebra tras el regreso de aquellos miembros de la comunidad que han estado ausentes en los cortes de caoba. Es en estas labores que los caribes sanos encuentran su principal empleo. Se les contrata por diez o doce dólares mensuales, además de su comida. La mitad de su paga la reciben en especie, y la otra mitad en dinero; por consiguiente, tienen una gran variedad de artículos de manufactura europea, seleccionados con el gusto más caprichoso. Un dandy caribeño se complace con unos pantalones bien ceñidos sujetos con un fajín escarlata, un vistoso sombrero orlado con una ancha banda de galón dorado, un generoso pañuelo al cuello, una espada, o una sombrilla morada. Con esta vestimenta regresa de los cortes de caoba, para deleitar la vista y suscitar sensibilidades entre las muchachas caribes. Tampoco se olvida de llenarse los bolsillos con collares de coloridas cuentas, y aretes, y brazaletes de dimensiones como las de un gran aro, ricamente dorados y relucientes con vidrios de colores, por cuyo medio realza cualesquier impresión favorable que pudiese causar su propia y resplandeciente personalidad.

Simula entonces haber olvidado su lengua caribe, e incurre de continuo en términos bien conocidos del inglés, según práctica inmemorial de grandes y experimentados viajeros. El primer día desdeña la chicha nativa, pero supera sus prejuicios y se emborracha con ella al día siguiente. De hecho, representa una sátira inconsciente de las locuras de una clase, cuya vanidad jamás les permitiría descubrir ni el más remoto paralelismo entre ellos mismos y los caribes de Honduras.

Durante el día varios botes grandes arribaron a Brus, procedentes de Limas y Román, que son sitios donde se corta caoba. Todos llevaban la bandera de Honduras en el mastelero, y arrimaron a la orilla a toda vela, abatiendo su velamen sólo al trasponer los rompeolas, momento en el cual todos sus ocupantes saltaron por la borda, y así guiaron los botes hacia la orilla. Allí, bajo la sombra de los árboles, se reunieron todos los habitantes de la aldea. Gritaban, batían tambores y disparaban sus mosquetes para dar la bienvenida a sus amigos, que les respondían a todo pulmón. Allí se congregaban también las esposas a la espera, las cariñosas hermanas, las madres ansiosas, y disponían mesas cargadas de comida, frutas, botellas de ron y jarras de chicha para halagar al marido, hermano o hijo al momento de su llegada. Era divertido presenciar la rivalidad entre las varias esposas del mismo hombre ansiosamente esperado, en sus pugnas por superar a las rivales en el arreglo de sus mesas respectivas, y en la variedad de platillos y bebidas que en ellas exponían. Todas se afanaban especialmente en exhibir su cristalería, y algunas de ellas tenían profusión de vistosas licoreras con sus vasos, a veces muy costosas. Una caribe amarilla, con los hombros cargados de collares de cuentas, casi ocultos por un pañuelo de seda carmesí, se regodeaba por ser la exclusiva poseedora de una bandeja plateada, en la que había tres botellas finamente labradas, de tres colores distintos, cada una llena de un licor diferente.

Todos bebían con todos en ocasión de la llegada de alguien, un proceso del que puede sospecharse que, por frecuente repetición, bien podría terminar en una gran efusión de sentimientos. Al mediodía se manifestaba en un profuso y vigoroso apretón de manos, y al avanzar la noche, en abrazos más prolongados y empalagosos que agradables o soportables para cualquiera que se estuviese iniciando en tal práctica. De buen grado quise retirarme temprano de la playa, aunque estaba disfrutando mucho de la animación, y no dejaba de sentir esa clase de simpatía que inspira toda manifestación de genuino sentimiento. Aún Antonio, cuyo impasible ceño últimamente se notaba ansioso y pensativo, participaba de la euforia general, y tenía el semblante risueño.

La población entera me trató con gran consideración, y todos parecían igualmente complacientes y felices cuando, llegada la ocasión, me estrechaban la mano y me decían: «¿Cómo le va?»

Como he dicho ya, los caribes, lo mismo que los miskitos, practican la poligamia; pero las esposas tienen cada una su propio apartamento, y exigen participación justa y equitativa de todos los favores del esposo. Si el marido le hace un regalo a una, está obligado a honrar a las otras por igual; y están todas igualmente listas para hacer causa común en su contra, en caso de infidelidad o de un desmedido despliegue de galantería. La división de los deberes y responsabilidades es bastante extraordinaria. Cuando un caribe toma esposa, está obligado a construirle una casa y a limpiar su plantación. Pero hecho esto, ella en lo sucesivo debe cuidar de sí misma y de sus hijos. Si desea la ayuda del esposo en la plantación, ella debe pagarle sus servicios a razón de dos dólares por semana. Y aunque por lo general el marido acompaña a sus esposas en sus excursiones comerciales a Trujillo y a otras partes, él no lleva la carga ni participa en los trueques. Por consiguiente, casi todo el trabajo en las aldeas lo desempeñan las mujeres; los hombres piensan que va en su demérito y es de poca hombría dedicarse a otra faena que no sea cortar caoba o construir botes, artes en las que son muy expertos, y usan el hacha, la sierra y la azuela con gran pericia. En general los caribes son amables, laboriosos, previsores, honestos y fieles; y a la larga han de constituir una de las ayudas más importantes para el desarrollo del país. Son valientes, y en algunas compañías al servicio del gobierno, ellos se han distinguido no menos por su subordinación que por su valor y su capacidad de resistencia. Usualmente son sobrios y rara vez se les ve borrachos, excepto durante alguno de los varios festejos que celebran en el curso del año.

Permanecí apenas unos días en Brus, y aproveché la partida de un gran creer o bote caribeño, que llevaba rumbo a Roatán, para viajar a esa isla. No pude persuadir a mi anfitrión de aceptar cosa alguna por su hospitalidad, amén de "El Moro," con el que uno de sus hijitos se había encariñado mucho, aunque el pajarraco estaba lejos de corresponder a su apego. ¡Loro bandido! ¡La última vez que lo vi se contoneaba sigiloso por el suelo, para propinarle a su admirador un mordisco en los dedos de los pies!

Nuestro curso a partir de Brus nos llevó primero a la isla de Guanaja, destacada en la historia porque fue allí donde Colón divisó por vez primera la tierra firme de América. Nuestro único fin allí era llevar una damajuana de brandy a un escocés solitario que vivía en uno de los cayos que la rodean, por encargo de un amigo suyo que se la enviaba desde Belice. Se le había confiado la damajuana al caribe propietario del bote, quien se desvió de su ruta para cumplir su cometido, sin recompensa ni esperanza de pago. Cualquiera supondría que es un riesgo confiar una damajuana de brandy a la exclusiva custodia de los indios; pero quienes conocen bien a los caribes tienen mucha fe en su integridad.

La bahía de Honduras es notable por su habitual placidez y por la extrema pureza de sus aguas. Tiene gran cantidad de cayos y arrecifes de coral en su borde occidental, que casi cercan como un cinturón la península de Yucatán. Las bellas islas de Roatán y Guanaja están cercadas de igual manera; pero hay varias aberturas en las barreras rocosas que las rodean, a cuyo través pueden pasar los navíos hacia las protegidas aguas interiores.

El viento era fresco y agradable, el cielo sereno, y la mar brillante y esplendente a la luz del sol. Navegábamos raudos y alegres. Las montañas cubiertas de pinos de Guanaja se alzaban paulatinas y exuberantes sobre el horizonte. Poco a poco se hacían visibles los cocoteros en los cayos circundantes, con sus penachos que parecían brotar de las aguas claras, asomándose y sumergiéndose según se movía nuestro barco. Al acercarnos pudimos distinguir los cayos, cubiertos de un verdor esmeraldino dentro de un plateado anillo de arena. Entre los cayos y la isla con su selvático caudal, el mar mostraba su azul más bello, y tan plácido "como si fuera una pintura." Pero antes que llegásemos a sus orillas encantadas el viento amainó, y la vela se arrió del mástil. Estábamos en parte a sotavento de la isla y la superficie del mar pronto estuvo

"charmed in a calm so still
That not a ripple ruffled its smooth face."[21]

A medida que avanzábamos, nuestro bote sucumbía a las serenas olas. Me divertía mirando a los lados y contemplando las formas de la vida marina que las aguas transparentes revelaban a nuestra vista. El fondo se distinguía nítidamente, tachonado de la maravillosa producción de los pólipos de coral, extendidos aquí como abanicos, allá tomando formas de globos achatados y cundidos de púas, y acullá ramificándose como cornamentas. Oscuros parches de gelatinosas esponjas, blancos caparazones de miríadas de conchitas, y ocasionalmente un gran pez cuyas pulsátiles agallas eran la única señal de vitalidad; todo ello contribuía a dar variedad e interés a aquellos vislumbres del fondo marino. Era para mí una nueva revelación de la Naturaleza, y mientras miraba y miraba, las melodiosas notas del "delicado Ariel" sonaban sus cadenciosas campanadas en mis oídos:

"Full fathoms five thy father lies;
Of his bones are corals made;
Those are pearls that were his eyes;
Nothing of him that doth fade,
But doth suffer a sea-change
Into something rich and strange!"[22]

Nuestros hombres se tendían en el fondo del bote, a la espera, según decían, de la brisa nocturna. Pero la brisa marina no llegó, y al fin se vieron obligados a canaletear el bote hacia el cayo más cercano —una gema de coral, por cierto, con un macizo de palmeras que se

---

[21] En tan perfecta calma hechizada, que onda alguna su tersa faz rizaba.
[22] A cinco cabales brazas vuestro padre yace, de sus huesos los corales nacen, aquellas perlas ayer sus ojos fueron, nada de su esencia perdieron, mas un cambio marino lo trocó, en algo extraño y rico se convirtió.

inclinaban graciosamente sobre el mar, como Narciso contemplando su propia belleza en la azogada superficie.

La luna estaba en cuarto creciente, y al asomar sobre las plácidas aguas dejaba ver la isla en su aislamiento y su belleza, enjoyada con su cíngulo de cayos; yo me senté aparte, sobre la arena de la playa, y me embriagué con la belleza del escenario. Gradualmente mis pensamientos volaron al pasado, y no podía creer que apenas habían transcurrido poco más de cinco meses desde que tuve aquella involuntaria conferencia con el demonio, en mi pequeño estudio de la calle White. Y sin embargo, ¡qué cantidad de emociones y aventuras se habían acumulado en breve lapso! Sentía que había entrado a un mundo nuevo de ideas e impresiones; y me asombraba al pensar que había vivido mucho tiempo amurallado en el corazón monótono y antipático de la atestada ciudad. Sentí una punzada de arrepentimiento al encontrarme otra vez en camino a la civilización. En unos días más llegaría a Belice, donde yo sabía que Antonio me dejaría para volver al regazo de su pueblo. ¿Adónde iría yo después?

Estas reflexiones me entristecían, y en mi mente se introdujo la poco grata convicción de que pronto tendría que despertar de mi largo y delicioso sueño, acaso para no volver jamás a conquistar sus encantos con mis cortejos. Miré las aguas iluminadas por la luna, y escuché el suave repicar de las olas en la arena, y casi lamenté haber sido admitido en los grandes arcanos de la Naturaleza para adorar sus bellezas ocultas, pues ahora me estarían vedadas para siempre, por las restricciones, los vacuos formalismos, las necedades y los vicios de la vida artificial. Un melancólico pesar se apoderó de mi corazón, recliné la cabeza en mis rodillas y, ¿debo admitirlo?, me eché a llorar.

Fue entonces que Antonio se acercó a mí —tan sigiloso como aquella temible noche del naufragio en que se escabulló de mi lado— y puso su mano en mi hombro sin decir palabra. Yo sabía que era él, pero no quise decir nada por no delatar mi emoción. Él respetó mi silencio y esperó hasta que se hubo disipado mi momentánea flaqueza, y al levantar la vista encontré su mirada limpia y honesta. Su rostro irradiaba otra vez esa misteriosa inteligencia que ya había notado en tantas ocasiones anteriores; pero ahora sus labios no estaban sellados, y me dijo:

«Este es un buen lugar, mi hermano, para contarte el secreto de mi alma; pues en esa isla oscura dormitan los huesos de nuestros antepasados; fue allí que mi poderoso ancestro Baalam Votán condujo a los hombres santos de blancas túnicas, cuando huyeron de las regiones del sol naciente. Fue allí que nuestro pueblo levantó un templo al Tigre Imperial, cuyo descendiente soy. ¿Pues acaso no soy yo Baalam y no es éste el Corazón del Pueblo?»

Hizo esta exclamación con energía, y por un momento permaneció callado, mirando con fervor su preciado talismán.

Antonio continuó en un tono menos exaltado. Me habló de la antigua grandeza de su pueblo, cuando la raza de Baalam Votán reinaba en la península de Yucatán, y enviaba misioneros de su religión a redimir a las naciones salvajes que la rodeaban. Iban hasta el país de los Huastecos, en el río Pánuco. Fue entonces, dijo él, que el Señor de la Vida le sonrió a la tierra; entonces las mazorcas de maíz eran varias veces más grandes que ahora, los árboles rendían inagotables cosechas de frutas, y florecían eternamente; el algodón crecía de muchos colores; y aunque los hombres muriesen, sus espíritus caminaban sobre la faz de la tierra, y mantenían confiados coloquios con los hijos de los Itzá.

No he escuchado nunca voz más intensa y fervorosa que la del muchacho indio cuando describía la edad de oro de las tradiciones de su pueblo. Yo escuchaba con expectante interés, y pensaba que era así como deben haber hablado los profetas de antaño, cuando la gente los miraba como inspirados por el cielo. Pero cuando empezó a narrar los errores de su nación, y la destrucción del reino de sus ancestros, yo apenas podía creer que esa áspera voz y esas palabras atropelladas por el exceso de pasión procedían de sus mismos labios. Era una visión tremenda contemplar la convulsiva energía de aquel muchacho indio: sus músculos contraídos, sus venas hinchadas casi al punto de estallar en sus sienes, casi me indujeron a temer que hubiese sido atacado por la locura.

Pero pronto volvió a serenarse, y me contó que el adormecido espíritu de su pueblo se había despertado, y que estaban fraguando una venganza grande y terrible contra sus opresores. Unos años atrás, su padre había reunido a los descendientes de los antiguos caciques entre las ruinas de Chichén Itzá, donde habían jurado por el Corazón de Baalam Votán restaurar el reinado de los Hombres Sagrados, y expulsar de la península a los españoles. Fue entonces que la sagrada reliquia que portaba en su pecho había sido desenterrada del escondite donde permaneció por siglos, para infundir en el sucesor elegido la santidad y los poderes de la tradición Votán. Pero el movimiento había sido prematuro; y aunque los enardecidos pero pobremente armados indios habían llevado a cabo prodigios de valentía y llevado sus victorias hasta los propios muros de Mérida, allí recibieron, sin embargo, una súbita y al parecer definitiva derrota, con la muerte de Chichén Pat, su venerado adalid. Este sucumbió guiando a sus seguidores, quienes sólo pudieron rescatar el talismán del Votán, llamado "Corazón del Pueblo," y luego huyeron consternados a su refugio en las montañas. Pero el espíritu que había sido evocado no estaba subyugado. Se llevó a efecto otra convocatoria, y el único hijo de su finado guía fue investido con el símbolo de autoridad. Se urdió un plan de insurrección que pretendía incluir no solamente a los indios de Yucatán y de América Central, sino también a los de México y Perú, en una grande y terrible rebelión contra el dominio español.

A tal fin se enviaron mensajeros en todas direcciones. Y el orgulloso caballero que en Bogotá o en México espoleaba su caballo con ademán arrogante, y pasaba frente al extraño indio que se arredraba ante su proximidad, o que permanecía de pie y con la cabeza descubierta ante su presencia, ¡no sospechaba el caballero qué torrentes de odio se acumulaban en aquel pecho moreno, ni cuán extendidos planes de venganza se tramaban bajo ese impasible ceño! Los emisarios avanzaban penosamente por los páramos y los profundos pantanos, cruzaban altas montañas y peligrosos ríos, soportando hambres y fatigas, y extremos de calor y frío, a fin de cumplir sus respectivos cometidos. ¡Hasta las hijas de los hombres santos, como la vidente del río Bocay, se aventuraban lejos de su hogar y entre las tribus distantes y ajenas para propagar su meditada venganza!

La noche había avanzado y la luna en su cuarto creciente descansaba al filo del horizonte. Yo había escuchado el gran secreto del muchacho indio; su amargo recital de los errores y fracasos pasados, y de sus esperanzas de triunfos venideros. ¡Ahora yo sabía que en verdad el ángel de venganza andaba suelto, y que en su propio lenguaje figurativo "el rugir del tigre se oía fuerte en la montaña"!

Cuando Antonio hubo terminado permanecí callado y pensativo; pero tras una larga pausa me preguntó: «¿Querrá mi hermano ir conmigo al lago de los Itzá?» Tomé su mano y juré, por un nombre más santo que el de Votán, justificar una amistad inquebrantable por una fe tan ilimitada como la suya. Y cuando salí de los reductos de la civilización y penetré en las selvas ignotas, sin ningún otro amigo o guía, nunca una sospecha o una duda nubló por un instante mi confianza ni empañó mi fe en el leal corazón de Antonio Chul, que una vez fuera el indio de ojos mansos, ¡y ahora el temible cacique y victorioso adalid de los indómitos Itzá de Yucatán!

Sólo el tiempo puede determinar cuál será el resultado final de la contienda que ahora se cierne en el suelo de esa bella pero ya casi desolada península. Casi todo arribo nos trae noticias de renovadas osadías y nuevos triunfos por parte de los indios; ¡y pareciera ahora que el gran drama de la Conquista estuviese por concluir con la destrucción de la raza conquistadora! ¡Fatalmente se ensombrece el ceño de Némesis!

"¡El rugir del Tigre resuena fuerte en la montaña!".

APÉNDICE A: BOCETO HISTÓRICO DE LA COSTA DE LA MOSQUITIA

Las características geográficas generales, el clima y la producción de la Costa de la Mosquitia han sido descritas con suficiente detalle en la narrativa anterior. Sin embargo, para suplir cualquier deficiencia en mi relato de estos temas, así como para ilustrar la historia de dicha costa, a la cual recientes eventos políticos le han dado cierto grado de notoriedad, presento aquí una variedad de datos obtenidos de diversas fuentes originales, las cuales no son fácilmente accesibles al lector común.

El término "Costa de la Mosquitia" sólo puede comprenderse propiamente en un sentido geográfico, ya que se aplica a aquella porción oriental de la costa de Centroamérica comprendida entre Cabo Gracias a Dios y la Laguna de Bluefields, o entre los 12 y 15 grados de latitud norte, equivalente a unas 250 millas[23]. Los intentos de aplicar dicho término a una mayor extensión de dicha costa tienen su origen en consideraciones de carácter estrictamente político.

La costa fue descubierta por Colón en su cuarto viaje, en 1502. Navegó a lo largo de casi toda su longitud, deteniéndose en varios puntos para explorar el país y determinar el carácter de sus habitantes. Le dio el nombre de Cariay, y Porras, uno de sus acompañantes, la describió muy certeramente como "una tierra muy baja." El mismo Colón, en su carta a los soberanos españoles, describe a los habitantes como pescadores y "grandes brujos, muy terribles." Su hijo, Fernando Colón, es más explícito. Cuenta que eran "de color casi negro, de apariencia salvaje, andaban desnudos; toscos en todo aspecto, comían carne humana y devoraban crudos los pescados, tal y como los cogían." Las palabras de los cronistas nos guían a creer que tales descripciones se aplicaban solamente a los indios del litoral, y que

---

[23] En realidad, la Costa de La Mosquitia continuaba más hacia el norte, en territorio hondureño, hasta la desembocadura del río Negro o Tinto. Ver Conzemius, op. cit., p. 1.

aquellos del interior, que entonces hablaban un idioma diferente, eran una raza diferente.

El gran incentivo a la hazaña española en América, mismo que condujo a la rápida conquista y población del continente, fue la extracción de metales preciosos. Pero pocos de estos se hallaron en la Costa de la Mosquitia y, resultado de ello, fue que la ola de aventureros españoles pasó de lejos, indiferente a los miserables salvajes que procuraban su precaria existencia entre sus lagunas y florestas. Cierto es que, diez años después de su descubrimiento, se otorgó a Diego de Nicuesa una concesión de la costa entera, desde Cabo Gracias hasta el Golfo de Darién, con el fin de colonizarla, pero la expedición que a tal efecto organizó naufragó en la boca del mentado Cabo, o río Wanks, el cual, a consecuencia de ello, llevó por muchos años el nombre de Río de los Perdidos.[24]

A partir de entonces, España estuvo demasiado preocupada atendiendo otras partes de su inmenso imperio americano como para prestarle mucha atención a esta ribera que, comparativamente, es poco atractiva. Los misioneros españoles, inspirados por su celo religioso, incursionaron sin embargo entre las gentes, y se realizaron desganados intentos para fundar asentamientos en Cabo Gracias y posiblemente en otros sitios en la costa. Pero los recursos del país eran demasiado pobres para sostener estos últimos, y los indios, demasiado rústicos y salvajes para captar las instrucciones de los misioneros.

La costa, por consiguiente, permaneció en su condición primitiva hasta la llegada de los bucaneros en el mar de las Antillas, allá a mediados del siglo XVII. Sus intrincadas bahías y desconocidos ríos proveyeron admirables refugios y escondites para los pequeños y veloces navíos en que éstos merodeaban las aguas. Levantaron asentamientos permanentes en Cabo Gracias y Bluefields, desde donde se lanzaban como halcones sobre los galeones que zarpaban de Nombre de Dios y Cartagena, cargados de las riquezas del Perú. De hecho, Bluefields, el actual asiento de la realeza mosquita, deriva su

---

[24] Squier se equivoca al identificar el Coco con el río de los Perdidos: hoy se cree que éste era posiblemente uno de los tres siguientes: el Punta Gorda, el Maíz o el Indio. Ver Jaime Incer Barquero, Viajes, Rutas y Encuentros, 1502-1838, Asociación Libro Libre, 1993, pp. 31-36.

nombre de Blauveldt, un notorio pirata holandés, cuyo punto de reunión se hallaba en la bahía del mismo nombre.

Sin embargo, el de Cabo Gracias parece haber sido no sólo el principal asentamiento de esta costa, sino de todo el mar Caribe. Se le menciona en casi cada capítulo de los relatos que nos han legado los piratas de sus salvajes y sangrientas aventuras. Aquí se reunían a dividir sus botines y a decidir sus nuevas expediciones. Allá por 1670, el viejo Joseph Esquemeling, pirata holandés, nos describió así las relaciones que mantenían con los nativos:

«Dirigimos nuestro curso hacia Gracias a Dios, pues allí se reúnen muchos piratas que mantienen amistosa correspondencia con los indios de allí. La costumbre es, que cuando algún pirata arriba, cualquiera está en libertad de comprarse una mujer india, al precio de un cuchillo, una vieja hacha o hachuela. Los términos de este arreglo son tales que la mujer está obligada a acompañar al pirata durante toda su estadía allí. En ese tiempo, ella le sirve toda clase de manjares del país. El pirata también está en libertad de ir y cazar y pescar donde le plazca. Mediante este continuo tráfico con los piratas, los indios algunas veces les acompañan en sus travesías marinas por años enteros, y así muchos de ellos aprenden a hablar inglés.»

También añade que los indios eran sumamente indolentes, «vagando por todos lados, sin saber cómo o sin preocuparse de proteger sus cuerpos de la lluvia, excepto con algunas hojas de palma», y «sin otra ropa que no fuera un lienzo amarrado a su cintura», y armados con lanzas «cuya punta era un diente de cocodrilo», y sobreviviendo principalmente de bananos, frutos silvestres y peces.

Tenemos un posterior relato de De Lussan, otro miembro de la fraternidad de los filibusteros:

«El Cabo ha estado habitado largo tiempo por mulasters [mulatos] y negros de ambos sexos, que se han multiplicado en gran número desde que un barco español procedente de Guinea, cargado con sus ancestros, naufragó aquí. Aquellos que escaparon del naufragio fueron recibidos cortésmente por los mousticks [moscos, en español; mosquitos, en inglés] que habitan en estos alrededores. Los indios asignaron a sus huéspedes un sitio para asentarse, y se entremezclaron con ellos.

»Los antiguos mousticks viven a diez o doce leguas a barlovento, en un sitio llamado Sanibey [Sandy Bay]. Son sumamente perezosos y plantan y cosechan muy poco; sus mujeres realizan todo el trabajo. Con respecto a su vestimenta, no es ni mayor ni más suntuosa que la de los mulasters del Cabo. Son pocos los que tienen vivienda fija, siendo la mayoría vagabundos que deambulan por las orillas del río, sin otra protección que la hoja de palma, la cual utilizan de forma tal que cuando el viento empuja la lluvia por un lado, ellos giran la hoja en contra de éste y detrás de ella se guarecen. Cuando se deciden a dormir, cavan un agujero en la arena y en él se echan.»

—Narrativa de De Lussan. Londres, 1704, p. 177.

Los negros naufragados en el barco negrero español vieron aumentar su número por los cimarrones, o esclavos escapados de los asentamientos españoles del interior, quienes, entremezclándose con los indios, dieron origen a la descastada raza que hoy predomina en la Costa de la Mosquitia. Posteriormente, cuando los terratenientes de Jamaica intentaron establecerse en la costa, trajeron consigo sus esclavos, quienes también contribuyeron a incrementar el elemento negro. Por consiguiente, los llamados indios misquitos son una raza amestizada, que mezcla sangre de negros, indios, piratas y comerciantes jamaiquinos.

Muchos de los piratas eran ingleses, y todos tenían contacto más o menos cercano con los primeros gobernadores de Jamaica, con quienes compartieron sus ganancias, a cambio de las indulgencias que los piratas se pudiesen comprar. De hecho, se dice que los gobernadores con frecuencia fueron socios en las empresas de los bucaneros. Pero cuando las prolongadas guerras con España, que favorecían tales situaciones, llegaron a su fin, dejó de ser prudente colaborar en la filibustería; y, gracias a la comunicación que habían establecido con la Costa de la Mosquitia, concibieron la idea de tomar posesión de ella en nombre de la corona británica. A tal fin se presentaron al gobierno real en dicho período varios planes, preparados por diversos individuos, planes que fueron, aparentemente a través de éste, referidos a los gobernadores de Jamaica.

Pero los gobernadores de dicha isla ya habían tomado la iniciativa. Ya en 1687 uno de los jefes misquitos había sido llevado a Jamaica, con el propósito de lograr que pusiera su país bajo la protección de Inglaterra. Sir Hans Sloane nos ha dejado un relato de cómo dicho jefe se les escapó a sus escoltas, «¡se arrancó las ropas europeas que sus amigos le habían puesto, y se subió a la copa de un árbol!»

Sin embargo, parece que recibió «un sombrero tricornio y un ridículo pliego oficial» que, según Jeffreys, era su nombramiento como rey, «otorgado por Su Gracia, el duque de Albemarle, con el sello de la isla.»

Pero no fue sino hasta 1740 que se intentó obtener una cesión de la costa por parte del extraordinario monarca creado por el duque de Albemarle. En dicho año, el gobernador Trelawney le escribió al duque de Newcastle, sugiriéndole la ventaja de sublevar a los indios misquitos en contra de los españoles, contra quienes los ingleses estaban en guerra, con el propósito de lograr una ocupación absoluta del país misquito. Le indicó que había allí cerca de cien ingleses, «la mayoría de quienes no podrían vivir en ningún otro sitio», a quienes se pudiese reunir, reforzar y, con la ayuda de los misquitos, inducir a los otros indios a sublevarse, «y así llevar la insurrección de una parte a otra, hasta que fuese general por todas las Indias, y expulsar por completo a los españoles.»

Poniendo en práctica este plan, el gobernador Trelawney comisionó a un tal Robert Hodgson para proceder a la Costa de la Mosquitia, bien provisto de cualquier cosa necesaria para permitirle influenciar a los indios. La forma en que ejecutó sus instrucciones ha sido relatada de forma cándida por el mismo Hodgson, en una carta dirigida al gobernador. Los siguientes extractos son de la carta original, hoy en posesión del coronel Peter Force, de Washington.

Sandy Bay, 8 de abril de 1740
Tenga a bien Su Excelencia:
Arribé a San Andrés el día 4 de marzo, y me embarqué rumbo a Sandy Bay el día 8, arribando allí el 11, pero un viento norte nos impidió desembarcar hasta el 13.

Habiéndose informado de mi llegada el rey Eduardo, se me avisó que me recibiría al día siguiente, lo cual hizo en presencia de varios de sus capitanes. Le leí la carta de Su Excelencia y la de mi comisión; después de explicarles esto mediante un intérprete, les hablé de mi encargo allí, recomendándoles aprovechar todas las oportunidades de cultivar amistad y unión con las naciones indígenas vecinas, y especialmente con aquellas bajo el dominio español, y de ayudarles a recuperar su libertad. Aprobaron todo lo que dije, y fijaron el día 16 para reunirse en el mismo sitio con el gobernador John Briton y con sus capitanes, para escuchar qué más había yo de agregar.

Llegado el 16 vinieron todos, excepto el almirante Düly y el coronel Morgan, quienes, al igual que el general Hobby y sus capitanes, se hallaban demasiado lejos como para ser convocados; pero dado que la presencia de éstos no era crucial, procedí a explicarles que, habiéndose por largo tiempo considerado como súbditos de la Gran Bretaña, el gobernador de Jamaica me había enviado a tomar posesión de su país en nombre de Su Majestad; y pregúnteles si tenían algo que objetar. Contestaron que no, y que estaban contentos de que yo me hubiera hecho presente a tal fin; así que inmediatamente icé el pabellón, y resumiendo en varios artículos lo que les había dicho, les pedí al grupo y a cada individuo que los aprobaran y cumplieran. Unánimemente declararon que sí. Les pedí entonces que los leyeran en voz alta, en solemne ceremonia, bajo la bandera y, al final de cada artículo, celebrábamos con un disparo de cañón; concluí rozando el suelo con mi espada, y jurando defender su país y obtener de Inglaterra todo el apoyo que me fuese posible proporcionarles.

La seriedad con que se realizó todo esto parece haberlos impresionado positivamente.

Adjunto los artículos, y espero que Vuestra Excelencia disculpe tanta ceremonia; pues, dado que carezco de información veraz sobre si alguna vez tomamos posesión oficial de la costa, o si anteriormente habíamos afirmado nuestro reclamo por otra vía que no fuese la de enviar delegaciones, pensé que sería mejor que la cesión fuese lo más voluntaria y abierta posible.

*** El rey es sumamente joven, creo que aún no cumple los veinte años, y no se le presta mucha atención; pero si fuese a pasar un tiempo en Inglaterra o Jamaica, creemos que se podría hacer de él un monarca bastante aceptable.

El día 18 el rey y sus capitanes vinieron de su propia voluntad a consultarme sobre un plan para atacar en toda ley [a los españoles], pero habiéndoseme dicho que se esperaba la llegada del capitán Jumper del otro lado del Cabo, y que ni el gobernador, el almirante Dilly ni el coronel Morgan estaban presentes, consideré que era mejor posponerlo hasta que fuesen convocados. El rey trajo a su madre, y los capitanes a sus esposas. Les atendí como de costumbre, pero siempre viene tal multitud que debí haber tenido tres o cuatro garrafones de ron, en vez de sólo uno. ***

Hodgson prosigue a describir a un tal Andrew Stewart, pirata a quien los indios habían prometido su apoyo, promesa de la cual Hodgson intentaba disuadirlos para que lo acompañaran a él; pero los indios accedieron finalmente a atacar río Cocelijo para cumplir con Stewart y San Juan de Veragua para satisfacer a Hodgson. Continúa éste:

*** Se intoxican con un licor hecho de miel, piña y yuca, y, si logran evitar las frecuentes riñas, tienen sendas actividades promiscuas con las mujeres jóvenes. Las viejas, según me cuentan, están en libertad de masticar la yuca antes de mezclarla, para así gozar en el desenfreno general tanto como las jóvenes.

Por accidente me encontré en uno de sus borracheres el día de ayer, y encontré al almirante Dilly y al coronel Morgan intentando recordarles mi recomendación, con pobres resultados, ya que la mayoría estaban demasiado borrachos para prestar atención, y estaban tan espantosamente pintarrajeados que me alejé de ellos a toda prisa para evitar ser embadurnado de pies a cabeza, pues tal es el cumplido que en tales ocasiones brindan a todos los visitantes. ***

*** Su desagrado del adulterio ha disminuido sobremanera entre ellos, lo que atribuyo en gran medida a nuestra influencia, así como a la falta de cumplimiento en sus compromisos. *** Haraganean en sus hamacas casi hasta desfallecer de hambre, entonces se levantan y se van a cazar tortugas en una canoa; y si no logran un éxito inmediato, y se da el caso de que hay muchas canoas juntas, organizan un ataque contra algún pueblo español o indio.

La tierra es buena, produce buen algodón, mejor que Jamaica. * Los indios de este lado, al contrario de lo que yo había supuesto, no parecen tan aversos a ser gobernados, y los del otro lado son bastante maleables.

*** No creo que sean tan numerosos como supone el autor del proyecto.

(firma) Robert Hodgson

En carta subsiguiente, escrita en Laguna de Chiriquí con fecha de 21 de junio de 1740, Hodgson continúa su relato de su expedición y solicita algunos nombramientos honorarios para almirantes y generales misquitos, y también implora al gobernador que le envíe algunos hombres que le sirvieran de guardia, pues, como él mismo relata, «mi vida peligra más debido a los indios que a los españoles.»

Previa a esta misión de Hodgson, es decir, el 28 de octubre, el embajador español en Londres se había quejado de que las incursiones que los zambos e indios de la Costa de la Mosquitia hacían en los asentamientos españoles adyacentes, «eran instigadas y auspiciadas por los ingleses de Jamaica, que comercian con ellos, y que les dan, a cambio de prisioneros indios que compran para que les sirvan de esclavos, en contra de los derechos naturales de éstos, armas de fuego, pólvora, balas y otros artículos.»

A la "cesión" de la Costa de la Mosquitia, obtenida así por Hodgson, le siguió la ocupación de esta. Varios hacendados jamaiquinos se establecieron allí, y poco después, Hodgson fue nombrado "Superintendente de la Costa de la Mosquitia."

En 1744, el concejo emitió la orden de enviar cierto número de tropas de Jamaica a la Costa de la Mosquitia, y en 1748 emitió otra para enviar un suministro de armamentos a los «nuevos asentamientos» allí establecidos. De hecho, todo indicaba que el propósito era una ocupación permanente del país. Los españoles protestaron, y en los años de 1750-51 amenazaron con expulsar por la fuerza a los ingleses, a lo que Trelawney ordenó a Hodgson transmitirles que «el objeto de mantener un Superintendente entre los indios era para frenarles en su hostilidad contra los españoles». Los españoles se tragaron el engaño por cierto tiempo, y hasta llegaron a conferir en Hodgson el título de coronel, por los servicios que éste profesaba haberles prestado. Pero finalmente descubrieron su duplicidad e hicieron preparaciones para cumplir su amenaza.

Esto no sólo alarmó a los colonos, sino también al gobernador Knowles, quien había sucedido a Trelawney en Jamaica. Inició correspondencia con el Capitán General de Guatemala para lograr el cese de las hostilidades, eso mientras le llegaban instrucciones de Inglaterra, habiendo escrito anteriormente que todo el asunto misquito era «una faena», y que si no frenaban o reemplazaban a Hodgson, éste «podría involucrar a la nación en problemas», y que «los indios estaban tan perplejos que no sabían a cuál bando unirse». Poco después los indios se alzaron en armas contra los ingleses, descontentos con el tratamiento que habían recibido por parte de éstos.

Estos asuntos no escaparon de la atención de España, y en alguna medida dieron origen a las vicisitudes que vino a poner fin el Tratado de París de 1763, en el cual Gran Bretaña acordaba demoler todas las fortificaciones que había levantado, no sólo en la Costa de la Mosquitia, sino en todos «los otros sitios en territorio español, localizados en dicho hemisferio». Sin embargo, el tratado no logró que se terminaran por completo las intrigas y agresiones inglesas en la Costa de la Mosquitia y en otros sitios, y sus cláusulas se reactivaron posteriormente y se hicieron más explícitas y estrictas en el subsiguiente Tratado de 1783.

Este último contemplaba que todos los «asentamientos ingleses en el continente español» debían ser abandonados; pero, bajo el pretexto de que «dado que la Costa de la Mosquitia no era parte del continente español, sino del americano», los ingleses consiguieron evadir sus cláusulas y mantener sus contactos con la costa, al igual que antes. Este acto de duplicidad dio lugar a graves demandas por parte de España, que sólo se resolvieron con el Tratado suplementario de 1786, que estipulaba que:

«Los súbditos de Su Majestad Británica, y todos los otros colonos que hayan gozado de la protección de Inglaterra, deberán evacuar el territorio de los Mosquitos, así como el continente en general, y las islas adyacentes sin excepción alguna», etc. Y que «si permaneciesen allí algunas personas tan atrevidas que intentasen penetrar en el interior del territorio con fines de obstaculizar la acordada evacuación, Su Majestad Británica, lejos de brindarles cualquier socorro o protección, les repudiará en la forma más solemne», etc., etc.

Sin embargo, otro artículo del mismo tratado les permitía a los ingleses cosechar palo de campeche dentro de cierto territorio descrito muy precisamente en la costa de Yucatán, hoy conocido como «Belice» u «Honduras Británica». Pero les estaba estrictamente prohibido establecer asentamientos permanentes, erigir fortificaciones u organizar cualquier tipo de gobierno; ni el permiso así otorgado debía en forma alguna concebirse como derogatorio de «los soberanos derechos territoriales del Rey de España». Pero de este simple permiso para cortar madera, demarcado con solemnes estipulaciones jurídicas, la Gran Bretaña, gracias a una serie de invasiones y agresiones, ha venido a arrogarse soberanía absoluta no sólo sobre Belice y una amplia porción de territorio adyacente, sino también sobre las extensas islas de Roatán, Guanaja, etc., en la bahía de Honduras, ¡mismas que han sido administradas como si fuesen colonias de la corona británica!

A partir de 1786, la Gran Bretaña cesó el contacto abierto con los indios misquitos, hasta que declinó el poder de España y ésta perdió sus posesiones americanas. En el ínterin, los gobernadores de las provincias de Centro América habían fundado algunos asentamientos en la Costa de la Mosquitia, en Cabo Gracias y en Bluefields, y habían levantado un fuerte para la protección del puerto de San Juan, en la boca del río del mismo nombre.

Pero cuando la región pasó a manos de los relativamente débiles Estados de Centro América, los cuales se suponía que no podrían oponerse con efectividad a la agresión, los ingleses reactivaron sus esquemas de expansión en la Costa de la Mosquitia. Y, mientras dichos Estados se hallaban ocupados con cuestiones relativas a su nueva organización política, los ingleses despacharon agentes provenientes de Jamaica y Belice a la costa, con el fin de manipular otra vez a los indios, e inducirlos a rechazar la autoridad de las repúblicas que habían heredado los derechos de España. En esto parece que, hasta cierto punto, tuvieron éxito. No escatimaron ron, ni nombramientos de reyes, almirantes, generales y gobernadores, para influenciar a los volubles salvajes. Cuenta Macgregor que, para infundirle dignidad y majestad a la restaurada dinastía misquita, se le envió «un atuendo real, que consistía de una corona plateada, una espada y un cetro de moderado valor». Escogieron a un jefe salvaje o cacique, útil a los propósitos de los Warwicks jamaiquinos, le llevaron a Belice y lo «coronaron» con toda formalidad. Pero el tipo les salió malo. Según las palabras de Macgregor, en su reporte al Parlamento Británico, «combinaba las malas características del europeo y el criollo, con las salvajes inclinaciones del zambo y los caprichos del indio». Fue muerto en una trifulca de borrachos en 1824, y le sucedió su medio hermano Robert. Pero al poco tiempo se descubrió que Robert estaba a sueldo de los españoles, y los agentes británicos lo reemplazaron por un zambo de nombre «George Frederick». Pero éste también resultó ser poco efectivo, y murió o fue reemplazado por otro zambo que respondía al rimbombante nombre de «Robert Charles Frederick», y del cual se esperaba que se prestase a todo.

Su «coronación» tuvo lugar en Belice el 23 de abril de 1825: para tan solemne ocasión se reunieron varios de los supuestos caciques, bajo la seductora promesa de un «borracho grande». Las ceremonias que tuvieron lugar han sido descritas por un súbdito británico que fue testigo de todo lo acontecido. ¡El cuadro que nos pinta no necesita de retoques para hacerlo irresistiblemente risible!

«La víspera anterior se enviaron tarjetas de invitación a los diferentes comerciantes, solicitando su presencia en el juzgado temprano por la mañana. Presentóse allí el rey, ataviado en el uniforme de un mayor británico; sus jefes, vestidos de igual forma, pero con pantalones de marinero, se hallaban reunidos en el salón. Sería difícil concebir un conjunto más variopinto. Aquí una charretera adornaba un hombro hercúleo, tentando a su ensalzado dueño a dirigir miradas de triunfo a su menos favorecido vecino. Allá un botón faltante revelaba una grasienta piel canela bajo el uniforme de un capitán de infantería. A un lado se apreciaba la figura de un noble cauteloso, cuidadosamente abotonado hasta la barbilla, como un dandy de hoy, retando al ojo más escudriñador a demostrar que se hallaba sin camisa; mientras que los matemáticos movimientos de un cuarto, jadeando bajo tan ceñido atuendo, demostraban el espanto y el escalofrío con que aguardaba algún terrible accidente.

«Dispuesto el orden de la procesión, la cabalgata prosiguió rumbo a la iglesia; su Majestad Misquita a caballo, rodeado a su derecha e izquierda por los dos oficiales británicos de mayor rango en la zona, y seguidos por los caciques de aquél a pie, en fila de dos en fondo. A su llegada, se instaló a Su Majestad en una silla, cerca del altar, y la ceremonia inglesa de coronación fue leída por el capellán de la colonia, quien, en esta ocasión, desempeñó el papel del Arzobispo de Canterbury. Al llegar a aquella parte de "¡Y el pueblo entero aclamó: viva el Rey por siempre, larga vida al Rey, ¡Dios salve al Rey!", los navíos del puerto, conforme a una señal previamente acordada, dispararon un saludo, y los caciques se pusieron de pie, exclamando: ¡Larga vida al rey Robert!

«Su Majestad parecía estar sumamente ocupado admirando sus finos ropajes, y, después de su consagración, expresó su satisfacción alisándose repetidamente con sus manos la espesa y enmarañada cabellera y metiéndose el dedo en la nariz, expresivo gesto que indicaba su deleite con esta parte de la ceremonia.

«Sin embargo, antes de que sus caciques pudiesen jurarle obediencia, era necesario que se convirtiesen al cristianismo; por consiguiente, anótese esto con vergüenza, fueron bautizados ¡en nombre del Padre, del Hijo y del Espíritu Santo! Mostraron una ignorancia absoluta del significado de dicha ceremonia; al preguntárseles sus nombres, tomaron los títulos de Lord Rodney, Lord Nelson, o cualquier otro oficial de renombre, y expresaron una gran decepción cuando se les dijo que sólo podían ser bautizados con sencillos nombres cristianos.»

«Una vez concluida esta solemne farsa, el grupo entero se dirigió a un gran salón de clases, a engullir la cena ceremonial, ¡durante la cual todas estas miserables criaturas se intoxicaron de ron! Un final apropiado a una farsa tan blasfema y perversa con la que jamás se deshonró a nación cristiana alguna.»

—Dunn's Central America (1828), pp. 26-27

Después de haber sido investido con la púrpura misquita, el «rey Robert Charles Frederick» fue llevado de vuelta a la Costa de la Mosquitia, y se le dejó en libertad a la espera de nuevos desarrollos en los planes británicos. Tras las fastuosas ceremonias en Belice, ¡parece haberse tomado en serio lo allí acaecido, y se convenció a sí mismo de ser un rey de verdad! A tono con esto, y motivado por las sugerencias de varios comerciantes confabuladores, y por los poderosos incentivos del ron y de joviales faldas, procedió, de su soberana y libre voluntad, a dar concesiones de grandes porciones de sus supuestos dominios a los antedichos comerciantes. Tales concesiones no solamente eran tan extensas que cubrían la costa entera, sino que entregaron la soberanía absoluta de las mismas a los concesionados Rennick, Shepherd, Haly y otros.

Una vez que esto llegó a oídos del gobernador de Jamaica y del superintendente de Belice, quienes habían creado a «Su Majestad Misquita» para su propio uso y propósitos, se suscitó gran alarma. Cuenta Macgregor que «parece que las concesiones se realizaron sin el conocimiento del agente británico que usualmente residía en la costa para mantener la conexión con Inglaterra». Añade que «cuando llegó al conocimiento del gobierno británico, las concesiones fueron muy enfáticamente revocadas». No sólo fueron revocadas, sino que enviaron un navío de guerra a la costa a capturar a «Robert Charles Frederick» y llevárselo a Belice, donde no pudiese hacer más travesuras. Logróse esto, pero «Su Majestad» no soportó las ataduras de la civilización, tornóse melancólico y murió. Pero antes de ocurrir tan lamentable catástrofe, se le indujo a poner «su seña» en un documento titulado Testamento, en el cual se estipulaba que los asuntos de su reino habrían de ser administrados por el coronel McDonald, superintendente de Belice, como regente, durante la minoría de edad de su heredero; que McDonald habría de ser guardián de sus hijos y, refiriéndose a las necesidades espirituales de sus amados súbditos, que «la Iglesia Unida de Inglaterra e Irlanda habrá de ser para siempre la religión oficial de la nación Misquita». ¡Bendito seas, Robert!

Tras la muerte de «Robert Charles Frederick», su hijo, «George William Clarence», actual ocupante del trono misquito, fue a su vez proclamado «Rey» por el regente McDonald y sus colegas. Su primer acto, bajo la dirección de éstos, fue la revocación de todas las concesiones que su padre había hecho a los comerciantes, argumentando que el regio Robert Charles las hizo cuando estaba ebrio y que se habían otorgado sin previa consideración. Nombróse a un agente para tutelar en Bluefields a este tierno heredero real, donde aún permanece, en completa sujeción a sus amos, quienes dirigen todos sus actos, o más bien, le conminan a apoyar los suyos. De 1841 a 1848, los actos de los agentes británicos, en aras de ejecutar su política para con la Costa de la Mosquitia, y de preparar el camino para incorporar ésta a la corona británica, se escapan de los anales de la historia sobria o del relato serio, y sólo pueden ser ilustrados en forma apropiada por las plumas de Charivari o de Punch.

Todas estas actividades recibieron la protesta firme y severa de los Estados Centroamericanos, quienes, sin embargo, no recibieron respuesta satisfactoria a sus quejas. También se hallaban demasiado ocupados con sus diferencias internas para ofrecer algún tipo de resistencia efectiva a las agresiones de los agentes británicos. De cara a esta emergencia enviaron una solicitud a las naciones civilizadas de Europa, y otra singular y ferviente a los Estados Unidos, solicitando a éstos que se pronunciasen a favor de su soberanía y patentes derechos territoriales.

Antes de que hubiese tiempo para actuar en respuesta a dichas solicitudes, el final de la guerra con México, así como la compra de California por los Estados Unidos, precipitaron el curso de la intriga inglesa y su correspondiente expansión en la Costa de la Mosquitia. El gobierno británico no tardó en percibir que la adquisición de California daría una nueva, práctica e inmediata importancia al largamente ansiado proyecto de establecer un canal interoceánico entre los océanos Atlántico y Pacífico, y previno en forma correcta que éste pronto atraería una buena parte de la atención pública en los Estados Unidos. De inmediato se emitieron órdenes para la toma del puerto de San Juan de Nicaragua, único término posible en el lado oriental para un canal por el río San Juan y los lagos de Nicaragua. Este puerto había estado siempre bajo la ocupación indiscutida de España y Nicaragua; nunca misquito alguno residió allí, ni a cincuenta millas de dicho puerto en cualquier dirección, pero, bajo el pretexto de que constituía «parte de los verdaderos dominios de Su Majestad Misquita, de quien la Gran Bretaña es su legítimo protector», dos navíos de guerra británicos entraron al puerto en enero de 1848, arrancaron la bandera nicaragüense, izaron la de la «Mosquitia», exiliaron a los oficiales nicaragüenses y los reemplazaron con ingleses. Habiendo hecho esto, zarparon; pero apenas llegaron noticias de tal evento al interior del país, el gobierno de Nicaragua envió una pequeña columna, expelió a los intrusos y retomó posesión. Las fuerzas británicas, aumentadas considerablemente en número, regresaron. Los nicaragüenses, incapaces de resistirles, se retiraron río arriba, y erigieron algunas crudas fortificaciones en sus riberas.

Un destacamento británico les persiguió y venció, con grandes pérdidas. Las hostilidades continuaron hasta que los nicaragüenses, impotentes ante las fuerzas de la Gran Bretaña, aceptaron un armisticio, que estipulaba que no intentarían perturbar San Juan, ni intentarían reocupar el puerto, mientras se realizaban las negociaciones que, según se preveía, habrían de efectuarse luego de su toma. Todos los intentos de inducirles a desistir en sus reclamos de soberanía sobre el puerto fueron, sin embargo, infructuosos.

Gracias a este acto de fuerza mayor, Lord Palmerston, quien lo había ordenado, esperaba encarecidamente asegurar para Inglaterra el control de lo que entonces se suponía que eran los únicos medios practicables de comunicación entre los océanos. Se había posesionado, según lo pensaba, de la llave del istmo centroamericano. De inmediato instalaron oficiales ingleses en San Juan, y se nombró a un «Cónsul General» residente allí, con poderes absolutamente dictatoriales, mantenido por una llamada «fuerza policial» proveniente de Jamaica, y la casi constante presencia de un navío de guerra británico en el puerto.

A este acto le siguió en breve el intento de tomar la isla del Tigre y el golfo de Fonseca, los supuestos términos occidentales en el Pacífico, del propuesto canal. Este intento fue malogrado por la diplomacia estadounidense en este respecto.

Los resultados de la interferencia americana son demasiado recientes y demasiado bien conocidos para recapitularlos aquí. Una compañía americana obtuvo los privilegios de tránsito a través de Nicaragua y en breve los vapores americanos nave- gaban el San Juan. Un buen número de americanos se estable- cieron en el puerto, donde pronto tuvieron éxito en sofocar la influencia británica. Tomaron la dirección de los asuntos en sus propias manos, adoptaron una constitución y organizaron un gobierno regular y estable, mientras se llegaba a un acuerdo final de varios asuntos concernientes a Centro América, que en ese momento eran motivo de negociación entre los Estados Unidos y Gran Bretaña Tal era la situación del puerto, hallándose éste en buen orden y brindando plena protección a bienes y per- sonas, hasta el mes de junio del año pasado cuando, habiendo manipulado los hechos y bajo la más grotesca perversión de la verdad, inspirada por una inescrupulosa hostilidad personal, se indujo al gobierno de los Estados Unidos a emitir ciertas órdenes a un oficial naval, poseedor de mayor celo y ambición de noto- riedad que de sabiduría o discreción, órdenes que resultaron en el bombardeo y total destrucción del puerto. Posterior a este acto, el cual recibió un repudio unánime en nuestro país, San Juan ha sido parcialmente reconstruido y repoblado, y se encuentra hoy en una situación extraordinaria y sumamente anómala, la cual no puede extenderse mucho tiempo más sin resultar en serias complicaciones. Los Estados Unidos insisten, con justicia, que San Juan pertenece a Nicaragua, y que cual- quier autoridad ejercida allí, no derivada de tal Estado, es una usurpación; mientras que la Gran Bretaña, sin insistir en la soberanía de la Costa de la Mosquitia, se la niega a Nicaragua, y le prohibe intentar ejercer su jurisdicción sobre aquel. En el ínterin, San Juan y sus pobladores se encuentran desamparados en un limbo político, dolientes testigos de su propia incapacidad para servir a dos amos. La obvia solución, y posiblemente la única pacífica a este embrollo, es la apertura voluntaria de San Juan como puerto libre por parte de Nicaragua, bajo la protección conjunta de ambos Inglaterra y los Estados Unidos.

Desde 1849, casi todo el interés sobre la «cuestión misquita» se concentra en San Juan. Cierto es que los Sres. Webster y Crampton acordaron un proyecto de definir los límites de la jurisdicción misquita y al mismo tiempo establecer de facto una monarquía zambo en la costa, con el reconocimiento, si no con la garantía, de los Estados Unidos y de la Gran Bretaña. Pero el proyecto no halló eco en el primero, y fue además rechazado con indignación por Nicaragua. Aún está por conocerse si el avance de subsiguientes negociaciones podría conducir a un arreglo.

Tengan, sin embargo, la certeza absoluta de que, mientras Nicaragua se debate, Estados Unidos se ofusca, y la Gran Bretaña, silenciosa y a regañadientes, relaja sus demandas según las circunstancias lo requieren, el «Reino de la Mosquitia» no ha sufrido cambio alguno, sino que ha mantenido su rumbo derecho y parejo. ¡Feliz muestra de las conservadoras y pacíficas tendencias de las bien afianzadas instituciones monárquicas! Aun con las complicaciones de los tiempos modernos, el regio Clarence, el hospitalario Drummer y el briago Slam —ignorantes del exaltado puesto que ocupan en las instrucciones, despachos y notas de conferencia, con las cuales los

Slams y Drummers de otras tierras se entretienen con toda gravedad—
atienden el bienestar de sus bien amados congéneres y súbditos,
quienes, a su vez, cazan, pescan y cultivan el «borracho grande»,
¡como en los tiempos de antaño!

APÉNDICE B: NOTAS VARIAS SOBRE LA TOPOGRAFÍA, EL SUELO, EL CLIMA Y LOS NATIVOS DE LA COSTA DE LA MOSQUITIA

Los extractos adjuntos, entresacados de varias publicaciones y memorias de reconocida autenticidad, y de documentos originales, presentan la condición de la gente de la Costa de la Mosquitia, sus hábitos y modos de vida, desde el año de 1700 hasta el presente. Podrá notarse que pocos cambios, cuando algunos, han ocurrido para bien en este largo período de ciento cincuenta años.

1710

Viaje alrededor del Mundo

Dampier, Londres, 1717, pp. 7-11

«Los indios misquitos son apenas una pequeña nación o grupo, no llegan al ciento de hombres, habitan en tierra firme, del lado norte, cerca de Cabo Gracias a Dios.

Entre los piratas se les aprecia como cazadores.

No tienen forma alguna de gobierno, pero consideran al gobernador de Jamaica como uno de los príncipes más augustos del mundo.»

1757

Un relato del Territorio de la Mosquitia, escrito en 1757, cuando dicho país se hallaba en posesión de los británicos, por el Cnel. Robert Hodgson, antiguo Comandante en Jefe, Superintendente y agente de Su Majestad en la Costa de la Mosquitia.

Este coronel Hodgson era hijo del capitán Hodgson que fuera enviado a la Costa de la Mosquitia en 1740 por el gobernador Trelawney. Declara que la población de la costa, al momento de su relato (1757), sin incluir los aborígenes, era de «154 blancos, 170 mestizos y mulatos, 800 esclavos indios y negros —total, 1124.» Observa que «los blancos carecen de leyes», pero, sin embargo, viven en forma ordenada; y que, si el número de niños blancos es pequeño, «ello pudiera imputarse a que la mayoría de las mujeres han vivido anteriormente con suma libertad». Procede a dar una descripción muy clara y concisa del país, de sus productos y de sus gentes, a saber:

«La topografía del país es variada. La costa marina, de Cabo Camarón hasta Bluefields, es baja y llana, pero el terreno se eleva gradualmente al navegar río arriba por cualquiera de los grandes y hermosos ríos que allí abundan, y veinte millas arriba es suficientemente elevado para cualquier propósito. Pero las tierras bajas están llenas de pantanos. Cerca de la costa se encuentran varias lagunas grandes, cuyo eje más largo, en su mayoría, discurre paralelo a la costa, y están unidas entre ellas por estrechas vías de agua, tal que la mitad de la distancia total de la costa es navegable tierra adentro sobre aguas mansas; llegada la época de las inundaciones pudiesen describirse como una cadena de islas, muy apegadas a tierra firme, pero el suelo no se inunda mucho. Al oeste y al sur de los cabos mencionados, el terreno es elevado, casi hasta la ribera misma, con colinas que se elevan suavemente como la crecida del mar. La mayor parte del terreno elevado se halla cubierta por grandes bosques, pero las tierras bajas consisten principalmente de amplias llanuras o sabanas, como se les nombra, con escasísimos árboles, algunas de gran extensión. El país entero se halla notablemente bien regado gracias a muchos y excelentes ríos de prolongado curso; también por innumerables ríos pequeños, riachuelos y lagunas, pero todos los ríos tienen el inconveniente de poseer barras poco profundas en sus desembocaduras.

El suelo del terreno boscoso y elevado es el mejor, y es por doquier excelente, siendo a veces un barro negro oscuro o un rico suelo arcilloso color de ladrillo. El terreno bajo y boscoso disperso entre las sabanas no es tan bueno, pero los habitantes que allí se asentaron y plantaron sus sembradíos han visto que produce muy bien cualquier cosa que deseen. Los terrenos de las sabanas son los peores; el suelo es de arena fina mezclada con algo de barro rico, pero pudiérase mejorar y hacerlos productivos. Hoy en día se usan para pastizales. Los pantanos o marjales son de un suelo muy rico; si se cortasen los bosques que en ellos crecen se secarían o, con algo más de esfuerzo, pudieran ser drenados.» —p. 21

«El añil crece en todo el país, del mismo tipo que aquel de la provincia de Guatemala, considerado el mejor del mundo.

El algodón crece por doquier, en los peores terrenos; la variedad es notoria por su calidad. Hay tres especies del tipo usado para la manufactura, una de las cuales es de un tono café rojizo ligero, que parece seda.» —p. 23

«El azúcar, aunque poco ha sido plantada, crece admirablemente bien en este país, el cual presta mejores condiciones para ella que cualquiera de las islas, debido a la gran ventaja que presentan las corrientes de agua para tales obras y para acarreo; el país no sufre de severas sequías y está libre de huracanes.» —p. 29

«El clima es considerablemente más fresco que el de Jamaica y muy saludable, y en su busca vienen aquí muchas personas de dicha isla. De hecho, los desastres naturales en ambos países son de la misma naturaleza, siendo aquí mucho menos frecuentes y violentos que en la mencionada isla. Cuando soplan los vientos del norte, la estación pudiese con todo derecho llamarse invierno.»

«El viento predominante es la brisa marina, o viento alisio. Sopla vigorosamente en junio y julio, pero muy moderadamente en abril, mayo, agosto y septiembre, especialmente en abril y de la mitad de agosto hasta el final de septiembre. Pero de entonces hasta el final de octubre, un viento del oeste prevalece a lo largo de la costa hacia el oeste de Cabo Gracias, y un viento del sur a lo largo de la costa hacia el sur de dicho cabo; después de dicho período, y hasta el final de febrero, cuando se dan las lunas llenas y nuevas, pueden esperarse fuertes vientos del norte, que giran del este al oeste y continúan como por una semana, pero raras veces son tan fuertes como para prevenir que los navíos se enrumben a barlovento y, si así lo desean, llegar hasta Bonacca.

Los vientos de tierra firme soplan hasta una distancia de siete leguas mar adentro, aunque a veces son muy débiles.

El mes de marzo es muy incierto. Las estaciones son muy como en otras partes del continente. Durante la temporada de lluvias, raro es el día que pasa sin un fuerte chubasco; las primeras lluvias empiezan habitualmente en junio y duran unas seis semanas, tiempo en el que los ríos aumentan considerablemente su caudal y fluyen raudos. La segunda época de lluvias empieza allá a mediados de octubre y dura unos dos meses. Cuando termina, la vegetación sorprende por su vigor y existe la ventaja adicional de contar con lluvias frecuentes, inmediatas y plácidas.

Los puertos en esta costa no se prestan a la ocasión que de ellos se espera. En la barra de la Laguna de Brewer hay siete pies de agua; con frecuencia más en la de Black River. En las de Caratasca y Warina Sound, nueve pies; en el Río Grande y Cayo Perlas, ocho pies.

Los nativos o habitantes misquitos son de dos razas: una la comprenden los indígenas originales, y la otra los zambos, una mezcla de indígenas con negros. Estos últimos se originaron a partir de los cargamentos de dos barcos negreros holandeses que naufragaron en la costa; a éstos, después de varias batallas, se les otorgaron mujeres y tierras; desde entonces se han multiplicado mucho, y hoy no se distinguen en sus derechos y costumbres.» —p. 40

«Y aunque puede considerárseles, para todo fin y propósito, como un solo pueblo, no son propiamente un Estado, sino una unión de tres, cada uno independiente de los otros.» —p. 40

Aquellos que habitan la parte sur hasta Bragman's, y que son en su mayor parte los indígenas aborígenes; su cacique se denomina gobernador.

Los que habitan hasta Little Black River, zambos en su mayoría; su jefe se denomina rey.

Aquellos en dirección oeste, indígenas y zambos mezclados; su cacique se denomina general.

«El poder de estos tres caciques es casi equivalente, con una pequeña diferencia a favor del rey, quien recibe algo de apoyo por parte de los blancos gracias a su título. Pero su poder no va más allá que el de un voto negativo, y nunca hacen cosa alguna sin consultar a un concilio de ancianos.

Recibe el rey por parte del gobernador de Jamaica sus comisiones o patentes otorgándole dicho título. Y todos los otros caciques tienen comisiones (almirantes y capitanes) del superintendente de Su Majestad; y, basándose en el poder de éstas, siempre asumen mucha más autoridad que la que tendrían sin ellas. Sin embargo, lo más que pudiese decirse es que, más que obedecer sus órdenes, acatan sus instrucciones; pues incluso los hombres jóvenes están por encima de servir al rey, y le dirán que ellos son tan libres como él, así que si el rey no poseyese algunos de los otros indios como esclavos, veríase obligado a hacer por sí mismo su propio trabajo.» —p. 49

Hodgson relata a continuación sobre los estragos de la viruela y las borracheras entre ellos, y concluye:

«Antaño, el número de las gentes misquitas, bajo su forma actual de vida, probablemente nunca ha excedido los diez u once mil. Basado en los mejores cálculos, no suman más de siete mil almas.»

1787

Del MS Notas para el uso del Comité
George Chalmers, secretario del Comité de Comercio

"El número actual de los indios misquitos es desconocido. Ocurrió entre ellos, probablemente, al igual que entre los indígenas norteamericanos, que declinaron en número y se degeneraron en espíritu a medida que los blancos fueron asentándose entre ellos. Los misquitos, como los caribes de San Domingo [sic], consisten de tres razas distintas: los aborígenes, los descendientes de ciertos negros africanos que antaño naufragaron en la costa, y una casta que hereda la sangre de ambas. Si los españoles hubiesen en verdad deseado eliminarles, no hubiesen podido, opino, oponer vigorosa resistencia. Sus principales defensas son los ríos, pantanales y bosques del país, y tal vez aún más las enfermedades incidentes al clima."

1818

Roberts, Narrativas de Viajes y Excursiones en la Costa Oriental de Centro América

"En la Costa de la Mosquitia no se considera una vergüenza poseer una pluralidad de queridas. No es circunstancia infrecuente que un súbdito británico tenga una o más de dichas mujeres nativas en diferentes partes de la costa. Han adquirido gran influencia a través de ellas.

Nunca he sabido que se celebren matrimonios entre ellos; tales uniones son meros acuerdos tácitos, algunas veces terminados por mutuo consentimiento. Los hijos, aquí y en Bluefields, son por lo general bautizados por los capitanes de barcos mercantes procedentes de Jamaica, quienes, en su visita anual a la costa, realizan dicha ceremonia, con todo menos reverencia, a todos los que han nacido durante su ausencia; muchos de ellos le deben a estos hombres más que el mero bautismo. Prueba de ello es que puedo enumerar más de una docena de hijos reconocidos por dos de dichos capitanes, quienes han adoptado sin escrúpulo alguno el concepto indígena de la poligamia en su máxima expresión. Gracias a esta licenciosa e inmoral conducta, sin embargo, han logrado identificarse tanto con los nativos que han obtenido un relativo monopolio de la venta de abarrotes. También se han ganado el beneplácito de algunos de los jefes, por lo que su llegada la celebra con alegría todas las clases, ¡como época de festividad, farras, bautizos y desenfreno!"

1828

Del Reporte de los Comisionados de Investigación Legal
en el caso de los indígenas de Honduras, ordenada su impresión por la Asamblea de los Comunes, el 10 de julio de 1828

"Los indios misquitos son una raza bárbara y cruel, encuéntranse en el más inferior estado de la civilización, y bajo la más abyecta sujeción a sus reyes o jefes. Son hostiles a todas las otras naciones indígenas, que son gentes plácidas, tímidas y apacibles, y que aparentemente tienen gobiernos patriarcales. Tan marcadas diferencias entre naciones del mismo continente, separadas por barreras no impasables, han dado lugar a una conjetura, confirmada por tradiciones coincidentes, que los misquitos tuvieron un origen distinto. Cuenta la tradición que un barco cargado de hombres negros procedentes del África naufragó, en años muy remotos, en la Costa de la Mosquitia; que dichos negros dieron lucha a los habitantes masculinos de las riberas, los masacraron y entonces, entremezclándose con las mujeres indígenas, alteraron la raza y los hábitos de la nación. Dicha tradición la confirma la apariencia física de los misquitos, que indica dicha mezcla entre el indio y el negro."

1836

James Woods, residente por algún tiempo en la Costa de la Mosquitia

En el año de 1836, un tal James Woods, nativo de Ipswich, Inglaterra, zarpó a Centro América bajo el auspicio de una "Empresa Colonizadora". A su regreso, publicó un relato de sus aventuras, que sirviese de alerta contra otras compañías similares. Residió por un tiempo en Cabo Gracias, a cargo de un almacén de provisiones, ron, etc. Cuenta su relato:

"Era cosa peligrosa tener ron en el almacén, pues los indios matarán a un hombre por un vaso de ron; y sólo había cinco otros europeos en el cabo. Tenía yo una mediana de brandy para el rey indígena, pero éste había zarpado río arriba. Él y su hermano habían sido llevados, en su juventud, a la isla de Jamaica, donde les enseñaron a leer y escribir el idioma inglés. Después de permanecer varios años allí, fueron traídos de regreso a la Costa. A uno lo nombraron rey, al otro, general, y aunque habían sido criados en forma civilizada, retomaron la condición primitiva y salvaje en que vive su pueblo, emborrachándose y entregándose a los hábitos más repugnantes. Apenas supo el rey que yo tenía para él una demijana de brandy, se enrumbó de vuelta a casa. Instalóse en casa de un francés, de apellido Bouchet, quien vino a la playa a informarme que su majestad deseaba verme. Fui a la casa, donde hallé al rey tendido en una cama, muy descompuesto. Le di mis saludos, y le pregunté cómo se encontraba. Me contestó que muy mal, y que quería un galón de brandy, por lo que procedí a dárselo. Me pidió que bebiera, y que me quedase para cenar con él, cosa que hice. Me dijo que me quería. Yo le contesté: 'Usted quiere más al brandy'; pero terminé mis palabras con una risa, si no, se hubiese sentido ofendido. Se quedó por dos o tres días y después partió para Bluefields. Estos indios exceden por mucho a todos los otros indios que he conocido, en su capacidad de mentir, robar y en todo cuanto sea repugnante. Se entregan a la idolatría, y viven una vida indolente."

Después de dar detalles de su barbarie e ignorancia, añade: "son también grandes borrachos, y no son fáciles de tratar, excepto cuando están borrachos." Y de los colonos y comerciantes ingleses, dice: "son casi tan malos como los nativos, y viven de una forma casi igual de repugnante."

APÉNDICE C: BREVE VOCABULARIO DE LA LENGUA MISQUITA

En lo que respecta al idioma de los indios misquitos, éste es completamente diferente al de sus vecinos indios, de tal forma que no pueden comunicarse con ellos más que a través de intérpretes. Este hecho demuestra, no menos que su diferente carácter y hábitos de vida, que son de una raza radicalmente diferente. De su largo trato con los ingleses, han adoptado muchas palabras inglesas, las que, sin embargo, pronuncian de tal forma que son ininteligibles. Su propio idioma, sin embargo, no carece de eufonía, aunque es deficiente en expresión gramatical. No tiene artículos definidos o indefinidos; el adjetivo numeral kumi (uno) se usa siempre que la idea de número sea prominente. Los adjetivos siguen al nombre, igual que los números. Todos los nombres son masculinos, a menos que vayan modificados por la palabra mairen (mujer o femenino). Hay doce pronombres, pero no tienen género ni número, los cuales han de inferirse del contexto en que se usan. Los verbos tienen modo, tiempo y persona, pero carecen de número.

ESPAÑOL	MISQUITO	ESPAÑOL	MISQUITO
hombre	waikna	mujer	mairen
padre	aize	madre	yapte
muchacho	tukta	muchacha	kiki
esposo	mala	esposa	maia-mairen
cabeza	lel	mano	mita
boca	bila	pie	mena
sangre	tala	casa	watla
cosa	dera	bote marino	duerka-taira
remo	kuahi	flecha	trisba

ESPAÑOL	MISQUITO	ESPAÑOL	MISQUITO
harpón	*waisku, silak*	rifle	*rakbus*
mar	*kaba*	mar	*awala*
río	*awala*	agua	*li*
comida	*plun*	yuca	*yaura*
pan	*tane*	maíz	*aya*
pez	*inska*	iguana	*kakamuk*
piedra	*walpa*	cielo	*kasbrika*
sol	*lapta*	luna	*kati*
estrella	*silma*	viento	*pasa*
trueno	*alwane*	terremoto	*niknik*
isla	*daukwara*	jefe, cacique	*wita*
pintura, embije	*arawa*	pavón	*kusu*
perro	*yul*	mono	*ruskika, waklin*
buey, ganado	*bip*	venado	*sula*
lagarto	*tura*	manatí	*palpa*
bosque	*untara*	sabana	*twi*
algodón	*wamuk*	palmera	*hatak*
caoba	*yulu*	cocos	*duswa*
yo	*yung*	usted	*man*
él	*wetin*	esto	*baha*
aquello	*naha*	otro	*wala*
beber	*diaia*	comer	*piaia*
correr	*plapia*	remar	*kaubia*
reír	*kikia*	hablar	*aisaia*
oír	*walaia*	dormir	*yapaia*

CONTENIDO